"*Crianza con esperanza* es el libro para padr̶
sitamos. Con sabiduría y experiencia, Me
basada en sólidas verdades bíblicas. Me v̶e̶ ̶.̶e̶y̶e̶n̶d̶o̶l̶o̶ ̶u̶n̶a̶ ̶y̶ ̶o̶t̶r̶a̶ ̶v̶e̶z̶ .
Hunter Beless, fundadora de *Journeywomen*; autora de *Read it,
See it, Say it, Sing it!* y *Amy Carmichael: The Brown-Eyed Girl Who
Learned to Pray*

"Mike y Melissa serían los primeros en decir que no son padres perfectos,
y eso es lo que hace que este libro sea tan estupendo. Es un libro que trata
acerca de padres imperfectos (aunque muy buenos) que guían a sus hijos
imperfectos hacia un evangelio perfecto. Melissa muestra que cuando has
llegado al límite de tu capacidad como padre o madre, las promesas de la
gracia de Dios abundan aún más. Al fin y al cabo, no eres tú quien escribe
la historia de tus hijos, sino Dios. Y esa es una buena noticia para todos
nosotros. Al haber tenido la oportunidad de pastorear a dos de sus hijos
durante sus años universitarios, puedo elogiar no solo sus enseñanzas sobre
la crianza de los hijos, sino dar testimonio de sus frutos. Este es un libro
práctico y sumamente convincente. Nuestra batalla contra los ídolos de
nuestros hijos comienza en nuestro propio corazón. ¡Qué gran regalo para
la iglesia y para ti también!".
J. D. Greear, PhD, pastor, The Summit Church, Raleigh-Durham, NC

"*Crianza con esperanza* es una infusión muy necesaria de confianza empa-
pada del evangelio para padres con hijos adolescentes".
Ruth Chou Simons, madre de seis hijos; autora de superventas
según el *Wall Street Journal*, artista y fundadora de gracelaced.com

"Como madre que en los próximos años estará inmersa en la crianza de
hijos adolescentes, aprecio la sabiduría atemporal que Melissa ofrece generosamente en *Crianza con esperanza*. Las palabras de Melissa están forjadas
en la profunda convicción de que la Palabra de Dios es un fundamento
inquebrantable para nuestra vida y para la crianza de nuestros hijos. Volveré
a este libro a menudo en busca de aliento y consejos prácticos sobre cómo
criar a mis hijos con la esperanza puesta en Jesús".
Gretchen Saffles, fundadora de Well-Watered Women; autora del
exitoso libro *La mujer cultivada en Su Palabra*

Libros de Melissa B. Kruger publicados por Portavoz

Creciendo juntas
Crianza con esperanza
La envidia de Eva

CRIANZA con ESPERANZA

CÓMO CRIAR A TUS HIJOS ADOLESCENTES EN UN MUNDO DESAFIANTE

MELISSA B. KRUGER

EDITORIAL PORTAVOZ

PARENTING WITH HOPE/PARENTING WITH HOPE STUDY GUIDE
Copyright © 2024 by Melissa Kruger
Published by Harvest House Publishers
Eugene, Oregon 97408
www.harvesthousepublishers.com

Edición en castellano: *Crianza con esperanza* © 2024 por Editorial Portavoz, filial de Kregel Inc., Grand Rapids, Michigan 49505. Traducido con permiso. Todos los derechos reservados.

Traducción: Rosa Pugliese

EDITORIAL PORTAVOZ
2450 Oak Industrial Drive NE
Grand Rapids, MI 49505 USA
Visítenos en: www.portavoz.com

ISBN 978-0-8254-5077-8 (rústica)
ISBN 978-0-8254-6392-1 (Kindle)
ISBN 978-0-8254-6393-8 (epub)

1 2 3 4 5 edición / año 33 32 31 30 29 28 27 26 25 24

Impreso en los Estados Unidos de América
Printed in the United States of America

Para Mike:

*Estoy muy agradecida de compartir contigo
la crianza de nuestros hijos.*

*Tú haces que mi hogar sea un lugar en
el que siempre quiero estar.*

Contenido

Prólogo
Emily Jensen y Laura Wifler

S i hay un sentimiento universal en la crianza de los hijos, es la recurrente sensación de inseguridad cuando nos preguntamos: *¿Lo estoy haciendo bien? ¿Estoy enseñando a mis hijos todo lo que necesitan saber? ¿Estoy aprovechando bien el tiempo que paso con ellos?* Ya sea en las largas noches de los recién nacidos, en los días muy activos de la escuela primaria o en los confusos años de la adolescencia, los padres desean amar bien a sus hijos. Sin embargo, pocos estamos seguros de cómo hacerlo.

Mientras escribimos estas líneas, nos encontramos en el umbral de la adolescencia de nuestros hijos. Hemos pasado su primera infancia, gran parte de sus años de primaria y pronto comenzaremos a impulsar a nuestros hijos mayores hacia la siguiente etapa. Como cofundadoras de Risen Motherhood, un ministerio que lleva la esperanza del evangelio a las madres, podrías pensar que nos sentimos preparadas para esto. Que tenemos algunos secretos sobre cómo guiar a nuestros hijos hacia la edad adulta, pero no es así. En todo caso, dirigir un ministerio nos ha mostrado las dificultades en la crianza de los hijos, y ha reforzado nuestra inquietud y el temor que la mayoría de los padres sienten al atravesar los años de adolescencia de sus hijos.

También sentimos lo que todo el mundo nos ha dicho: los años en el hogar con nuestros hijos son muy cortos, divertidos y difíciles. Un día, conversábamos sobre estos pensamientos con Melissa Kruger, nuestra querida amiga y miembro de la junta de Risen Motherhood. Mientras íbamos en auto rumbo a la playa, le pedimos que nos diera consejos sobre la crianza de los adolescentes. Puesto que está unos pasos por delante de nosotras en la crianza de sus hijos, nos habló con sabiduría sobre este tema. Fue en ese auto donde nos comentó que le habían pedido que escribiera un libro sobre la crianza de los hijos adolescentes, pero que no estaba segura de ser la persona adecuada. La miramos y le dijimos simultáneamente: "Deberías hacerlo. Necesitamos ese libro".

Estamos muy agradecidas de que Melissa no solo nos hablara con sabiduría sobre este tema aquel día de camino a la playa, sino que también accediera a dar a conocer a otros su sabiduría. En estas páginas, Melissa ofrece una guía atemporal para atravesar el laberinto de la adolescencia. No es ajena a las pruebas y las preguntas difíciles de esta etapa de la crianza de los hijos, por lo que ha llenado cada página de este libro con su sensible sabiduría y principios fáciles de practicar.

Sin embargo, más que principios útiles, Melissa nos ofrece un regalo glorioso: el regalo de conocer y confiar en Cristo, de mantener nuestra atención en la gracia y la ayuda que Él nos da, incluso en nuestros fracasos y errores como padres. Si tú eres como nosotras, es probable que mires al futuro, a los años de la adolescencia de tus hijos, con la mirada puesta en el pasado, en cada vez que no hiciste las cosas del todo bien. No obstante, si eres de Dios, estás cubierto por su gracia y puedes confiarle tanto tu pasado como tu futuro. Y puedes confiarle tu hijo adolescente.

Gracias a Jesús somos padres con esperanza.

Emily Jensen y Laura Wifler

Coautoras de *Maternidad redimida*
Cofundadoras de Risen Motherhood

¡Señor, ayúdame!

L a crianza de los hijos es, con frecuencia, como una montaña rusa gigante. Hay momentos lentos, cuesta arriba y pesados. Hay momentos trepidantes, cuesta abajo y emocionantes. Hay momentos que estamos de cabeza y pensamos: *no sé dónde me he metido*. Sobre todo, hay continuos giros y vueltas. Justo cuando crees que sabes lo que estás haciendo y adónde te diriges, el camino cambia de nuevo y te quedas sin aliento por la expectación y el temor de lo que te espera.

Cuando nuestros hijos están en la escuela primaria, es fácil caer en una rutina establecida. Ganamos confianza a medida que surgen pautas saludables, disminuyen las rabietas, se normalizan los horarios de sueño y, por fin, los niños pueden vestirse solos (aunque eso no significa que se pongan los calcetines a juego, ni nada por el estilo). Suele ser una época de constante y lento avance mientras nuestros hijos crecen y cambian delante de nuestros ojos. A veces, estamos tan ocupados llevándolos al siguiente entrenamiento, que ni siquiera nos damos cuenta de lo mucho que están cambiando.

De repente, nos encontramos con los años de la pubertad, la preadolescencia y la adolescencia, y puede parecer que hay nuevos peligros a cada paso. Al mismo tiempo, estamos llegando al punto culminante y solo nos quedan unos pocos años con hijos en el hogar. Lo que parecía un viaje largo y constante se ha acelerado peligrosamente y tenemos la sensación de que el viaje podría terminar demasiado pronto.

Cuando entramos en los años de la preadolescencia, a menudo intentamos aplicar todas las herramientas que nos han funcionado como padres a lo largo del camino. Sin embargo, los adolescentes son diferentes a los niños de dos años, lo que significa que tendremos que encontrar nuevas técnicas si queremos crear un entorno en el que puedan prosperar. A medida que pasé de criar niños a tratar con preadolescentes, adolescentes y adultos, he tenido que modificar mi forma de ser madre. Si tratara a mi hija de veintidós años como si tuviera dieciséis, y a mi hija de dieciséis como si tuviera ocho, tendría problemas.

Aunque la necesidad de cambiar de rumbo a medida que nuestros hijos crecen puede parecer obvia, estas transiciones en la crianza de los hijos me sorprendieron con cambios inesperados. En los primeros años, leí todos los libros que pude encontrar sobre embarazo, parto, bebés y cómo enseñar a leer a los niños pequeños. No obstante, no encontré mucho que me ayudara más allá de esos primeros años de crianza de mis hijos. O tal vez estaba tan ocupada en llevar a mis hijos de una actividad a la otra, trabajar e intentar preparar la cena, que empecé a criar a mis hijos en piloto automático. Cuando el entorno familiar empezó a cambiar, no me planteé *¿Cuál es la mejor manera de manejarme en este nuevo mundo de hijos mayores? ¿Qué prácticas debo cambiar y qué principios deben permanecer inalterables?*

Durante esta época, es comprensible que empecemos a elegir libros para padres que traten temas concretos con los que nos enfrentamos: redes sociales, sexo, drogas, rebeldía, depresión, dificultades de aprendizaje, disciplina, acoso escolar y estrés adolescente. Y estoy agradecida de que tengamos libros específicos sobre esos temas. Yo misma he recorrido este doloroso camino y he compartido momentos con amigas cuyos hijos adolescentes están luchando contra todo tipo de problemas que nos han llevado a ponernos de rodillas para pedir ayuda a Dios. Cuanto mayor es el hijo, más significativo es el impacto de sus decisiones (que hace que las batallas para que no lleven pijama al preescolar sean un recuerdo entrañable).

Si estás entrando en esta etapa de la crianza de tus hijos, o tal vez te sientes atrapado en medio de ella, espero que este libro te sirva de guía. Aunque no tengo todas las respuestas para cada situación concreta, creo que hay preguntas importantes y útiles que debemos plantearnos en esta etapa de la crianza de nuestros hijos. ¿Cuáles son los fundamentos que debemos mantener firmes y cuáles son las normas que debemos flexibilizar? ¿Cómo discernir la diferencia? ¿Cómo influyen en la crianza mis propios ídolos (mis deseos y afectos fuera de lugar)? ¿Qué podemos aprender de las últimas investigaciones sobre el desarrollo del cerebro de los adolescentes y cómo pueden ayudarnos a entender su comportamiento? ¿Cómo podemos relacionarnos mejor con nuestros hijos? ¿Cómo nos deleitamos en lo que el Señor está haciendo de ellos, en lugar de forzarlos a cumplir nuestra expectativa de lo que nos gustaría que fueran? ¿Dónde podemos encontrar ayuda y orientación para la cantidad de preguntas que no sabemos responder? ¿Cómo podemos apoyarnos y animarnos los unos a los otros como padres?

Al considerar estas preguntas, abordaremos los principios por encima de las fórmulas. Este es un trabajo difícil (un trabajo del *corazón*) y necesitaremos una guía más allá de nosotros mismos. La crianza de los hijos requiere que confiemos en Dios, no en respuestas simplistas. Y esta es una búsqueda continua, una petición de maná diario de padres en el desierto de la crianza de los hijos. Dios no solo actúa en la vida de tu adolescente, sino también en la tuya. Necesitamos su fuerza, su guía y su gracia.

⬤ ⬤ ⬤ ⬤ ⬤ ⬤ ⬤ ⬤ ⬤ ⬤ ⬤ ⬤ ⬤ ⬤ ⬤

Uno de los mejores regalos que podemos hacer a nuestros hijos es arraigarnos firmemente en Cristo y permanecer en Él para obtener la fortaleza que necesitamos.

⬤ ⬤ ⬤ ⬤ ⬤ ⬤ ⬤ ⬤ ⬤ ⬤ ⬤ ⬤ ⬤ ⬤ ⬤

Cuando se trata de criar a hijos en la pubertad, preadolescencia y adolescencia, siempre pienso en la primera vez que aprendí a conducir un auto con palanca de cambios manual. Mi hermano mayor me enseñó en el estacionamiento del Planetario de Morehead de la Universidad Estatal de Carolina del Norte y, mientras lo hacía, descubrí la que probablemente fue una de las lecciones más importantes que aprendí en la universidad. Para que el auto avance, tenía que soltar el embrague mientras pisaba el acelerador. Si no lo hacía simultáneamente y en el momento justo, el auto no arrancaba. Si lo hacía demasiado deprisa, el auto se sacudía violentamente. Tuve que acostumbrarme a soltar el pie izquierdo del embrague mientras pisaba poco a poco el acelerador.

Como padres de adolescentes, a menudo queremos mantener el pie firme en el freno. Sin embargo, tenemos que empezar a darles combustible o nunca avanzarán. Es una transición delicada, llena de atascos y sacudidas. Son de esperar. No son un signo de fracaso como padre. Es la realidad de que aprender algo nuevo lleva su tiempo.

Los adolescentes no son los únicos que pasan por transiciones. Nosotros también. A menudo, la crianza de hijos adolescentes hace aflorar nuestras propias inseguridades, recuerdos dolorosos y expectativas no cumplidas. Es tentador intentar vivir indirectamente a través de las experiencias de ellos.

Uno de los mejores regalos que podemos hacer a nuestros hijos es arraigarnos firmemente en Cristo y permanecer en Él para obtener la fortaleza que necesitamos. Por eso, este libro no es principalmente una guía sobre *cómo criar* a hijos adolescentes. Es un libro sobre *cómo ser* padre o madre de un adolescente. Tú también estás haciendo esto por primera vez. Está bien no tener todas las respuestas y sentir que no sabes lo que estás haciendo. Todos cometemos errores. Lo que pretendemos con este libro es reflexionar: *¿Qué factores ayudan a cultivar un hogar cálido y acogedor en el que pueda florecer la fe?*

Para responder esta pregunta, empezaremos por los **conceptos básicos**. Los tres primeros capítulos abarcarán los principios fundamentales, que son decisivos para cultivar un hogar de fe. Consideraremos la importancia de la Palabra de Dios, la oración y la iglesia. Es posible que tengas la tentación de saltarte estos capítulos para llegar a los asuntos más "importantes" que estás enfrentando, como cuándo darle un teléfono a tu adolescente. Por favor, no te saltes estos primeros capítulos, ya que presentan los elementos básicos esenciales para cualquier hogar de fe.

En la segunda parte analizaremos las **batallas** que enfrentamos como padres. Y, para ser sinceros, probablemente sean diferentes de lo que podrías suponer. Nuestras mayores batallas no son necesariamente las guerras culturales que nos rodean, sino los ídolos de nuestro propio corazón (cualquier cosa en la que confiamos más que en Dios). Estas batallas internas pueden manifestarse de diferentes maneras en diferentes contextos culturales.

Para nuestro contexto en Occidente, consideraremos tres grupos específicos de ídolos: *el nivel educativo y la riqueza material* (ídolos de poder/bienestar a través de los logros), *los deportes y las actividades* (ídolos de aprobación/poder a través de la imagen) y *la aprobación y aceptación social* (ídolos de aprobación/bienestar a través del sentido de pertenencia). En cada uno de estos ídolos culturales subyacen ídolos de origen personal (en estos capítulos hablaremos más sobre cómo reconocerlos). Hablaremos de la necesidad de luchar contra nuestros propios ídolos con la esperanza de crear un hogar donde los adolescentes puedan prosperar. Con demasiada frecuencia, creemos erróneamente que tenemos el poder de determinar el futuro de nuestros hijos y la sabiduría para hacer lo mejor para ellos.

En la última parte del libro, consideraremos las **bendiciones** que podemos ofrecer a nuestros hijos. Veremos tres bendiciones: *aceptación* (un hogar lleno de gracia), *disponibilidad* (un hogar acogedor) y *amor* (un hogar cálido). Si estamos cimentados sobre los conceptos básicos y luchamos contra nuestros ídolos, podemos bendecir ricamente a nuestros hijos.

Quiero animarte: aunque los años de la adolescencia pueden ser difíciles, también pueden ser muy divertidos. Siempre me han gustado los adolescentes. Me especialicé en educación matemática secundaria y di clases en una excelente escuela secundaria pública. Cada año me encontraba con 150 alumnos diferentes con orígenes, personalidades y luchas personales muy diversas. Aunque todos eran diferentes, necesitaban saber que me preocupaba por ellos como personas, no solo para que aprendieran matemáticas. Me di cuenta de que tenía que ganármelos en el plano relacional antes de poder conectar con ellos intelectualmente. Esto no significaba que intentara ser su amiga o que nunca les diera tareas escolares. Necesitaban límites y disciplina, pero sobre todo necesitaban amor.

Muchos de los principios que aprendí como maestra de alumnos de secundaria son aplicables a la crianza de los hijos. Cada hijo es diferente, pero ciertos estilos de enseñanza y crianza tienen mejores resultados. Podemos aprender de la investigación y la sabiduría de quienes han estudiado estos conceptos. Queremos empezar con la Palabra de Dios y considerar cómo se aplican sus principios a nuestros hijos. También podemos aprender de las ideas e investigaciones de quienes han estudiado el desarrollo de los adolescentes. Por esa razón, cada capítulo de este libro está dividido en tres secciones:

- Principios bíblicos
- Crianza con propósito y gracia
- Consejos prácticos

En la primera sección, consideraremos lo que necesitamos entender sobre cada tema desde una perspectiva bíblica. Luego veremos cómo aplicar esos principios con propósito y gracia en la crianza de nuestros hijos. En la última sección, daré consejos prácticos de una variedad de fuentes, incluyendo sabios consejos de cristianos, así como investigaciones útiles sobre adolescentes.

Al final de cada capítulo encontrarás una guía de estudio. Te recomiendo encarecidamente que respondas a las preguntas mientras lees este libro: te dará la oportunidad de hacer un alto y reflexionar sobre los pasajes bíblicos y sobre cómo aplicar estos principios en tu hogar. Te animo a leer este libro en grupo. Reúne a algunos amigos para conversar sobre estos conceptos. Puede que sea más difícil hacer esto al tratarse de hijos mayores. Todos los padres y madres de niños de dos años conocen la sensación de tener que lidiar con rabietas, pero tú podrías sentirte distante por lo que estás enfrentando con tu adolescente. Tal vez te sientas más solo e inseguro de tu labor como madre o padre, que cuando tus hijos eran más pequeños. Lo más probable es que tengas que limitar lo que comentas para proteger a tu adolescente. Sin embargo, puede que te sorprendas al descubrir que otros padres tienen las mismas luchas que tú. Los problemas que enfrentan en sus hogares pueden ser diferentes, pero también están buscando sabiduría y luchando con la inseguridad. He hablado con muchos padres de adolescentes que se sienten solos en este viaje. Tómense el tiempo de profundizar en los conceptos básicos, oren unos por otros en sus batallas, y trabajen juntos para encontrar formas creativas de cultivar un hogar de bendición para sus hijos adolescentes.

Hace algunas semanas, hablaba con una amiga sobre este libro y le decía que no sabía cómo empezar. Ella tiene hijos adultos, que a su vez tienen sus propios hijos. Me miró con la sapiencia de una persona sabia y dijo sin vacilar:

"¡Señor, ayúdame! Así es como hay que empezar".

Creo que tiene razón.

Señor, ayúdame. Señor, ayúdanos. Empecemos.

Melissa Kruger

PARTE 1

Conceptos básicos: Fundamentos de un hogar cristiano

La Palabra de Dios

La oración

La iglesia

Un manual de instrucciones para la vida: La Palabra de Dios

Nunca olvidaré la primera vez que senté a mi hija Emma en la sillita del auto. Mi marido y yo vivíamos en Edimburgo (Escocia), y Emma nació una semana antes de lo previsto. Cuando nos preparábamos para salir del hospital, la abrigamos y la sujetamos en el asiento lo mejor que pudimos. Parecía increíblemente pequeña en su enorme portabebés.

Luego pedimos un taxi. Vivir en el extranjero con un presupuesto de estudiante significaba no tener auto, así que nunca había tenido la oportunidad de practicar cómo se ajustaba la sillita del auto. Después de llevar todos los trastos al taxi que nos esperaba, hicimos todo lo posible por sujetarla de manera segura, aunque nos sentíamos completamente inexpertos y poco capacitados para la tarea que teníamos ante nosotros.

Abrocharle el cinturón fue solo el principio de mis sentimientos de incapacidad. No sabía cómo bañarla, alimentarla, cuidarla o criarla. Había recibido este maravilloso regalo y me preguntaba: *¿No vienen con un manual de instrucciones o algo así?*

Había leído libros e intentado prepararme, pero los conocimientos teóricos tienen un límite. Hay aspectos de la crianza de los hijos que solo se aprenden cuando se pone en práctica la teoría.

Me sentí incapaz el primer día que fui madre. Sigo sintiéndome así veintitrés años después. Aunque ya hace muchos años que soy madre, sigo siendo madre primeriza de una hija adulta. Sigo aprendiendo, sigo creciendo, sigo cometiendo errores, sigo encontrando mi camino.

Aunque no he encontrado ese anhelado manual que me dé instrucciones explícitas para cada etapa de la crianza de mis hijos, puedo decirte, sin lugar a dudas, que he encontrado algo aún mejor. La Palabra de Dios ha sido mi ancla firme, mi luz resplandeciente, mi guía fiel, mi recurso confiable y mi esperanza segura en cada etapa de la crianza de mis hijos.

No me ha dicho los detalles de cómo hacer que mi hijo duerma toda la noche o coma vegetales. Sin embargo, me ha infundido paciencia y ternura mientras soportaba otra noche de insomnio o encontraba un vegetal misteriosamente escondido bajo una servilleta (otra vez). La Palabra de Dios no me ha preservado (ni a mí ni a mis hijos) de la realidad del sufrimiento, pero ha sido un consuelo al experimentar pérdidas dolorosas y expectativas insatisfechas. La Palabra de Dios no promete que mis hijos vivirán una larga vida, se casarán, tendrán nietos o serán cristianos; pero sí promete que Dios estará siempre conmigo, que nunca me dejará ni me abandonará.

● ● ● ● ● ● ● ● ● ● ● ● ● ● ● ● ●

Qué creemos y cómo vivimos importa mucho para que nuestros hijos conozcan, amen y obedezcan la Palabra de Dios.

● ● ● ● ● ● ● ● ● ● ● ● ● ● ● ● ●

Al entrar en la preadolescencia y la adolescencia de nuestros hijos, sabemos que la Palabra de Dios es importante. Queremos que la lean, los animamos a estudiarla, esperamos que la amen y oramos con todo nuestro fervor para que la obedezcan.

No obstante, antes de llegar a la relación de nuestros hijos con la Palabra de Dios, quiero que pensemos como padres en *nuestra* relación con Dios y su Palabra. Qué creemos y cómo vivimos importa mucho para que nuestros hijos conozcan, amen y obedezcan la Palabra de Dios. No podemos hacer que nuestros hijos crean en Jesús (ver Efesios 2:8-10), pero podemos hacer que vivan en un ambiente que les permita ser testigos del fruto de la obra de Dios en nuestras vidas. Podemos esperar que escuchen la Palabra de Dios en nuestro hogar y que vean su fruto en nuestras vidas.

Puede que tengas la tentación de saltarte estos primeros capítulos para pasar a las cosas "importantes", como saber si está bien o no que tus adolescentes vean ciertos videos de YouTube o usen cierto tipo de ropa.

Hay una razón por la que empezamos con la Palabra de Dios. La crianza de los hijos no se trata solo de averiguar cómo tratar con tu adolescente. En cada etapa de la crianza de los hijos, Dios nos enseña acerca de sí mismo. Nos educa mientras nosotros educamos a nuestros hijos. Nos enseña mientras nosotros les enseñamos. Camina con nosotros y quiere que confiemos en Él para obtener la sabiduría que tanto anhelamos como padres.

No puedo prometerte una guía con todas las respuestas de la vida para la crianza de los hijos adolescentes, pero puedo llevarte a Aquel que tiene las respuestas, la sabiduría y la guía que necesitas para tu hijo en particular. Afortunadamente, Él promete estar contigo y guiarte. Y lo encontramos en su Palabra.

Principios bíblicos

Moisés, el siervo de Dios, sacó a los israelitas de la esclavitud en Egipto y los condujo a la tierra prometida. Mientras vagaban por el desierto, enseñó a los israelitas la importancia de seguir a Dios y enseñar a sus hijos a hacer lo mismo. Los instruyó generacionalmente:

> Estos, pues, son los mandamientos, estatutos y decretos que Jehová vuestro Dios mandó que os enseñase, para que los pongáis por obra en la tierra a la cual pasáis vosotros para tomarla; para que temas a Jehová tu Dios, guardando todos sus estatutos y sus mandamientos que yo te mando, tú, tu hijo, y el hijo de tu hijo, todos los días de tu vida…
>
> Oye, Israel: Jehová nuestro Dios, Jehová uno es. Y amarás a Jehová tu Dios de todo tu corazón, y de toda tu alma, y con todas tus fuerzas. Y estas palabras que yo te mando hoy,

estarán sobre tu corazón; y las repetirás a tus hijos, y hablarás de ellas estando en tu casa, y andando por el camino, y al acostarte, y cuando te levantes. Y las atarás como una señal en tu mano, y estarán como frontales entre tus ojos; y las escribirás en los postes de tu casa, y en tus puertas (Deuteronomio 6:1-9).

Este pasaje nos anima como padres a enseñar a nuestros hijos con esmero: al acostarnos, al levantarnos y mientras andamos por el camino. Pero, no *comienza* diciendo qué debemos enseñarles. Comienza diciendo que nosotros mismos debemos aprender de Dios. Debemos amar al Señor con todas nuestras fuerzas. Debemos tener sus mandamientos en nuestro corazón. Debemos obedecer su Palabra y temerle. Si no tenemos esta base, nunca podremos enseñar a nuestros hijos.

Todas las relaciones toman tiempo para desarrollarse. Los amigos planean momentos para reunirse y ponerse al día. Los cónyuges estrechan su relación con salidas nocturnas a solas. Los miembros de la iglesia conversan durante las cenas de camaradería. Desarrollar lazos de amistad con los demás lleva tiempo. Si queremos cultivar una amistad con Dios, necesitamos tiempo en su presencia para que esa relación florezca. La lectura diaria de la Biblia nos da la oportunidad de conocer a Dios: ¿Qué le preocupa? ¿Cómo responde? ¿A quién ama?

Y cuanto más conozcamos a Dios, más lo amaremos.

¿Has tenido alguna vez la experiencia de conocer a alguien que te cae bien de verdad, pero después de unas semanas, la relación empieza a perder brillo? Cuanto más conoces a la mayoría de las personas, menos bien te caen. Todos tenemos problemas y hábitos molestos. A veces, esto puede hacer que tengamos miedo de permitir que alguien nos conozca de verdad o de conocer a los demás.

Sin embargo, con Dios ocurre todo lo contrario. Cuanto más lo conocemos, cuanto más lo conocemos de verdad, más maravilloso es. Dios es el creador de todo lo bueno. De todo lo que te parece maravilloso, bello, magnífico, asombroso… Dios es el autor. Todo lo que es bueno en este mundo refleja su bondad.

El Salmo 19:1-2 declara: "Los cielos cuentan la gloria de Dios, y el firmamento anuncia la obra de sus manos. Un día emite palabra a otro día, y una noche a otra noche declara sabiduría". Toda la creación exhibe su gloria.

No obstante, hay algo aún mejor que la revelación natural para enseñarnos acerca de Dios: su Palabra. El Salmo 19 continúa: "La ley de Jehová es perfecta, que convierte el alma; el testimonio de Jehová es fiel, que hace sabio al sencillo. Los mandamientos de Jehová son rectos, que alegran el corazón; el precepto de Jehová es puro, que alumbra los ojos" (Salmos 19:7-8).

Vuelve a leer esos versículos. ¿Qué padre no desea una conversión y renovación? ¿O sabiduría? ¿O alegría? ¿O iluminación espiritual? Lo que más deseamos como padres no se encuentra en unas vacaciones en algún balneario, ni en el último libro de autoayuda, ni siquiera en el próximo libro asombroso del autor cristiano más vendido. Se encuentra en la Palabra de Dios.

● ● ● ● ● ● ● ● ● ● ● ● ● ● ● ●

Nuestros hijos no pueden darnos satisfacción. Solo Jesús puede.

● ● ● ● ● ● ● ● ● ● ● ● ● ● ● ●

Esta es la realidad: si queremos atravesar los años de adolescencia de nuestros hijos con amor, gozo, paz, paciencia, benignidad, bondad, fe, mansedumbre y templanza, lo encontraremos solo en un lugar. Tenemos que permanecer en Jesús y hacer que sus palabras permanezcan en nosotros. No hay otra manera. Permíteme repetir esta afirmación: *No hay otra manera de dar fruto excepto permanecer en Jesús.* Aunque tu adolescente sacara buenas notas en la escuela, fuera capitán del equipo de fútbol y lo eligieran rey de la fiesta de

CRIANZA *con* ESPERANZA

graduación, no tendrías paz ni gozo sin Jesús. Nuestros hijos no pueden darnos satisfacción. Solo Jesús puede.

Me encanta la jardinería. Siempre me asombro cuando veo los tomates crecer lentamente en las matas trepadoras. Disfruto todo el verano de sus frutos. Al final del otoño, llega la primera helada y es hora de quitar las ramas secas.

Es un trabajo fácil porque, una vez muertas, las ramas pierden toda su fuerza y se desprenden con poco esfuerzo. Una rama desprendida se deshace en polvo al menor roce. Quizá por eso Jesús eligió utilizar la ilustración de la vid cuando nos ordenó permanecer en Él, y nos advirtió que, separados de Él, nada podemos hacer (Juan 15:1-6). Nuestros mejores esfuerzos como padres se convertirán en polvo sin el poder que fortalece nuestra alma mientras dedicamos tiempo a permanecer en la Palabra y la oración.

La crianza de hijos preadolescentes y adolescentes es difícil. Están lidiando con cambios en sus cuerpos, emociones cambiantes y hormonas fluctuantes. Pueden estar enojados, ser torpes, tímidos o testarudos, llorones o dramáticos, y todo eso en un solo día.

Tendrás la tentación de buscar tu alegría en la felicidad de tus hijos. Encontrar tu paz en su éxito. Ser amable cuando obedecen. Ser dulce cuando son cariñosos. Amar cuando te hacen sentir orgulloso. Deseas con todas tus fuerzas que estén bien. Y, por supuesto, deseas cosas buenas para tus hijos y te alegras justamente de su felicidad.

Sin embargo, nuestros hijos no pueden ser la fuente de nuestra satisfacción. Es una carga injusta e imposible de poner sobre ellos. Piensa en la presión que supone para un niño pensar que es responsable de tu felicidad. Tenemos la tentación de ejercer la misma presión sobre nuestro cónyuge. Pedirle a otro que nos haga felices siempre nos deja insatisfechos y agobia a los que amamos.

Solo el fruto del Espíritu que actúa en nuestro corazón puede producir el fruto del verdadero gozo, paz y amor. Sí, podemos deleitarnos en nuestros hijos y alegrarnos de sus buenas circunstancias, pero ellos necesitan que encontremos nuestra fortaleza y seguridad en otra fuente. Amamos a nuestros hijos sin restricciones cuando estamos firmemente arraigados en Jesús.

El Salmo 1 señala que la persona que se deleita en la ley del Señor es como un "árbol plantado junto a corrientes de aguas, que da su fruto en su tiempo, y su hoja no cae; *y todo lo que hace, prosperará*" (v. 3). Jeremías utiliza esta misma imagen y declara: "Bendito el varón que confía en Jehová, y cuya confianza es Jehová. Porque será como el árbol plantado junto a las aguas, que junto a la corriente echará sus raíces, y no verá cuando viene el calor, sino que su hoja estará verde; y en el año de sequía no se fatigará, *ni dejará de dar fruto*" (Jeremías 17:7-8).

Si queremos ser padres que prosperan en todas las etapas de la vida, necesitamos arraigarnos en la Palabra de Dios, confiar en ella, deleitarnos en ella y meditar en ella. Piensa en ese árbol plantado junto a las aguas. Es independiente de las sequías de la naturaleza y del calor del sol. Da fruto sin importar las circunstancias, porque tiene una fuente inagotable de la cual beber. Debemos ser como ese árbol.

Cada padre tiene sus propias circunstancias. Puede que te preocupen las influencias de la cultura en tu hijo. Puede que tu hijo sea adicto al alcohol, las drogas, los videojuegos, las redes sociales o la pornografía. Tal vez tu hijo esté luchando con la ansiedad o la depresión o pensamientos suicidas. Quizás tu hijo esté implicado en pecado sexual, mentiras, robo o acoso escolar. Tal vez saque notas sobresalientes y haga todo bien, pero está orgullosamente independiente de cualquier necesidad de Dios. Quizás no quiera ir a la iglesia o tener conversaciones espirituales. Tal vez se sienta solo o sufra de ansiedad social y sea sensible a las palabras dañinas de los demás. Quizás tu hija se esté matando de hambre en un intento de ser bella (tal y como lo define el mundo) y encajar en su grupo. Tal vez tenga dificultades en la escuela o sea expulsada de su equipo deportivo favorito.

Conozco padres cristianos maravillosos que han lidiado con cada una de estas situaciones. No podemos controlar las dificultades que sufren nuestros hijos. No podemos elegir los errores que cometen. No podemos escoger las batallas que van a pelear.

Sin embargo, podemos elegir ser padres que encuentran su fuerza en el Señor, no en los éxitos o el bienestar de sus hijos. Este es un regalo para nuestros hijos adolescentes y los libera de una carga pesada. Podemos pedir sabiduría a Dios cuando no tenemos ni idea de qué hacer en las circunstancias que se nos presentan, en vez de intentar controlar las circunstancias por nosotros mismos. Podemos pedirle fuerzas cuando nos enfrentamos a lo impensable o soportamos lo inimaginable. En medio del sufrimiento, podemos buscar, en su Palabra, gozo, consuelo y paz. Nuestra labor de padres prospera no por nuestra perfección (o la de nuestros hijos), sino por el poder de Dios. Es su gracia y nada más.

Crianza con propósito y gracia

Si queremos edificar nuestros hogares sobre la Palabra de Dios necesitamos permanecer en ella diariamente. Entonces estaremos listos para enseñarla a nuestros hijos y hacerlos partícipes de las verdades que estamos aprendiendo por nosotros mismos. Podemos hacer esto a través de nuestro ejemplo, nuestros hábitos y nuestras conversaciones diarias.

Nuestro ejemplo

Estas son las buenas y malas noticias cuando conversamos sobre nuestra fe con nuestros hijos. Según un estudio sociológico nacional de padres religiosos estadounidenses (no solo de padres cristianos):

La coherencia de los padres en sus palabras y acciones, sus normas y serias intenciones afecta al éxito de la transmisión religiosa a los hijos. La percepción de hipocresía cuando los padres no actúan en congruencia con sus enseñanzas religiosas, o cuando los padres siguen la letra, pero no el significado de la ley… reduce el interés de los hijos por seguir la fe y las prácticas religiosas de sus padres.[1]

---

1. Christian Smith y Amy Adamczyk, *Handing Down the Faith: How Parents Pass Their Religion On to the Next Generation* (Nueva York: Oxford University Press, 2021), 6.

La forma en que vivimos afecta lo que nuestros hijos creen sobre Dios. Tómate un momento para hacer una pausa y pensar en el peso de esa verdad (sí, es un poco abrumador pensar en eso). Al mismo tiempo, permíteme aclarar: *Tus acciones no pueden salvar a tu hijo*. La salvación es un regalo gratuito de la gracia de Dios, no el resultado de la perfección de los padres. Sin embargo, Dios utiliza medios providenciales para salvar al ser humano. Es una bendición para los hijos crecer en un hogar donde el fruto de la fe es más que evidente. La enseñanza religiosa en la familia es a menudo el agente de la gracia por el que nuestros hijos llegan a la fe. Dios es el que salva, pero nuestro hogar nos da la oportunidad de crear un ambiente sano en el que florezcan las verdades espirituales.

Nuestro hogar también puede crear un ambiente negativo. Si nuestras acciones no concuerdan con nuestras palabras, nuestra hipocresía afectará negativamente a nuestros hijos. Los adolescentes pueden detectar la falsedad. Si decimos amar a Dios, pero estamos llenos de ira, descontento, mentiras e impaciencia, nuestros hijos lo notarán. Si nos inclinamos ante los ídolos del dinero, el éxito, el poder, la aprobación, el bienestar o el control, nuestros hijos observarán la verdad de lo que amamos. Y lo más probable es que amen y sirvan a los mismos ídolos que nosotros.

Permíteme también aclarar: esto no significa que los hijos pródigos sean el resultado de la falta de integridad de los padres. Conozco a muchos padres maravillosos, que honran a Cristo, cuyos hijos no andan en los caminos del Señor. Tenemos que mantener la tensión incómoda de dos verdades paralelas: nuestra integridad personal en nuestra vida cristiana es importante para nuestros hijos, pero no puede salvarlos. Nuestra hipocresía e idolatría tendrán un impacto negativo en nuestros hijos; pero, en última instancia, la falta de integridad de los padres no es la causa de los hijos pródigos.

¿Cuál es la conclusión? Lo primero que me viene a la mente es el viejo himno "Confía y obedece". Confiamos nuestros hijos al Señor para su salvación y obedecemos al Señor con la esperanza de que nuestro ejemplo fiel deje una huella indeleble en ellos. También hacemos todo lo posible para motivar a nuestros hijos a leer la Palabra de Dios, porque tiene el poder de hacer lo que nosotros no podemos: transformar la mente de nuestros hijos y hacerlos sabios para la salvación (Romanos 12:2; 2 Timoteo 3:15).

Nuestros hábitos

Todos los hogares tienen hábitos diarios. Tú los has creado y probablemente ni siquiera pienses mucho en ellos a estas alturas. Se espera que, al llegar a la adolescencia (a excepción de los niños con necesidades especiales), tus hijos se cepillen los dientes dos veces al día, se vistan solos, se peinen y se duchen con regularidad (aunque a algunos adolescentes les cuestan hacer estas dos últimas cosas). Tu hogar les ha dado una rutina diaria.

Uno de los hábitos que intentamos inculcar desde el principio en nuestro hogar fue la lectura diaria de la Biblia. Cuando nuestros hijos eran pequeños, leíamos una historia bíblica con ellos todas las noches antes de acostarse. Cuando iniciaron la escuela primaria, empezamos a tener un tiempo devocional todas las mañanas antes de ir a la escuela. Este hábito ha continuado en la adolescencia. Sorprendentemente, mis hijos nunca se han quejado de este tiempo juntos en familia, lo que me ha enseñado mucho. Estas son algunas de las lecciones que he aprendido.

Comienza lo antes posible

Cuanto antes comiences con los hábitos, mejor será para tus hijos. Piensa en lo problemático que sería si te olvidaras de enseñar a tus hijos a cepillarse los dientes hasta los cinco años. Probablemente, ya tendrían unas cuantas caries y no habrían adquirido este hábito en su rutina diaria. (Y, como nota al margen, yo sí me olvidé de enseñar a mi hija pequeña a cepillarse los dientes por la mañana. Un día llegó del colegio y me dijo: "¡Mamá, no sabía que la gente también se cepillaba los dientes por la mañana!". Esto es lo que le puede pasar al último hijo).

Cuanto antes puedas comenzar un hábito diario de lectura de la Biblia con tus hijos, mejor será. Este es el secreto que me repito a mí misma con regularidad: *Tus hijos solo conocen la vida familiar que tú haces que sea normal para ellos.* Lo más probable es que mis hijos nunca se hayan preguntado si otras familias dedican de cinco a diez minutos cada mañana a un devocional. Quizá se sorprendan de que pocos de sus amigos lean la Biblia regularmente con sus padres. No te preocupes, tú también puedes crear el hábito en tu hogar.

Si sientes que ha pasado demasiado tiempo y ahora tus hijos son demasiado grandes para comenzar, te animo a hablar con ellos. He descubierto que, si les hablas en un tono de invitación y no de obligación, la conversación suele ser más llevadera. Algo así como: "Quiero pedirles que prueben algo conmigo durante unas semanas. ¿Podríamos comprometernos como familia a estar en la mesa del desayuno diez minutos antes de ir al colegio para leer la Biblia y orar unos por otros? Sé que tal vez no quieran hacerlo o quizás se sientan extraños al principio, pero creo que sería una bendición para nuestra familia tener este tiempo juntos. Los amo y he estado aprendiendo lo importante que es la Palabra de Dios, y quiero que aprendamos juntos de ella. Si las mañanas son demasiado difíciles, ¿pueden ayudarme a pensar en un buen momento para hacer esto en familia?".

A medida que tus hijos llegan a la adolescencia, resulta beneficioso permitirles participar de los hábitos familiares. Invítalos a participar de una conversación. Pídeles su opinión. Inclúyelos cálidamente. Durante estos años, es vital hacerlos partícipes y escuchar su punto de vista.

* * * * * * * * * * * * * * *

**Tus hijos solo conocen la vida familiar
que tú haces que sea normal para ellos.**

* * * * * * * * * * * * * * *

Además, prepárate para que la conversación se desarrolle de forma distinta a la que tú deseas. Hace poco, les pregunté a mis hijos adolescentes si podíamos estudiar la Biblia en familia una vez a la semana.

Me miraron con las cejas levantadas y preguntaron: "¿Por qué lo tendríamos que hacer?". Les mencioné algunas de mis razones y respondieron: "No queremos hacerlo; ya sabemos cómo estudiar la Biblia". Después de un intercambio de palabras, los tildé de paganos en broma por no querer estudiar la Biblia conmigo, y lo dejamos así. La lectura de la Biblia es un asunto serio. Si al principio no tienes éxito, sigue intentándolo con nuevas ideas. Ora por sabiduría y perspicacia e invita continuamente a tus hijos a la bendición de la Palabra de Dios.

Invítalos cálidamente a participar

Hace siglos, el pastor puritano John James alentaba: "Cuando enseñes verdades bíblicas a tus hijos, muestra tu afecto más cálido, tu mayor alegría, tu sonrisa más amplia".[2] Este pastor entendía que la forma en que enseñamos a nuestros hijos es importante para que sean receptivos a lo que les estamos enseñando. La investigación moderna está de acuerdo. Según un estudio reciente, los padres con relaciones cálidas y enriquecedoras tenían más probabilidades de transmitir su fe y sus prácticas religiosas a sus hijos.[3]

Básicamente, no hagas de la lectura de la Biblia una experiencia desagradable para tus hijos. No es bueno que te enojes y le grites a todo el mundo "¡VENGAN A LEER LA BIBLIA!". Crea patrones saludables, pero no insistas en una especie de imagen idílica de perfección. Cada familia es diferente. Puede que decidan leer la Biblia juntos una vez a la semana, los domingos. Eso está muy bien. Es mejor crear un ambiente cálido y acogedor de compromiso una vez a la semana, que tener a todos sentados a la mesa cada mañana sin aprender nada porque todos se sienten regañados y molestos. El objetivo es crear hábitos que permitan a tus hijos aprender la Palabra de Dios. Focalízate en lo que funciona bien para tu familia y en cómo aprenden mejor, no en un método en particular o en la cantidad de

2. John Angell James, *Female Piety* (Morgan, PA: Soli Deo Gloria Publications, 1995), 339.
3. Smith y Adamczyk, *Handing Down the Faith*, 45

tiempo si son reacios. Sé creativo para tu familia (no tienes que hacer lo que hacen los demás) y pide sabiduría a Dios.

* * * * * * * * * * * * * * * *

La Palabra de Dios es un libro de vida más que un libro de reglas.

* * * * * * * * * * * * * * * *

Aunque siempre habrá un adolescente desafiante que no quiera hablar de temas espirituales, durante mis años de docencia he descubierto que la mayoría de los adolescentes anhelan la atención de los adultos y el diálogo con ellos. Puede que actúen como si no lo quisieran, pero he descubierto que nuestra accesibilidad como adultos importa mucho a los adolescentes. Es importante hacer preguntas más que dar respuestas fáciles. Interésate por lo que piensan y muestra respeto por sus ideas. Este tipo de interacciones regulares abren la puerta a otras conversaciones en otros momentos del día. Te sorprenderá descubrir que tus hijos disfrutan de estos momentos juntos, por muy reacios que se muestren al principio.

También me he dado cuenta de que nuestra forma de pensar sobre la Biblia influye en cómo se la transmitimos a nuestros hijos. Algunas personas piensan que la Biblia es simplemente un libro de reglas, una imposición que les muestra todos sus defectos. Pero la Palabra de Dios es un libro de vida más que un libro de reglas. Es una demostración de la gracia y la bondad de Dios hacia nosotros y el interés por su pueblo. Las Escrituras son como un tutor, que nos muestra nuestra incapacidad para cumplir la ley a la perfección como medio para llevarnos a Cristo. Sí, la Biblia nos enseña lo que no debemos hacer, pero lo más importante es que nos enseña qué *hacer* para tener vida abundante.

Si hablas más de la Palabra de Dios con tus hijos de manera correctiva ("¡No hagas esto!") que de manera consoladora ("¡Dios es tu

33

refugio y tu ayuda!"), puede que estén menos inclinados a querer leerla. Procura que la enseñanza de la Palabra de Dios esté llena de buenas noticias: "Sí, necesitas un Salvador. Déjame contarte lo increíble que es Jesús y lo mucho que te ama".

Hábitos personales

Todos queremos tener la oportunidad de hablar con nuestros hijos adolescentes sobre la Biblia. Sin embargo, también queremos que la lean por sí mismos. Una de las mejores maneras de normalizar la lectura diaria de la Biblia para nuestros hijos es que nos vean leer la Biblia con regularidad. Nuestros hábitos personales dejan una profunda huella en ellos.

Nunca les he dicho a mis hijos explícitamente: "Tienen que leer la Biblia por su cuenta todos los días", pero he visto cómo poco a poco han implementado estos hábitos en sus vidas. En la adolescencia, es importante que tus hijos comiencen a desarrollar su propio tiempo de lectura bíblica a su propio ritmo. Queremos que desarrollen una relación con Dios, no culparlos o regañarlos para que lean la Biblia. Te sugiero que compres a cada uno de tus preadolescentes o adolescentes su propia Biblia, que les proporciones recursos útiles para el estudio bíblico y libros devocionales, y que luego ores para que tus hijos abran la Biblia y comiencen a leerla por su cuenta.

Nuestras conversaciones

Moisés instruyó a los israelitas: "Y estas palabras… las repetirás a tus hijos, y hablarás de ellas estando en tu casa, y andando por el camino, y al acostarte, y cuando te levantes" (Deuteronomio 6:6-7). Cuando leemos la Palabra de Dios con regularidad, esta se desborda naturalmente en lo que conversamos con nuestros hijos. Permíteme animarte: busca oportunidades para hablar de Dios a lo largo del día con tus hijos. Aprender sobre Dios no es algo que ocurre solo durante los devocionales familiares o la lectura personal de la Biblia. Aprendemos sobre Dios mientras vivimos la vida en comunidad.

Escucha a tus hijos adolescentes cuando hablen de las circunstancias que vivieron en el día. Evita intervenir y ofrecer soluciones rápidas o respuestas simplistas. No minimices lo que puede ser una situación desalentadora o difícil para ellos. Hazles buenas preguntas, conversa con ellos y ayúdales a aprender a procesar sus circunstancias desde una perspectiva bíblica. Ayúdales a desarrollar discernimiento, no solo a seguir las reglas sin pensar. En la adolescencia, es importante (¡y a veces difícil!) que los padres sean prontos para oír y tardos para hablar (Santiago 1:19).

Así lo explican los resultados de la encuesta *Handing Down the Faith*:

> Las conversaciones más eficaces entre padres e hijos sobre religión están más centradas en los hijos que en los padres. En ellas, los hijos hacen preguntas y hablan más, mientras que los padres escuchan más; las preguntas sobre religión están claramente relacionadas con la vida de los hijos; los padres intentan ayudar a los hijos a entender su fe y sus prácticas religiosas; las conversaciones son abiertas, no rígidas ni muy controladas; y así se fomenta una relación más amplia entre padres e hijos. Cuando los padres, por el contrario, hablan demasiado, exigen cosas sin dar explicaciones, fuerzan conversaciones no deseadas y restringen las conversaciones a temas que ellos controlan, es probable que la transmisión de la fe a los hijos sea ineficaz o contraproducente.[4]

Los años de preadolescencia y adolescencia son una oportunidad maravillosa para comprender el desarrollo espiritual de nuestros hijos. Aunque pienses que estos son los últimos años en los que tendrás la oportunidad de enseñarles toda la sabiduría que tanto te ha costado adquirir, en realidad aprenden mejor cuando pueden hablar *contigo* en lugar de escuchar tus sermones. La sabiduría en nuestro diálogo con ellos no significa que seamos nosotros los que hablemos. Significa que siempre estemos pensando en maneras de permitir que la Palabra sature nuestras conversaciones y los consejos que ofrecemos.

---

4. Smith y Adamczyk, *Handing Down the Faith*, 5

Cuando mis hijos eran pequeños, había muchos libros de cocina que enseñaban varias maneras de introducir más vegetales en comidas como lasañas, sopas y *brownies* sin que los niños se dieran cuenta. El concepto consistía en incorporar disimuladamente alimentos saludables en las comidas que a los niños ya les gustaban para que consumieran los vegetales que necesitaban.

Esta es una forma útil de incorporar la Palabra de Dios a nuestras conversaciones diarias con nuestros hijos. Puede que no siempre seas capaz de citar el versículo exacto, pero a medida que atesores la Palabra de Dios en tu propio corazón, podrás impartirles su sabiduría mientras llevas a tu adolescente a la práctica de fútbol, esperas en el consultorio del médico o conversas con ellos a altas horas de la noche.

Consejos prácticos

Mis cursos universitarios de pedagogía me presentaron el concepto de los diferentes estilos de crianza (que también eran aplicables a los estilos de enseñanza), y seguiremos refiriéndonos a ellos a lo largo del libro. Aunque la psicología moderna es limitada en su capacidad de ofrecernos una profunda sabiduría, podemos extraer de su investigación conocimientos de la gracia común. Comprender estos diferentes estilos de crianza me ha sido útil al tratar de enseñar a mis hijos a amar y obedecer la Palabra de Dios.

Básicamente, hay cuatro tipos diferentes de padres: autoritarios, autoritativos, permisivos e indiferentes/negligentes.[5] Esta es una manera útil de categorizar estos estilos:

Los **padres autoritarios** suelen tener muchas expectativas y exigencias, con poca calidez, sensibilidad y aceptación. También se los podría llamar *padres dominantes*, que guían a sus hijos mediante la intimidación y el miedo.

Los **padres autoritativos** tienden a tener muchas expectativas y exigencias, con mucha calidez, sensibilidad y aceptación.

---

5. Smith y Adamczyk, *Handing Down the Faith*, 45.

También se los podría llamar *padres guías*, que dirigen a sus hijos sabiamente con paciencia y dulzura.

Los **padres permisivos** tienden a tener pocas expectativas y exigencias, con mucha calidez, sensibilidad y aceptación. También se los podría llamar *padres indulgentes*, que siguen la iniciativa y los deseos de sus hijos.

Los **padres indiferentes o negligentes** tienden a tener pocas expectativas y exigencias, con poca calidez, sensibilidad y aceptación. También se los podría llamar *padres ausentes*, cuyo resultado se siente más por su ausencia que por su presencia.

A la hora de entender las diferencias entre estos estilos de padres, me resulta útil imaginar un área de juegos en el patio de una casa.

Un padre autoritario o dominante instala un corralito en medio de un enorme patio y limita al niño a jugar en esa zona pequeña y confinada. Este sistema de crianza puede funcionar cuando el niño es pequeño, pero con el tiempo le quedará pequeño y se sentirá cada vez más frustrado por sus restricciones y limitaciones.

El padre autoritativo/guía instala una valla alrededor del patio y deja al niño una zona amplia para jugar y correr, adecuada a su edad.

El padre permisivo/indulgente abre la puerta del patio sin vallas y le dice: "¡Ve a jugar afuera y diviértete!".

El padre indiferente/ausente no tiene ni idea de lo que hace el niño ni sabe dónde está.

Aunque esta ilustración presenta una perspectiva un poco simplista de los estilos de padres, nos ayuda a comprender mejor nuestros hogares. Es útil considerar el tipo de hogar en el que creciste, así como tus tendencias como padre o madre. Cuando se trata de criar a nuestros hijos para que amen y obedezcan a Dios, debemos tener reglas y límites para ellos, que reflejen los que se encuentran en la Palabra de Dios (esa es la valla que ponemos). Es amoroso y bueno de nuestra parte ponerles límites sabios.

Padre indulgente/permisivo

"Tú mandas".

Pocas expectativas, mucha calidez, poca supervisión, poco severo.

Deja que el hijo lleve la iniciativa.

Ídolos típicos: bienestar y aprobación.

Se pregunta: ¿Qué quiere mi hijo?

MUCHA

Padre autoritativo/guía

"Conversemos".

Calidez, afecto, muchas expectativas, consecuencias, normas claras, sensible, atento.

Prioriza las necesidades y capacidades de su hijo.

Guía a su hijo con paciencia, dulzura, interés.

Lucha contra los ídolos y honra a Dios al criar a su hijo.

Se pregunta: ¿Qué quiere Dios para mi hijo?

CALIDEZ

POCAS **EXPECTATIVAS** MUCHAS

Padre negligente/ausente

"No me meto".

Pocas expectativas, poca calidez, ausente, negligente, pasivo, desinteresado, indiferente.

No guía a su hijo.

Cualquiera de los cuatro ídolos podría conducir a ser un padre negligente.

No se pregunta nada.

Padre autoritario/dominante

"Yo mando".

Muchas expectativas y exigencias, controlador.

Más directivo que relacional.

Poca calidez, sensibilidad y afecto.

Guía a su hijo mediante la intimidación y el miedo.

Ídolos típicos: el control y el éxito.

Se pregunta: ¿Qué quiero de/para mi hijo?

POCA

Sin embargo, debemos tener cuidado de no imponer, a nuestros hijos preadolescentes y adolescentes, límites que son demasiado restrictivos (como el corralito), que tienen que ver más con nuestros temores que con la Palabra de Dios. También debemos tener cuidado de no imponer límites en absoluto por temor a que eso pueda causar que nuestros hijos no nos quieran. Y, en cuanto a la categoría de indiferente/ausente, pienso que, si estás leyendo este libro, probablemente no eres un padre o una madre negligente. De modo que me centraré en los estilos de padres autoritarios, autoritativos y permisivos.

Tanto el estilo de crianza autoritario/dominante como el permisivo/indulgente están asociados con resultados negativos en los hijos. Los hijos de hogares autoritarios tienen menor rendimiento académico, peores habilidades sociales y mayores tasas de enfermedades mentales, drogadicción y delincuencia. Los hijos de hogares permisivos tienen mayores tasas de comportamientos impulsivos y egocéntricos, peores habilidades sociales y relaciones problemáticas. Por el contrario, los hijos de hogares autoritativos tienen un mayor rendimiento académico, mejores habilidades sociales, menos enfermedades mentales y menores tasas de delincuencia.[6] Además, los hijos que crecen en un ambiente autoritativo/guía tienen más probabilidades de considerar la fe de sus padres como una parte importante de sus propias vidas.[7] Aunque, en definitiva, los estilos de crianza no son determinantes para los resultados, son una herramienta útil para evaluar las mejores prácticas como padres.

Queremos enseñar la Palabra de Dios a nuestros hijos como la autoridad absoluta en sus vidas. Es la valla firme por la que siempre les suplicamos a nuestros hijos: "¡Permanezcan dentro de este límite por su propio bien!". Pero cada familia tendrá reglas adicionales dentro de su hogar. Se necesita una combinación de sabiduría y oración para saber cómo establecer las reglas de nuestro hogar, así para como

---

6. Pamela Li, "4 Types of Parenting Styles and Their Effects on Children", *Parenting for Brain*, 11 de mayo de 2023, https://www.parentingforbrain.com/4-baumrind-parenting-styles/.

7. Smith y Adamczyk, *Handing Down the Faith*, 48.

para hacerlas cumplir. En nuestro próximo capítulo, que trata sobre la oración, ahondaremos más en este concepto mientras buscamos la sabiduría de Dios en la forma de abordar y determinar límites beneficiosos para nuestros hijos adolescentes.

UNA NOTA DE ESPERANZA DEL EVANGELIO

A veces es intimidante enseñar la Palabra de Dios a nuestros hijos adolescentes. Tal vez sientes que no la conoces muy bien. Tal vez te sientas culpable por no obedecer a tus padres o a Dios cuando eras adolescente y piensas que no puedes esperar que tus hijos hagan lo que tú no hiciste. Tal vez temes hablarles demasiado de la Biblia y que pierdan el interés. O tal vez tú mismo tienes muchas dudas y te preocupa que tus hijos adolescentes te hagan preguntas que no puedas responder.

Permíteme animarte hoy: está bien tener dudas. Está bien seguir aprendiendo. Está bien no sentirse seguro de uno mismo. Ninguno de nosotros se siente a la altura de las circunstancias. Afortunadamente, no estamos solos. El Espíritu nos guía a toda verdad, y Dios trae a nuestra vida a otros cristianos que pueden ofrecernos sabiduría adicional y respuestas a nuestras preguntas. Enseña la verdad bíblica que conoces, lee la Biblia tú mismo, habla con tus hijos sobre las preguntas que tienes, pide ayuda a un pastor o profesor para hallar las respuestas, entrega tus miedos a Dios y enseña a tus hijos que la gracia de Dios es suficiente para cubrir todos sus errores (¡y los tuyos también!). Pequeños pasos de fidelidad pueden conducir a grandes cambios en nuestro hogar. Sigue dependiendo de la Palabra de Dios y de su sabiduría en tu propia vida, y eso repercutirá en tus hijos.

Dios te ama. Él ama a tu adolescente. Hoy es una nueva oportunidad para conocer mejor a Jesús. Que su gracia te guíe, te guarde y te ayude.

MK

PRINCIPIOS PARA REFLEXIONAR

- Es importante dedicar tiempo a la Palabra de Dios, porque edifica nuestras almas como padres y nos prepara para hablar con nuestros hijos adolescentes.
- Los adolescentes aprenden las prácticas piadosas por nuestro ejemplo y nuestra forma de hablar con ellos.
- Los padres que fomentan hogares autoritativos/guía tienen muchas expectativas, además de mucha calidez y sensibilidad. Estos hogares suelen producir los mejores resultados en los adolescentes.

GUÍA DE ESTUDIO

Lee Deuteronomio 6:1-9 y responde a las siguientes preguntas:

1. Considera los versículos 5-6. ¿Qué se pide a los padres en este pasaje?

2. Considera los versículos 7-9. Cómo nos instruye este pasaje a relacionarnos con nuestros hijos?

3. ¿Te sientes cómodo hablando de la Biblia con tu adolescente? ¿Por qué sí o por qué no?

   Vuelve a leer los resultados de la encuesta *Handing Down the Faith* en la página 35.

4. ¿De qué manera práctica podrías hablar con tu adolescente esta semana sobre Dios o la Biblia?

5. Cuando tu hijo tiene preguntas sobre la Biblia, ¿cómo respondes? ¿Cómo podrías hacer que tus conversaciones fueran más abiertas y menos rígidas?

6. ¿De qué manera podrías invitar a tu hijo a hacer más preguntas sobre la Biblia? ¿Cómo podrías escuchar mejor?

7. ¿Cómo describirías tu estilo de criar a tus hijos? ¿Te inclinas más a ser permisivo o autoritario? ¿Cómo describirías el estilo de crianza de tu cónyuge?

8. ¿De qué manera puedes ser más autoritativo en su crianza esta semana? ¿Cómo puedes guiar con expectativas, paciencia, amabilidad, calidez y receptividad?

CAPÍTULO 2

El poder de su presencia:
La oración

Después de colocar a Emma en su sillita en el taxi de Edimburgo (¡uf!), llegamos a nuestro pequeño departamento de un dormitorio. Miré a mi alrededor con ojos nuevos. Nos habíamos ido unos días antes como pareja. Ahora volvíamos como padres. Todos los meses y las semanas de preparación no parecían suficientes. No tenía ni idea de qué hacer con este bebé. Así que empecé por sacar del bolso su cambiador. Me pareció un primer paso importante (y necesario).

Una hora después de llegar a casa, otro taxi se detuvo frente a nuestro departamento. Era mi madre. Creo que nunca me había alegrado tanto de ver a alguien. En un principio, tenía previsto llegar antes del nacimiento de Emma. Sin embargo, como Emma se adelantó una semana, llegó providencialmente en el momento exacto en que más la necesitaba. Fue como si Mary Poppins hubiera entrado por la puerta, hábil y capaz de ayudarme con todo aquello que yo no sabía hacer.

Una cosa son los libros que nos dicen lo que tenemos que hacer. Otra cosa es tener a alguien presente que nos ayude. Le hice muchas preguntas a mi madre que nunca antes se me habían ocurrido hacerle. *¿Cómo la baño? ¿Por qué se queja tanto? ¿Crees que llora de cansancio, de hambre o para que le cambie el pañal? ¿Qué puedo hacer para que duerma mejor?*

Cuando nuestros hijos entran en la adolescencia, creo que todos desearíamos tener a alguien a nuestro lado que nos aconseje: "No le digas nada de esa ropa que no combina". "No pasa nada porque no haya entrado en ese equipo deportivo; puede que hoy esté decepcionado, pero ya se le pasará". "En realidad no está enfadada contigo; solo ha tenido un mal día". "Sé que no iba a querer hablar de eso; es normal. A veces los adolescentes no saben comunicar sus sentimientos".

¿No sería bueno que tuviéramos una especie de dispositivo Alexa, listo y a la espera de responder todas nuestras preguntas sobre qué hacer con nuestros hijos adolescentes? ¿O tal vez un asesor que nos guíe y evite que cometamos errores y digamos cosas equivocadas? Como ninguna otra cosa en mi vida, la maternidad me ha ayudado a darme cuenta de mis limitaciones. No podía hacer que mi bebé mamara. No podía evitar que llorara. No conseguía que se durmiera. A menudo no tenía ni idea de qué hacer.

Durante la adolescencia, todos enfrentamos problemas que parecen mucho más importantes que averiguar cómo amamantar o encontrar formas de hacer que nuestro bebé se duerma (aunque una madre primeriza desesperada y privada de sueño pueda pensar de otra manera). Reconocemos nuestra falta de sabiduría y sabemos que necesitamos ayuda, pero a veces no sabemos a quién acudir.

Aunque no tenemos a nadie físicamente a nuestro lado que nos diga todo lo que queremos saber, sí tenemos ayuda. Podemos clamar a Dios y pedirle que haga lo que nosotros no podemos hacer. Tenemos al Espíritu dentro de nosotros, que promete ayudarnos y guiarnos. Podemos orar como el salmista: "Enséñame a hacer tu voluntad, porque tú eres mi Dios; tu buen espíritu me guíe a tierra de rectitud" (Salmos 143:10).

En mi propia vida, cuando surgen problemas con mis hijos, suelo hablar primero con mi marido y preguntarle qué piensa. Luego me dirijo a amigas de confianza, para que me den su opinión sobre el asunto. Puede que investigue un poco en Internet para tratar de averiguar qué es normal o apropiado para su edad. Hablo con una madre mayor y le pido consejo. Puede que lea un libro sobre el tema.

Cuando he agotado todas mis opciones y no sé qué hacer, finalmente pienso: *¿He orado al respecto? ¿Le he pedido a Dios que me muestre qué es lo mejor?* Con demasiada frecuencia, me apresuro a buscar respuestas por mi cuenta, sin pedir nunca a Dios que me ayude a encontrarlas. Aunque no creo en el dicho: "Dios ayuda a quienes se ayudan", a menudo vivo como si así fuera.

Afortunadamente, Dios es paciente con mi lentitud para aprender. No sabes la cantidad de veces (después que finalmente me arrodillé y oré sobre una circunstancia) que Él ha obrado de manera asombrosa. Puede que mi circunstancia no haya cambiado, pero tal vez tuve más paz. O tal vez el sermón de esa semana le habló a mi corazón de la manera que necesitaba escuchar. O tal vez me encontré con una amiga y descubrimos que ambas estábamos luchando con el mismo problema, y ella me dio un excelente consejo.

Cuando oramos, obtenemos una doble bendición, porque la oración es más que recibir respuestas, es recibir gozo.

Dios está ahí para nosotros. Está dispuesto a darnos sabiduría. Santiago promete: "Y si alguno de vosotros tiene falta de sabiduría, pídala a Dios, el cual da a todos abundantemente y sin reproche, y le será dada" (Santiago 1:5). ¿Has leído esta buena noticia? Podemos pedir a Dios. A Él no le molesta si oramos y le pedimos sabiduría a las ocho de la mañana y luego otra vez a las ocho y cinco. Y luego otra vez a las nueve. Él tiene toda la sabiduría del universo, y está presto a darnos su sabiduría generosamente. Todo lo que tenemos que hacer es pedir.

La oración es un don que a menudo olvidamos. Como escribe Tim Keller: "Un Dios trino nos llamaría a conversar con Él… porque quiere compartir el gozo que Él tiene. La oración es nuestra manera de acceder a la felicidad de Dios mismo".[1] Y cuando oramos, obtenemos una doble bendición, porque la oración es más que recibir respuestas, es recibir gozo.

---

1. Timothy Keller, *Prayer: Experiencing Awe and Intimacy with God* (Nueva York: Dutton, 2014), 68. Publicado en español con el título *La oración: Experimentando asombro e intimidad con Dios* por B&H Español (1 de noviembre de 2016).

Principios bíblicos

A lo largo de la Biblia, el pueblo de Dios oraba. Isaac oró para que Rebeca concibiera (Génesis 25:21). Moisés oró por la liberación de los israelitas (Números 21:7). Ana oró y lloró pidiendo un hijo (1 Samuel 1:10). Samuel oró por el pueblo de Dios, mientras les enseñaba lo que era bueno y correcto (1 Samuel 12:23). Ezequías oró por sanidad (2 Reyes 20:5). Salomón oró por sabiduría (1 Reyes 3:9). Daniel oraba tres veces al día a Dios a pesar de que el edicto del rey había prohibido hacerlo (Daniel 6:10). Los Salmos son en esencia un libro de oraciones, que nos enseñan a derramar nuestro corazón a Dios tanto en nuestras penas como en nuestras alegrías.

Pablo oraba por las iglesias: para que su amor a Dios abundara en ellos (Filipenses 1:9), para que tuvieran sabiduría y entendimiento espiritual (Colosenses 1:9), para que tuvieran oportunidades de dar testimonio (Colosenses 4:3), para que su conducta fuera digna del evangelio (2 Tesalonicenses 1:11), y con la esperanza de poder verlos cara a cara (1 Tesalonicenses 3:10).

El pueblo de Dios es un pueblo que ora. Entendemos que necesitamos la ayuda de Dios. Como padres, tenemos el supremo llamado de orar por nuestros hijos.

Jesús: Nuestro ejemplo a seguir

Lo más importante es que Jesús oraba. Y nos enseñó a orar. Cuando pensamos en nuestra necesidad de orar como padres de adolescentes, el Padrenuestro puede guiarnos y enseñarnos a orar.

En el libro de Mateo, encontramos que Jesús enseñó a sus discípulos a orar:

> Y orando, no uséis vanas repeticiones, como los gentiles, que piensan que por su palabrería serán oídos. No os hagáis, pues, semejantes a ellos; porque vuestro Padre sabe de qué cosas tenéis necesidad, antes que vosotros le pidáis. Vosotros, pues, oraréis así: Padre nuestro que estás en los cielos, santificado sea tu nombre. Venga tu reino. Hágase

tu voluntad, como en el cielo, así también en la tierra. El pan nuestro de cada día, dánoslo hoy. Y perdónanos nuestras deudas, como también nosotros perdonamos a nuestros deudores. Y no nos metas en tentación, mas líbranos del mal; porque tuyo es el reino, y el poder, y la gloria, por todos los siglos. Amén (Mateo 6:7-13).

Este modelo de oración ofrece muchas lecciones que podemos aprender como padres. Veamos algunas.

¿A quién oramos?

Comenzamos orando a "nuestro Padre". Dios entiende el amor de padre. Entramos en su presencia como hijos amados, acogidos y aceptados. También pertenecemos a una familia, la Iglesia (fíjate en el "nuestro" Padre colectivo). Este pasaje nos recuerda que no es necesario hacer oraciones largas, elocuentes o impresionantes, porque Dios ya sabe lo que necesitamos. Pero, aun así, quiere que vayamos a hablar con Él. Nuestras oraciones importan. Dios reina desde el cielo; Él tiene el control y puede ayudar. Aunque te parezca que todas las cargas y responsabilidades de tu familia recaen sobre ti como padre, Dios es el Padre supremo. Y se preocupa cuando clamamos a Él.

* * *

Aunque te parezca que todas las cargas y responsabilidades de tu familia recaen sobre ti como padre, Dios es el Padre supremo. Y se preocupa cuando clamamos a Él.

* * *

¿Qué cosas pedimos?

Jesús comenzó su oración recordándonos nuestras prioridades y reorientando nuestros deseos. La mayoría de nosotros empezamos directamente por la necesidad circunstancial del momento (y a Dios también le importan nuestras necesidades). Sin embargo, Jesús empezó enseñándonos a orar por algo más glorioso: "Santificado sea tu nombre". Nos recuerda que debemos orar por lo más importante, por lo más necesario: que el nombre de Dios sea declarado santo en toda la tierra. La gloria de Dios debe ser siempre lo primero en nuestra lista de oraciones.

A continuación, Jesús nos enseña a orar para que venga el reino de Dios y se haga su voluntad. Tómate un momento para pensar en lo que significa orar: "Hágase tu voluntad". No estamos en el asiento del conductor cuando se trata de saber qué es lo mejor para nuestros hijos. Nuestras oraciones para que los inviten a la fiesta de graduación o entren al equipo de fútbol o ingresen a la universidad de su elección o encuentren un grupo de amigos cristianos (todas cosas buenas) podrían no ser el plan de Dios para nuestros hijos. Cuando oramos: "Hágase tu voluntad", renunciamos a nuestros deseos (y reconocemos las limitaciones de nuestro entendimiento) y pedimos a Dios que haga lo mejor. Le confiamos nuestros anhelos, con la confianza de que: "Si el bien que deseamos es bueno para nosotros, lo tendremos. Si no es bueno, no tenerlo será bueno también".[2]

Al mismo tiempo, Jesús nos enseñó a pedir el pan de cada día. Podemos pedirle que nos dé lo que necesitamos. Así como Ana pidió un hijo y Ezequías oró por sanidad, nosotros podemos llevar nuestras peticiones a Dios. Él es capaz de hacer lo que nosotros no podemos. Derrama hoy todo lo que turba tu corazón. Algunos días, todo lo que puedo orar es: "Señor, no sé lo que necesito, pero, por favor, ayúdame". El Señor sabe lo que necesitas. No tienes que articular palabras ni

---

2. Thomas Watson, "The Art of Divine Contentment", *Monergism.com*, https://www.monergism.com/thethreshold/sdg/watson/The%20Art%20of%20 Divine%20Contentment%20-%20Thomas%20Watson.pdf (sección: Divine Motives to Contentment).

hacer largas oraciones. Ora por cualquier cosa y por todo, y ora sin cesar (1 Tesalonicenses 5:17).

Jesús comenzó esta oración y se centró en nuestra mayor esperanza: la gloria de Dios. Y terminó apuntando a nuestro mayor problema: el pecado. Este es un recordatorio útil para nosotros como padres, ¿no es cierto? El mayor problema de mi hijo no es su grupo de amigos, sus calificaciones escolares o el tiempo que pasa frente a la pantalla. Su mayor problema es su batalla con el pecado y su necesidad de perdón. También es nuestra mayor necesidad.

Escudriñemos nuestro propio corazón

La oración es un buen examen de conciencia para nosotros como padres: ¿Qué necesito confesar? ¿He sido impaciente? ¿He sido cruel? ¿No he sido cariñoso? Tomarnos el tiempo de considerar nuestra propia necesidad de perdón cada día nos hará más tiernos con aquellos que necesitan nuestro perdón, especialmente nuestros hijos. La misericordia y la bondad de Dios hacia nuestros errores nos ayuda a ser pacientes y bondadosos con nuestros hijos en sus errores. La oración nos ayuda a reorientarnos y recordar nuestra propia necesidad de gracia y perdón cuando extendemos estas bendiciones a nuestros hijos.

La oración también nos ayuda a reflexionar: ¿Tengo que pedir perdón a mis hijos por algo? ¿Necesito disculparme con ellos? Aunque nuestros hijos adolescentes cometan muchos errores, es bueno recordar que nosotros tampoco somos perfectos. Al pedir perdón a nuestros hijos adolescentes, les damos el ejemplo de lo que significa asumir la responsabilidad de nuestro comportamiento y les ayudamos a entender que todos necesitamos gracia y perdón. Vernos pedir perdón y asumir nuestros errores les enseña a hacer lo mismo. Cuando ores, tómate un tiempo para considerar no solo el comportamiento de tus hijos, sino el tuyo propio.

También necesitamos orar para que Dios libre a nuestros hijos adolescentes del mal. Se enfrentan a tantas tentaciones: orgullo, codicia, pecado sexual, mentira y presión de grupo en una variedad de formas. Es posible que no conozcas todas las batallas que se libran en su corazón. Puede que nunca hablen de algunas de las luchas que están experimentando, pero puedes orar para que Dios los libre, los guarde y los salve del ladrón que viene para "hurtar y matar y destruir" (Juan 10:10). Dios puede ayudarles a mantenerse fuertes en medio de los vientos huracanados de la cultura que quieren arrasarlos.

Orar el Padrenuestro reorienta nuestra atención hacia Dios y nos recuerda que su voluntad es la mejor. Nos enseña a buscar a Dios como Padre y presentarle todas nuestras peticiones. También vuelve a focalizar nuestras oraciones en la batalla contra el pecado, tanto para nosotros como para nuestros adolescentes. Cuando ores por tus hijos adolescentes cada día, te sugiero que empieces con el Padrenuestro y lo utilices como una guía.

Crianza con propósito y gracia

Queremos orar por nuestros hijos adolescentes, y esperamos orar con ellos. La combinación de ambas cosas les sirve de ejemplo a seguir. Nos ven confiar en el Señor a través de la oración, y aprenden a acudir ellos mismos a Dios en oración. Mi hija escribió el prólogo de mi libro *Cinco razones para orar por tus hijos*. En él, explica el impacto de ambas cosas:

Mi madre dijo una vez que orar era como aprender otro idioma. Si creciste con padres que oraban con regularidad en el hogar, te parecería natural, como una lengua materna que hablas desde el nacimiento. Sin embargo, si esperas, es más difícil aprenderlo. No es que no puedas aprender a orar, sino que tardas más tiempo en sentirlo natural. Al principio podría parecer extraño o raro y algo incómodo.

Por eso estoy tan agradecida de haber crecido con padres que oraban. Desde muy joven me enseñaron qué era orar y cómo hacerlo. Oraba con los demás en la iglesia, en la escuela, en las comidas y en los devocionales familiares. Siempre formó parte de mí y lo sentí como algo natural en mi vida. Al recordar los últimos diecisiete años de aprendizaje y crecimiento en la oración, me doy cuenta de la influencia que han tenido mis padres al orar por mí y conmigo.

Mis padres no me dieron una clase para enseñarme a orar. No hubo un manual de instrucciones, video o conferencia. Simplemente, aprendí al verlos orar cada día. Todas las noches, sentado junto a mi cama, mi padre leía una historia bíblica y oraba con mis hermanos y conmigo. Cada mañana, bajaba para ir a la escuela y veía a mi madre que estaba terminando su tiempo devocional mientras escribía sus oraciones al Señor. Yo sabía que, entre otras cosas, ella había estado orando por mí, pidiendo a Dios que aumentara mi conocimiento y amor por Cristo.

Y, en cierto modo, Dios usó las oraciones de mi madre para responder mis propias oraciones de madre: fue al verla orar a solas con el Señor cada mañana que empecé a dar prioridad a este tiempo de oración para mí y comprender su importancia".[3]

He descubierto que orar por y con los demás es una de las cosas más amorosas y serviciales que podemos hacer por ellos. La oración es un salvavidas al que nuestros hijos pueden recurrir cuando se sienten solos, asustados, heridos o desilusionados. También les da la oportunidad de expresar su agradecimiento cuando están alegres. La oración es una forma de intimidad con Dios que podemos enseñar a nuestros hijos. No podemos prometer a nuestros hijos que siempre estaremos con ellos. Sin embargo, Romanos 8:39 promete que "ni lo alto, ni lo profundo... nos podrá separar del amor de Dios, que es en Cristo Jesús Señor nuestro". Dios siempre estará con nuestros hijos adolescentes, incluso cuando nosotros no lo estemos.

Cuando intentamos ser padres que oran, resulta útil pensar en dos categorías generales de oración cuando oramos con nuestros hijos adolescentes: programada y espontánea.

3. Emma Kruger, citada en Melissa B. Kruger, *5 Things to Pray for Your Kids* (Londres: The Good Book Company, 2019), 7-8. Publicado en español con el título *Cinco razones para orar por tus hijos* por B&H Español (15 de junio de 2023).

● ● ● ● ● ● ● ● ● ● ● ● ● ● ● ● ●

La oración es un salvavidas al que nuestros hijos pueden recurrir cuando se sienten solos, asustados, heridos o desilusionados.

● ● ● ● ● ● ● ● ● ● ● ● ● ● ● ● ●

Momentos de oración programados

Fomentar la oración en la familia requiere programación. No surge de la nada. Una de las mejores maneras de enseñar a orar a nuestros hijos adolescentes es orar regularmente con ellos. Las Escrituras nos orientan sobre por qué motivos orar, y eso puede ayudarnos a crear rutinas en nuestro hogar.

En el capítulo anterior mencioné que nuestra familia lee regularmente un pasaje de las Escrituras o un devocional cada mañana antes de ir a la escuela. También oramos juntos. Para ayudarnos a orar, hice tarjetas con peticiones específicas para cada día, peticiones que están bajo cuatro encabezados diferentes:

- Orar por un miembro de nuestra familia
- Orar por un misionero al que apoyamos
- Orar por los líderes de nuestra vida (jefes, líderes de la iglesia, funcionarios del gobierno, directores de escuela)
- Orar por nuestros vecinos, nuestro mundo y la actualidad

Orar por un miembro de la familia

Nuestras tarjetas de oración rotan a lo largo de un ciclo de cinco días, lo que nos viene bien porque nuestra familia está compuesta por cinco personas. Si tienes más o tienes menos familiares, puedes duplicar el número de personas por día o añadir más nombres a tus tarjetas o utilizar los siete días de la semana.

Empezamos por preguntar al miembro de la familia por el que toca orar: "¿Cómo podemos orar por ti esta semana?". Esta sencilla pregunta es una forma positiva de conocer las diferentes preocupaciones que pesan en el corazón de cada uno de nuestros hijos adolescentes. A menudo nos hablan de un próximo examen, de un acontecimiento deportivo o de un amigo que está pasando por un momento difícil. Oramos juntos por la sanidad de un resfriado y huesos rotos, así como por sabiduría a la hora de elegir las clases o universidades.

Tenemos tres categorías adicionales en nuestras tarjetas de oración: líderes, misioneros y actualidad. En la categoría de líderes, rotamos cada día entre pastores, jefes, directores de escuela y gobernantes. En la categoría de misioneros rotamos entre los distintos misioneros a los que apoyamos, algunos locales y otros en el extranjero. Y la categoría de actualidad rota entre acontecimientos personales, nacionales y mundiales que están teniendo lugar (amigos enfermos, desastres naturales y conflictos mundiales).

Oramos por estas categorías y procuramos seguir estos principios bíblicos:

Oración unos por otros

- "Gozosos en la esperanza; sufridos en la tribulación; constantes en la oración" (Romanos 12:12).

Oración por los líderes

- "Exhorto ante todo, a que se hagan rogativas, oraciones, peticiones y acciones de gracias, por todos los hombres; por los reyes y por todos los que están en eminencia, para que vivamos quieta y reposadamente en toda piedad y honestidad" (1 Timoteo 2:1-2).

Oraciones por los misioneros y su obra

- "Perseverad en la oración, velando en ella con acción de gracias; orando también al mismo tiempo por nosotros, para que el Señor nos abra puerta para la palabra, a fin de dar a conocer el misterio de Cristo" (Colosenses 4:2-3).

- "Y les decía: La mies a la verdad es mucha, mas los obreros pocos; por tanto, rogad al Señor de la mies que envíe obreros a su mies" (Lucas 10:2).

Oraciones por el prójimo y los acontecimientos mundiales

- "¿Está alguno entre vosotros afligido? Haga oración. ¿Está alguno alegre? Cante alabanzas. ¿Está alguno enfermo entre vosotros? Llame a los ancianos de la iglesia, y oren por él, ungiéndole con aceite en el nombre del Señor" (Santiago 5:13-14).

- "Porque de Jehová es el reino, y él regirá las naciones" (Salmos 22:28).

La oración es una forma poderosa de ayudar a nuestros hijos adolescentes a desenvolverse en el mundo que les rodea. Múltiples estudios demuestran que los adolescentes padecen de una mayor ansiedad. Aunque no conocemos todas las razones, sabemos que vivimos en una época de acceso sin precedentes a la información y a los acontecimientos mundiales. Diariamente, nuestros adolescentes son bombardeados con noticias que suceden en todo el mundo, así como a nuestro alrededor. Como nunca antes, pueden ver el sufrimiento de personas lejanas y, al momento siguiente, ver una foto de una fiesta a la que no han sido invitados.

Es mucho para asimilar.

Al igual que nosotros, nuestros adolescentes son seres finitos que intentan procesar una cantidad infinita de información. Animar a nuestros hijos a orar es una forma de ayudarles a aliviar las cargas que llevan cada día. Que aprendan a confiar al Señor los acontecimientos de actualidad, los exámenes, las enfermedades y las amistades les permite experimentar paz en medio de las dificultades.

Como Pablo exhortó a los filipenses: "Por nada estéis afanosos, sino sean conocidas vuestras peticiones delante de Dios en toda oración y ruego, con acción de gracias. Y la paz de Dios, que sobrepasa todo entendimiento, guardará vuestros corazones y vuestros pensamientos en Cristo Jesús" (Filipenses 4:6-7). La oración es un camino hacia la paz; es la forma que Dios ha determinado para encontrar consuelo en medio de un mundo que no podemos controlar. Nuestros adolescentes necesitan saber cómo orar, y necesitan saber que pueden orar en cualquier momento del día.

● ● ● ● ● ● ● ● ● ● ● ● ● ● ● ● ● ●

La oración es un camino hacia la paz; es la forma que Dios ha determinado para encontrar consuelo en medio de un mundo que no podemos controlar.

● ● ● ● ● ● ● ● ● ● ● ● ● ● ● ● ● ●

Oración espontánea

Es bueno tener momentos de oración programados, pero las Escrituras también nos invitan a orar sin cesar. Podemos orar dondequiera que estemos por cualquier cosa que necesitemos. Y podemos demostrar a nuestros adolescentes que los amamos al orar por ellos y con ellos a lo largo de todo el día.

Todos tenemos días difíciles y, a veces, nuestros adolescentes no responden bien. A menudo, las dificultades que encuentran en la escuela o con un amigo las procesan con mal humor, fastidio y portazos. Aunque puede ser tentador responder a cada acto de falta de respeto con un sermón o una consecuencia de algún tipo, es bueno que nosotros como padres nos tomemos un momento para respirar hondo y hacer una pausa para orar. Sí, tal vez tu adolescente se esté desquitando contigo de todo lo malo que le pasa. Sin embargo, nosotros somos los adultos. Tenemos la oportunidad de resistir la tentación de responder al arrebato emocional de nuestro hijo adolescente de la misma manera. Ora y pide a Dios que te haga como Él: tardo para la ira, y grande en misericordia (Éxodo 34:6).

En lugar de responder al malhumor o la falta de respeto de tu adolescente con críticas o enfrentamientos, comienza por hacerle preguntas: "Parece que tienes un día difícil. ¿Te pasó algo en el colegio? ¿Hice algo que te molestó?". Los adolescentes suelen responder bien a una palabra amable cuando saben que están actuando mal. Están lidiando con todo tipo de emociones que son difíciles de procesar a su edad. A veces, ¡no sé por qué estoy de mal humor a los 50! Puede que ni siquiera sepan por qué están disgustados, pero siempre puedes ofrecerte a orar por ellos y con ellos. Orar es importante. Es una forma de enfrentar su día difícil con misericordia y bondad.

La oración también es una forma de ayudar a los adolescentes a prepararse para el futuro o cuando se enfrentan a expectativas no cumplidas. Muchos adolescentes están preocupados por el futuro y se preguntan: *¿Entraré en el equipo deportivo o en la obra de teatro? ¿Me invitarán a la fiesta de graduación? ¿A qué universidad iré? ¿Quién compartirá la habitación conmigo?*

Como adultos, a veces no tenemos en cuenta los miedos e incertidumbres de nuestros adolescentes. Puede que dejemos de lado sus preocupaciones y las consideremos insignificantes. O podemos preocuparnos demasiado por sus inquietudes… y hacer que se sientan aún más ansiosos a causa de nuestra ansiedad.

En lugar de restar importancia a sus preocupaciones o ponerte demasiado ansioso, ponte a orar con tu adolescente. Muchas veces, el solo hecho de decir: "Esta situación parece difícil. Yo tampoco sé qué hacer. ¿Puedo orar por ti?" es mejor que tratar de tener todas las respuestas. Llevar las preocupaciones al Señor con tus hijos adolescentes es una manera de cuidar de ellos, enseñarles y animarlos, todo al mismo tiempo.

Hacer esto puede parecer demasiado simplista, pero orar es importante. Dios utiliza nuestras oraciones y nos pide que oremos. Aunque no siempre entendamos cómo funciona la oración, el hecho es que funciona.

Consejos prácticos

En el capítulo anterior, hablamos de la Palabra de Dios y de cómo enseñar a nuestros hijos a amarla y obedecerla. También vimos los diferentes estilos de crianza: autoritario, autoritativo y permisivo. Concluiremos este capítulo considerando la importancia de integrar la Palabra de Dios y la oración al establecer las reglas del hogar.

Es tentador como padres cristianos adoptar un estilo autoritario/dominante para las reglas del hogar. En este estilo de crianza, la premisa básica es que los padres imponen las reglas y los hijos las obedecen. Si bien esto puede parecer una perspectiva bíblica, es importante recordar lo siguiente.

En primer lugar, Dios es el único padre perfecto. Sus reglas son siempre correctas y buenas, perfectamente establecidas para sus hijos. Él nos creó y nos conoce. Porque Él es perfecto, sus mandamientos para nosotros son perfectos. Queremos animar a nuestros hijos a amar y obedecer la Palabra de Dios. Si Dios establece las reglas, entonces debemos hacer todo lo posible para animar a nuestros hijos a obedecer a Dios. Las reglas de nuestro hogar siempre deben concordar y mostrar apoyo a la Palabra de Dios.

Cuando se trata de establecer reglas adicionales para nuestra familia, es importante recordar que no somos perfectos. Podemos crear reglas que parecen buenas en teoría, pero que no funcionan en la práctica. Algunas reglas pueden exasperar a nuestros adolescentes porque nos convienen a nosotros como padres, pero no son apropiadas para su edad. Nuestra palabra no es la Palabra de Dios. Podemos equivocarnos, así que necesitamos humildad. Criar a nuestros hijos bíblicamente no significa forzar a nuestros adolescentes a obedecer cualquier regla que establezcamos basados en nuestras preferencias o en lo que hacen todos los demás. Significa ser padres piadosos, considerados y reflexivos a la hora de crear reglas para nuestro hogar. Debemos establecer reglas que bendigan y beneficien a nuestros adolescentes, y los proteja de las influencias negativas del mundo mientras les permitimos disfrutar de las cosas buenas que Dios ha creado.

También debemos evitar ser padres permisivos. Mientras que algunos padres pueden ser demasiado estrictos en sus normas, otros pueden ser demasiado laxos. Nuestros hijos adolescentes necesitan límites. Está bien que establezcamos normas en casa. Nuestros adolescentes son sabios cuando escuchan nuestros consejos y siguen nuestras instrucciones (Proverbios 13:1).

Tanto los padres permisivos como los autoritarios tienden a dejarse llevar por el miedo. Los padres permisivos tienen miedo de que, si establecen reglas o exigen responsabilidad en el hogar, a sus hijos adolescentes no les gustarán. Los padres autoritarios tienen miedo de que, si les dan alguna libertad a sus adolescentes, perderán el control. Debemos evitar las normas sobreprotectoras o la falta de normas. Para ello, necesitamos sustituir el miedo por la fe como padres de oración. Nuestro objetivo es crear un cálido ambiente de autoridad.

Francamente, este es el tipo de crianza más complicado. Es mucho más fácil poner las reglas que uno quiere (y tratar de mantener el control) o no tener ninguna regla. Sin embargo, necesitamos tomar el camino más difícil con nuestros hijos adolescentes. No podemos limitarnos a establecer las mismas normas que el resto de la comunidad. Tenemos que hacer el trabajo duro (el trabajo del corazón) y considerar en oración nuestros límites como padres.

Para ello, necesitamos tanto la Palabra como la oración. Necesitamos la sabiduría de Dios para criar a nuestros hijos adolescentes. Dios nos habla en su Palabra mediante la transformación de nuestra mente (Romanos 12:2). Nosotros hablamos con Dios mediante la oración cuando le pedimos su guía y sabiduría divina (Santiago 1:5).

Como padres, es mucho más fácil buscar sabiduría en un libro para padres, en una comunidad de amigos o en las últimas y mejores técnicas de crianza de los hijos. Ninguno de esos lugares es malo para buscar consejo (¡y espero que este libro sea útil!), pero no hay respuestas fáciles. La situación de cada persona es diferente, y todos estamos limitados en los consejos que podemos dar. Solo Dios conoce nuestra situación, y la conoce mejor que nosotros mismos. Por eso acudimos a Él. Leemos la Biblia y oramos diariamente, constantemente, sin cesar. Ser padres puede parecerse casi a vagar por el desierto durante cuarenta años, y puede que sientas que no sabes adónde vas. Dios no nos muestra todo el plan, pero promete que su Palabra es una lámpara para nuestros pies y una luz que alumbra nuestro camino (Salmos 119:105).

En la práctica, ¿qué significa todo esto? Significa imponer límites a nuestros hijos adolescentes. Es correcto y bueno como padres hacerlo. Los límites en tu casa deben tener en cuenta a cada uno de tus hijos. Es normal tener normas diferentes para cada hijo. Un adolescente de dieciséis años puede tener más libertades que su hermana de catorce años. Y sí, ella se quejará de que no es justo, pero no hay ningún problema.

También está bien eliminar las normas que estableciste en un principio y que ya no funcionan en tu familia. Tal vez esperabas tener una regla del tipo "no salir con nadie hasta cierta edad". (A decir verdad, creo que todas las familias que establecen esta regla suelen tener adolescentes que terminan saliendo antes de la edad que fijaron). La Biblia no establece reglas sobre la edad para salir con alguien, así que normalmente es una preferencia de los padres. *Eso significa que está bien cambiar de opinión.* Puedes reevaluar tus reglas a medida que pasa el tiempo y hacer los cambios necesarios en función de lo que es mejor para tu familia. No dejes que tu orgullo te lleve a insistir en algo que no vale la pena. Escucha a tus hijos adolescentes si creen que una norma que has establecido es demasiado estricta. Conversa con ellos. Escucha su punto de vista. Dales tu opinión: es el momento de invitar a tus hijos adolescentes a conocer los "porqués" de tus normas, ya que eso les ayudará a discernir mientras aprenden a tomar sus propias decisiones.

La crianza de los adolescentes sería mucho más fácil si existiera un manual único para cada edad y etapa. En cambio, Dios te invita a depender de Él en esta etapa de la crianza de tu adolescente. Puede que te sientas solo, inseguro y asustado, pero Él está a tu lado. Al igual que mi madre estuvo conmigo en Escocia enseñándome a bañar a la pequeña Emma, Dios es tu guía y te dará sabiduría. Él te guía en la Palabra, te guía a través de la oración y te guía por su Espíritu.

UNA NOTA DE ESPERANZA DEL EVANGELIO

La oración ofrece un tipo especial de intimidad. Si no has orado muy a menudo con tus hijos adolescentes durante su infancia, puede que te parezca incómodo empezar a hacer de la oración una rutina. O tal vez te sentías cómodo cuando eran pequeños, pero has perdido el hábito de orar con ellos ahora que son mayores.

Permíteme animarte y decirte que nunca es demasiado tarde para empezar. La oración es uno de nuestros recursos más poderosos como padres. El Señor está disponible ahora mismo y te recibe en su presencia. Comienza por orar por tus hijos adolescentes. El libro de Hebreos nos instruye: "Acerquémonos, pues, confiadamente al trono de la gracia, para alcanzar misericordia y hallar gracia para el oportuno socorro" (Hebreos 4:16). Jesús se compadece de ti y te invita a acercarte con confianza. ¡Qué buena noticia!

También puedes invitar a tus hijos adolescentes a orar contigo. Si tus adolescentes no quieren orar en voz alta contigo en esta etapa, no pasa nada. A veces, todo les da vergüenza durante estos años, y pueden sentirse tímidos e inseguros sobre qué decir. Puedes ofrecerte a orar en voz alta por ellos. Tus oraciones fieles les enseñarán el lenguaje de la oración.

Recuerda: Dios te recibe y tus oraciones importan. El Rey de toda la tierra tiene poder. Búscalo, confía en Él y entrégale tus preocupaciones.

MK

PRINCIPIOS PARA REFLEXIONAR

- La oración es el medio que Dios utiliza para darnos sabiduría y entendimiento.
- Orar con nuestros hijos les enseña a orar.

• La dependencia de Dios nos hace libres de la autosuficiencia controladora de los padres.

GUÍA DE ESTUDIO

Lee Mateo 6:7-13 y responde a las siguientes preguntas:

1. ¿Cuál es la primera petición de esta oración? ¿Qué significa esa petición?

2. ¿Qué significa orar "Hágase tu voluntad"? ¿De qué manera reorienta esto nuestros deseos sobre nuestros adolescentes?

3. En qué circunstancia o situación con tu adolescente ahora mismo necesitas el poder sustentador diario de Dios?

4. Al pensar en tus interacciones con tu adolescente esta semana pasada, ¿hay algo por lo que necesites pedirle perdón?

5. Al pensar en tu adolescente, ¿de qué manera está luchando con la tentación? Tómate un momento para orar por él o ella en su lucha, para que el Señor lo/la libre de todo mal.

6. ¿En qué áreas estás particularmente preocupado por tu adolescente hoy? Enumera las preocupaciones específicas que tienes.

7. ¿Por qué se siente ansioso o preocupado tu adolescente? ¿Cómo podrías animarle a través de la oración?

Lee Colosenses 1:9-12, Filipenses 1:9-11 y 2 Tesalonicenses 1:9-12. Estos son ejemplos de algunas de las maneras en que Pablo oraba por sus hijos espirituales en la fe.

8. ¿Qué tipo de peticiones hace Pablo en estos versículos? ¿En qué se parecen o en qué se diferencian de tus propias oraciones? ¿Qué aprendes de las oraciones de Pablo que puedas aplicar a tu propia vida?

Esta semana, te animo a que pienses en algunas formas de orar juntos en familia por los miembros de tu familia, los líderes de tu comunidad (jefes, gobernantes, directores de escuela, pastores), los misioneros de tu iglesia o a los que apoyas, los vecinos y los acontecimientos mundiales.

CAPÍTULO 3

Nuestro hogar lejos de casa: La iglesia

Durante mis años de escuela secundaria, la serie de televisión *Cheers* era muy popular en los hogares estadounidenses. La serie se centraba en las historias interconectadas de los clientes y empleados de un bar de Boston. Duró once temporadas, se emitieron 275 episodios y ganó 28 premios Emmy. No estoy segura de recordar la música de ninguna otra serie, pero puedo recitar fácilmente el comienzo de *Cheers*. Es probable que puedas tararear la melodía conmigo y recordar algún lugar de tu vida cálido y agradable parecido un poco a tu hogar.

Cheers se convirtió en un lugar donde cada uno de los personajes se sentía conocido, comprendido y amado. Todos nos sentimos identificados, ¿verdad? Todos queremos que alguien se preocupe por nosotros, que nos escuche cuando contamos nuestras dificultades, que se alegre de vernos y que sepa nuestro nombre.

Este deseo de ser conocidos, de tener a alguien con quien compartir la vida, es tan antiguo como el huerto del Edén. El primer "No es bueno" de toda la historia ocurrió antes que el pecado entrara en escena. "Y dijo Jehová Dios: No es bueno que el hombre esté solo; le haré ayuda idónea para él" (Génesis 2:18). Adán fue creado a imagen de un Dios trino y relacional. En medio de un mundo perfecto, Adán tenía necesidades relacionales. No fuimos creados para estar solos. Nos necesitamos los unos a los otros.

Nuestra familia nos brinda el primer sentimiento de pertenencia que tenemos de pequeños. Los miembros de la familia ampliada pueden ofrecernos más apoyo, ánimo y cariño. Los vecindarios nos ayudan a encontrar una comunidad fuera de nuestra familia. Las ciudades se unen para arengar a los equipos deportivos; los estados y regiones dan forma a nuestra identidad y acento; y los países ofrecen lenguas y comportamientos culturales compartidos. Queremos formar parte de algo más grande que nosotros mismos. Queremos pertenecer. Los preadolescentes y los adolescentes se encuentran en una encrucijada especialmente difícil en cuanto a su sentido de pertenencia. Quieren ser individuos únicos y, al mismo tiempo, desean desesperadamente formar parte de un grupo, sea cual sea. Las relaciones con sus pares aumentan en importancia, pero están llenas de inestabilidad. Los mejores amigos pueden cambiar de domicilio, las nuevas amistades pueden sustituir a las antiguas, las actividades pueden unir o dividir, y los nuevos horarios de clase de las escuelas de enseñanza media y secundarias pueden hacer que un preadolescente o un adolescente sienta que cada año entra en un entorno escolar totalmente distinto. Es un laberinto relacional que los adolescentes tienen que atravesar.

Como padres, es importante que comprendamos que nuestros hijos necesitan la estabilidad de la familia, pero también que es normal que a esta edad deseen un mayor sentido de comunidad. Numerosas familias tratan de satisfacer estas necesidades a través de los deportes, las actividades, los barrios y las escuelas.

Sin embargo, en medio del intento de formar comunidades saludables para nuestros hijos, a veces descuidamos la comunidad que el Señor estableció para su pueblo: la iglesia.

Aunque todos los creyentes son miembros de la gran iglesia mundial "invisible" (todo el pueblo de Dios), es importante que los creyentes formen parte de una congregación local. Queremos que nuestros hijos pertenezcan a una comunidad de fe, que conozcan a otros y sean conocidos por otras personas que aman a Jesús. Es tentador dejar de ir a la iglesia o simplemente elegir "conectarnos desde casa" cuando se ajusta a nuestros horarios. Sin embargo, la iglesia es mucho más que el culto del domingo por la mañana. No es solo una descarga de información espiritual. Es una familia. Tiene bendiciones para ofrecer que pueden sostener a nuestros hijos mucho después que se marchen de nuestro hogar. La iglesia también nos sostiene a nosotros como padres.

Sé que algunos de ustedes han sido heridos por la iglesia. Para ser sincera: yo también. Algunas de mis heridas más profundas han sido causadas por personas de la iglesia. Sin embargo, no dejo de ir a la iglesia. Sé que la necesito. Y sé que mi iglesia me necesita. Nos pertenecemos los unos a los otros, y Dios nos ha dado dones para servirnos unos a otros. En este capítulo, consideraremos principios bíblicos sobre la iglesia, cómo participar con nuestros hijos en la vida de la iglesia, y consejos prácticos para formar parte de la comunidad de la iglesia.

Principios bíblicos

Un domingo, mientras estaba atareada en meter a los niños en el auto para ir a la iglesia, levanté la vista y me di cuenta de que todos mis vecinos recién empezaban el día. Y nadie más estaba pensando en ir a la iglesia. Una vecina había salido a dar un paseo, otra estaba recogiendo el periódico en bata, y en una casa parecía que todos seguían profundamente dormidos. Nosotros ya llevábamos horas levantados preparándonos trabajosamente para ir a la iglesia. En ese momento, tengo que admitirlo, pensé para mis adentros: *"Qué bueno sería quedarse en casa y pasar una mañana tranquila"*.

Puede ser difícil ir a la iglesia, especialmente con niños. Todos tenemos cosas que preferiríamos hacer: dormir hasta tarde, ir de vacaciones, participar en equipos deportivos itinerantes, dar un paseo, leer el periódico o preparar un gran desayuno en familia. Y esas pueden ser cosas buenas. Sin embargo, si reemplazan nuestra asistencia a la iglesia como familia, interferirán con una parte importante de nuestro propio desarrollo espiritual, así como con el desarrollo espiritual de nuestros hijos.

Es útil comenzar este capítulo considerando estas preguntas: ¿Necesitamos ir a la iglesia? ¿Realmente marca la diferencia en nuestra vida espiritual? ¿No sería igual de bueno sentarnos en casa y escuchar un sermón "mejor" de un pastor del otro extremo del país, que unirnos y formar parte de una congregación local? Quiero que comencemos a reflexionar sobre estas cuestiones teniendo en cuenta cinco importantes beneficios que nos aporta la iglesia: es un lugar de culto, aprendizaje, cuidado, servicio y pertenencia.

Un lugar de culto

Hebreos explica el privilegio que tenemos como cristianos de acercarnos a Dios. Medita en estas palabras:

> Acerquémonos con corazón sincero, en plena certidumbre de fe, purificados los corazones de mala conciencia, y lavados los cuerpos con agua pura. Mantengamos firme, sin fluctuar, la profesión de nuestra esperanza, porque fiel es el que prometió. Y considerémonos unos a otros para estimularnos al amor y a las buenas obras; no dejando de congregarnos, como algunos tienen por costumbre, sino exhortándonos; y tanto más, cuanto veis que aquel día se acerca (Hebreos 10:22-25).

El pueblo de Dios del Antiguo Testamento tenía muchas regulaciones para su adoración, y el libro de Levítico explica todas las distintas maneras en que se podía declarar impuras a las personas y excluirlas de la adoración en el templo. En contraste, nosotros podemos acercarnos al saber que Cristo ha limpiado totalmente nuestro corazón. Tenemos pleno acceso. Es un privilegio poder acercarnos a Dios junto a otros creyentes.

Este pasaje también nos advierte que no dejemos de reunirnos. Nuestra fe no es simplemente un sistema de creencias personales. Forma parte de una experiencia corporativa y familiar. Oramos a "nuestro Padre" mientras vivimos juntos en comunidad. Es un "acerquémonos" corporativo más que un acercamiento individual. Hay algo en reunirse para adorar a Dios que fortalece nuestra fe. Hacer esto es importante, y se nos exhorta a no dejar de congregarnos y animarnos unos a otros cuando estamos juntos.

Como padres de adolescentes, es importante que vayamos a la iglesia. Es importante que entiendan que la fe es algo más que algo personal. Les estamos dando la oportunidad de aprender a adorar a Dios: orar, escuchar su Palabra, participar de la cena del Señor y cantar alabanzas a su nombre. Les estamos enseñando que adorar a Dios es un asunto corporativo.

Un lugar de aprendizaje

La iglesia también ofrece oportunidades de crecimiento, ya que aprendemos sobre la fe de otros creyentes. La carta de Pablo a los Efesios nos lo explica:

> Y él mismo constituyó a unos, apóstoles; a otros, profetas; a otros, evangelistas; a otros, pastores y maestros, a fin de perfeccionar a los santos para la obra del ministerio, para la edificación del cuerpo de Cristo, hasta que todos lleguemos a la unidad de la fe y del conocimiento del Hijo de Dios, a un varón perfecto, a la medida de la estatura de la plenitud de Cristo; para que ya no seamos niños fluctuantes, llevados por doquiera de todo viento de doctrina, por estratagema de hombres que para engañar emplean con astucia las artimañas del error, sino que siguiendo la verdad en amor, crezcamos en todo en aquel que es la cabeza, esto es, Cristo, de quien todo el cuerpo, bien concertado y unido entre sí por todas las coyunturas que se ayudan mutuamente, según la actividad propia de cada miembro, recibe su crecimiento para ir edificándose en amor (Efesios 4:11-16).

Así como el culto es una experiencia colectiva, el crecimiento espiritual también se produce en comunidad. Si queremos una fe sólida que resista los cambios y las influencias culturales, necesitamos el alimento de la Iglesia. Todos somos parte de los demás y dependemos unos de otros para crecer. Necesitamos equiparnos, y Dios ha constituido pastores y maestros con el propósito de edificar a la iglesia.

Aunque pueda parecer que tus hijos adolescentes no están escuchando nada de lo que se dice en el sermón o en la escuela dominical, es probable que estén asimilando más de lo que tú crees. La Palabra que sale de la boca de Dios se escucha en la iglesia, y Él promete que no volverá vacía (Isaías 55:11). Puede que no veamos el fruto de inmediato, pero, con el tiempo, las lecciones aprendidas dentro de la comunidad de la iglesia pueden fortalecer a nuestros adolescentes para que crezcan más maduros en la fe.

Como padres, también necesitamos el alimento que proporciona la iglesia. Nunca podemos dejar de aprender las verdades del evangelio. Ya sea que tengamos quince o cincuenta años, necesitamos el alimento fortalecedor que ofrece la iglesia. La Palabra predicada ofrece fuerza para el cansado, consuelo para el que sufre, guía para el perdido y valor para el temeroso. La iglesia es el medio que Dios utiliza para equiparte para tu misión como creyente.

Nunca podemos dejar de aprender las verdades del evangelio.

Un lugar de cuidado

La iglesia ofrece un lugar de culto y enseñanza, así como un lugar para el cuidado del rebaño. Pedro exhortó a los ancianos de la iglesia: "Apacentad la grey de Dios que está entre vosotros, cuidando de ella, no por fuerza, sino voluntariamente; no por ganancia deshonesta, sino con ánimo pronto; no como teniendo señorío sobre los que están a vuestro cuidado, sino siendo ejemplos de la grey" (1 Pedro 5:2-3).

Todos necesitamos que nos guíen. Las ovejas tienden a descarriarse. Necesitan un pastor que vaya tras ellas y les muestre el camino de regreso a la senda. También nosotros necesitamos instrucción. Cuando tú te sientes inseguro de cómo criar a tu adolescente, el consejo de un creyente mayor de la iglesia puede ayudarte inmensamente. Una madre de setenta años puede ofrecerte la sabiduría y la orientación adquiridas a lo largo de años de experiencia. Un joven de veinticuatro años de tu congregación puede ser capaz de interactuar con tu adolescente y animarte cuando no está dispuesto a escucharte. Los ancianos sirven de ejemplo a seguir y cuidan de la iglesia con sus fieles oraciones y su servicio. Formar parte de una iglesia ofrece una gran cantidad de recursos para ti y tu familia; es una bendición ir a un lugar en el que tú y tu adolescente puedan crecer juntos.

Un lugar de servicio

La iglesia no es solo un lugar al que acudimos para crecer y que cuiden de nosotros es un lugar en el que nos servimos unos a otros con amor. Cada creyente tiene dones espirituales que debe utilizar en la comunidad, como enseña 1 Corintios 12:4-7:

> Ahora bien, hay diversidad de dones, pero el Espíritu es el mismo. Y hay diversidad de ministerios, pero el Señor es el mismo. Y hay diversidad de operaciones, pero Dios, que hace todas las cosas en todos, es el mismo. Pero a cada uno le es dada la manifestación del Espíritu para provecho.

A medida que tus hijos te vean utilizar tus dones dentro de la iglesia, aprenderán que la iglesia no es solo trabajo del pastor y de los demás líderes. Todos los miembros son importantes. De hecho, ¡los adolescentes importan! Ellos también tienen algo para dar.

A veces, tratamos de hacer que la iglesia sea atractiva para los adolescentes intentando que todo sea entretenido para ellos. Pero cuando la iglesia los equipa y les anima a usar sus dones para servir, en realidad se sienten más unidos al cuerpo. Servir no es una carga, sino una bendición para nuestros adolescentes. Ya sea al visitar a un miembro anciano, ayudar a limpiar después de una reunión, participar en un coro o en el equipo de música del culto, repartir los boletines o servir en la guardería de la iglesia, anima a tus hijos adolescentes a servir en la iglesia. Con el tiempo, desarrollarán relaciones mientras sirven. Los adolescentes desarrollan confianza a medida que utilizan los dones únicos que Dios les ha dado para ser de bendición a los demás.

Un lugar de pertenencia

Mi dedo meñique solo funciona cuando está unido a mi mano. Mi mano necesita mi brazo. Mi brazo necesita mi hombro. Todas estas partes pertenecen a mi cuerpo, aunque son miembros individuales con funciones específicas. La iglesia funciona de la misma manera. Como nos recuerda 1 Corintios 12:26-27, "De manera que si un miembro padece, todos los miembros se duelen con él, y si un miembro recibe honra, todos los miembros con él se gozan. Vosotros, pues, sois el cuerpo de Cristo, y miembros cada uno en particular".

Como comentamos al principio de este capítulo, hemos sido creados para vivir en comunidad. A veces pensamos que el matrimonio es la comunidad por excelencia. Sin embargo, los matrimonios terrenales apuntan a un matrimonio más grande y mejor que está por venir, la cena de las bodas del Cordero y su novia, la Iglesia (Apocalipsis 19:7-9). La iglesia es nuestra comunidad aquí en la tierra mientras esperamos nuestro hogar celestial.

Los adolescentes desean desesperadamente pertenecer a un lugar. Puede que busquen ese sentido de pertenencia en todos los lugares equivocados, pero el anhelo es bueno. Dentro de unos años, tus hijos se independizarán. Pueden elegir quedarse en tu ciudad o mudarse lejos. La iglesia puede proporcionarles un "hogar lejos de casa" dondequiera que vayan. Estamos destinados a ser una gran familia ampliada: hermanos, hermanas, madres, padres, hijos e hijas. Mi hija Emma me explicó la importancia que tuvo para ella la iglesia cuando fue a la universidad:

> La iglesia era una parte normal de mi vida desde muy pequeña, pero asistir a la universidad ha reforzado mi amor por la iglesia local. Ha sido un hogar lejos de casa. Cuando mis compañeras de cuarto y yo estuvimos en cuarentena, mi

iglesia nos trajo comida. Los miembros de la iglesia nos han abierto sus casas. Los ancianos han orado por mí y me han ayudado a responder preguntas difíciles. Los pastores nos han exhortado a hacer discípulos.[1]

Como padres, no siempre podemos estar ahí para nuestros hijos. Un día, saldrán al mundo. Uno de los mejores regalos que podemos darles es dejar que la iglesia sea una parte normal de sus vidas para que se sientan cómodos al asistir a la iglesia. Esto es más importante de lo que pensamos. Los estudios demuestran que los padres que son constantes en su compromiso con la iglesia (sin ser autoritarios) son los más eficaces a la hora de transmitir sus creencias a la siguiente generación.[2] Demostrar fidelidad diaria en nuestras propias vidas transmite hábitos espirituales saludables a nuestros hijos.

La iglesia es una fuente de ricas bendiciones para nosotros y para nuestros hijos. Sí, puede que queramos la tranquilidad de pasar la mañana del domingo en la cama, pero necesitamos la iglesia. Tenemos un lugar donde adorar a Dios, crecer en la fe, recibir cuidado, utilizar nuestros dones y encontrar una verdadera comunidad y sentido de pertenencia. No descuides el cuerpo. Tú necesitas la iglesia, y tus hijos adolescentes también.

Crianza con propósito y gracia

Asistir fielmente a la iglesia desde una edad temprana marca un patrón en la vida de nuestros hijos adolescentes. Esperamos que no puedan imaginar un domingo sin ir a la iglesia. Así como saben que la cadena de restaurantes de comida rápida *Chick-fil-A* está cerrada los domingos, esperamos que sepan que el domingo es para ir a la iglesia.

No obstante, algunos adolescentes comenzarán a resistirse a ir a la

1. Emma Kruger, "Considering Attending a Secular University", *The Gospel Coalition*, 11 de marzo de 2021, https://www.thegospelcoalition.org/article/consider-secular-university/.

2. Christian Smith y Amy Adamczyk, *Handing Down the Faith: How Parents Pass Their Religion on to the Next Generation* (Nueva York: Oxford University Press, 2021), 6.

iglesia. Esto plantea una pregunta importante: *¿Qué hago cuando mi adolescente no quiere ir a la iglesia?*

Si pensamos en los tres estilos de padres, hay dos trampas que debemos evitar: ser demasiado permisivos o autoritarios con respecto a la asistencia a la iglesia. El padre permisivo no quiere obligar a su hijo a hacer nada en contra de su voluntad. Por lo tanto, si por alguna razón su hijo pierde interés en la iglesia, el padre permisivo inventará excusas para que su adolescente no asista a la iglesia. Incluso pueden parecer razones legítimas: necesita dormir más, tiene deberes que hacer o perdería su puesto en el equipo deportivo.

También podemos luchar con el temor de ser legalistas si "obligamos" a nuestros hijos a asistir a la iglesia, o tal vez, en cierto sentido, de amargarles el cristianismo. Sin embargo, obligamos a nuestros hijos a hacer muchas cosas que quizás no les gusten. Tal vez a tus hijos les encantó el brócoli la primera vez que lo comieron, pero a los míos no. Tuve que repetirles muchas veces que debían comer vegetales antes que empezaran a disfrutarlo. Y a veces todavía no lo disfrutan. A pesar de ello, nuestros hijos necesitan vitaminas, de modo que los padres amorosos hacen que sus hijos coman vegetales. La iglesia es una parte vital de la salud espiritual de nuestros hijos. Así como los vegetales aportan los nutrientes físicos necesarios, la iglesia proporciona el alimento espiritual necesario.

Actualmente, los adolescentes enfrentan una epidemia de soledad. Según una investigación, "en un estudio a un millón de adolescentes, la soledad escolar aumentó entre 2012 y 2018 en 36 de 37 países de todo el mundo. Casi el doble de adolescentes mostró un alto nivel de soledad en 2018 en comparación con 2012, un aumento similar al identificado previamente en la depresión de nivel clínico en los Estados Unidos y el Reino Unido".[3] Los jovencitos están más conectados que nunca, pero también más solos que nunca. Muchos atribuyen

3. Jean M. Twenge y otros, "Worldwide increases in adolescent loneliness", *Journal of Adolescence*, diciembre de 2021, https://www.sciencedirect.com/science/article/pii/S0140197121000853.

este cambio al uso de teléfonos móviles y sus efectos adversos en el comportamiento social de los adolescentes.

Según *The Atlantic*, "Estados Unidos está experimentando una crisis de salud mental adolescente extrema. De 2009 a 2021, la proporción de estudiantes de secundaria estadounidenses que afirma experimentar 'sentimientos persistentes de tristeza o desesperanza' aumentó del 26% al 44%, según un nuevo estudio del CDC [Centro de Control de Enfermedades]. Se trata del mayor nivel de tristeza adolescente jamás registrado".[4]

Ahora bien, esas son las malas noticias. Sin embargo, hay buenas noticias. Según varios estudios, la asistencia semanal a la iglesia marca una diferencia significativa en la vida de los adolescentes. Los investigadores reportaron:

> Participar en prácticas espirituales durante la infancia y la adolescencia puede ser un factor protector para una serie de efectos en la salud y el bienestar en la edad adulta temprana, según un nuevo estudio de T. H. Chan de la Escuela de Salud Pública de Harvard. Los investigadores descubrieron que las personas que asistían a servicios religiosos semanales o practicaban la oración o la meditación diaria en su juventud mostraban una mayor satisfacción vital y positividad a los veinte años (y tenían menos probabilidades de presentar posteriormente síntomas de depresión, fumar, consumir drogas ilícitas o tener una infección de transmisión sexual), que las personas criadas con hábitos espirituales menos regulares.[5]

---

4. Derek Thompson, "Why American Teens Are So Sad", *The Atlantic*, 11 de abril de 2022, https://www.theatlantic.com/newsletters/archive/2022/04/american-teens-sadness-depression-anxiety/629524/.

5. "Religious upbringing linked to better health and well-being during early adulthood", *Harvard T. H. Chan School of Public Health*, 13 de septiembre de 2018, https://www.hsph.harvard.edu/news/press-releases/religious-upbringing-adult-health/.

De modo que, aunque pueda resultar tentador pensar que estamos amando a nuestros hijos adolescentes si los dejamos faltar a la iglesia, en realidad los estamos privando de algo que les da vida. Y los beneficios de la iglesia continúan a lo largo de la edad adulta: "Los resultados mostraron que las personas que asistieron a servicios religiosos al menos semanalmente en la infancia y la adolescencia tenían aproximadamente un 18% más de probabilidades de reportar ser más felices como adultos jóvenes (de 23 a 30 años), que aquellos que nunca asistieron a los servicios religiosos".[6]

La Biblia y el concepto de la gracia común de los estudios de investigación coinciden: la iglesia es vital. Es una bendición para los adolescentes, incluso cuando no les gusta o no quieren ir.

Por otro lado, tampoco queremos caer en la trampa de ser autoritarios y demasiado rígidos cuando hablamos de asistir a la iglesia con nuestros hijos adolescentes. Está claro en las Escrituras que debemos tener el hábito de reunirnos regularmente con el pueblo de Dios. Eso no significa que nunca, bajo ninguna circunstancia, podemos faltar a la iglesia. Tampoco significa que nuestros adolescentes tienen que ir a la iglesia a la que nosotros asistimos (veremos esto más al final del capítulo). Yo te advertiría que no adoptes una postura de "es lo que yo digo y no se habla más" con los adolescentes y la iglesia. En cambio, te animo a *conversar* con ellos.

Cuando tratamos de ser padres autoritativos (estilo guía), eso significa que lo hacemos con las recomendaciones necesarias, así como con calidez en nuestra comunicación. Es bueno tener reglas familiares establecidas como "ir a la iglesia todas las semanas". También es bueno escuchar atentamente a tu adolescente cuando empieza a quejarse de tener que ir a la iglesia. En lugar de darle todas las razones que necesita para ir a la iglesia o preocuparte ansiosamente por el estado de su vida espiritual, empieza por hacerle algunas preguntas. Comienza por la más sencilla: "¿Por qué no quieres ir?".

---

6. "Religious upbringing linked to better health and well-being during early adulthood".

● ● ● ● ● ● ● ● ● ● ● ● ● ● ● ● ● ● ●

Comprender la perspectiva de nuestros hijos adolescentes es decisivo para cultivar un ambiente cálido donde pueda florecer la fe (y las preguntas sobre la fe).

● ● ● ● ● ● ● ● ● ● ● ● ● ● ● ● ● ● ●

Hay varias respuestas para esta pregunta, y es bueno estar mentalmente preparado para contestar con una respuesta bien pensada. Sin embargo, si no estás seguro de cómo responder o no tienes una respuesta, sigue haciendo más preguntas. Comprender la perspectiva de nuestros hijos adolescentes es decisivo para cultivar un ambiente cálido donde pueda florecer la fe (y las preguntas sobre la fe). Es normal que los adolescentes, a su edad, difieran de sus padres mientras intentan averiguar en qué creen por sí mismos. Hacer preguntas les permite sentirse escuchados y comprendidos, aunque no estés de acuerdo.

Hay algunas respuestas habituales a la pregunta: "¿Por qué no quieres ir?". Vamos a analizarlas.

"La iglesia es aburrida"

Por diversas razones, los adolescentes se aburren con frecuencia. No es ninguna sorpresa que a veces se aburran en la iglesia. Y, sinceramente, a veces yo también me aburro en la iglesia (¡no es que quiera aburrirme!). Este no es el momento de tratar de convencer a tu adolescente de que la iglesia no es aburrida, probablemente no ganarás esa batalla. En lugar de eso, es hora de profundizar un poco más. Pregúntale qué parte del servicio le cuesta más soportar. Pregúntale por qué cree que es aburrido. Háblale también de tus propias luchas. Si los cantos te parecen repetitivos, los sermones un poco largos o tu mente divaga durante el momento de la oración, no tiene nada de malo que se lo cuentes a tu hijo. De hecho, puede ayudarle saber que a ti no te entusiasman todos los momentos del servicio religioso.

También ayuda ser comprensivo. Nuestros hijos se pasan todos los días en la escuela aprendiendo. No tienen muchos descansos mentales. Trata de encontrar maneras de ayudar a tu adolescente a participar del servicio. Pregúntale si le gustaría sentarse en otro lugar o si le ayudaría tener un bolígrafo y papel para tomar apuntes o hacer garabatos (esto realmente ayuda a concentrarse y retener lo que se escucha) durante el sermón. Intenta encontrar formas de ayudarlo a participar lo máximo posible. También es bueno recordarle que la iglesia es una prioridad. Es necesario que vaya a la escuela, aunque se aburra, de modo que es totalmente razonable decirle que tiene que ir a la iglesia.

"No conozco a nadie"

A veces nos sentimos solos, incluso entre una multitud. La iglesia puede resultar intimidante para los chicos, sobre todo si tienen la sensación de que todo el mundo se conoce. Insisto, tómate tu tiempo para escuchar y hacer más preguntas.

También es de ayuda considerar alguna forma de presentar a tu adolescente otras personas de la iglesia en entornos más pequeños. Podrías invitar a cenar a otra familia con hijos adolescentes. O tal vez algunos adultos jóvenes, solo una etapa o dos por delante de tu adolescente en cuanto a edad. Las relaciones con mentores mayores de veinte años pueden ser muy influyentes para los jóvenes de escuela de enseñanza media y secundaria.

Cuando miro atrás, me doy cuenta de que tener personas de la iglesia en casa de forma regular ayudó a mis hijos a sentirse parte de la comunidad. Tuvimos personas de todas las etapas de la vida en nuestra casa para estudios bíblicos, actividades sociales de la iglesia y varias reuniones a lo largo de los años. Ver a esas personas en nuestra casa y luego el domingo por la mañana permitió a nuestros hijos conocer a una variedad de personas, no solo a los de su misma edad. Esta familiaridad puede fomentar un sentido de pertenencia que ayude a tu adolescente a sentirse como en casa en la iglesia.

También es una buena idea preguntar a tu hijo si tiene amigos que vayan a otra iglesia. Si no hay muchos adolescentes en tu iglesia, tal vez podría asistir al grupo de jóvenes de otra iglesia. Todo lo que pueda hacer para fomentar este tipo de relaciones (aunque implique conducir mucho) será de apoyo para tu adolescente.

"Todos en la iglesia son muy críticos"

Durante la adolescencia, nuestros hijos pueden empezar a sentir el peso de sus decisiones equivocadas, sobre todo en la iglesia. "Porque la palabra de Dios es viva y eficaz, y más cortante que toda espada de dos filos; y penetra hasta partir el alma y el espíritu, las coyunturas y los tuétanos, y discierne los pensamientos y las intenciones del corazón. Y no hay cosa creada que no sea manifiesta en su presencia; antes bien todas las cosas están desnudas y abiertas a los ojos de aquel a quien tenemos que dar cuenta" (Hebreos 4:12-13).

La convicción de la Palabra de Dios puede hacer que nuestros preadolescentes y adolescentes se sientan incómodos. Y, a decir verdad, en nuestra cultura actual no hablamos mucho de la culpa porque queremos que la gente se sienta aceptada. Sin embargo, la Palabra de Dios nos expone a la realidad de nuestro pecado. Aunque esto no nos haga sentir bien, es una gracia para nosotros (¡y para nuestros adolescentes!). Cuando entendemos que tenemos un problema de pecado, podemos empezar a entender la buena noticia de la solución al pecado: Jesús.

* * *

Cuando entendemos que tenemos un problema de pecado, podemos empezar a entender la buena noticia de la solución al pecado: Jesús.

* * *

Si tus hijos creen que en la iglesia todo el mundo los juzga, pregúntales qué quieren decir con eso. Profundiza y pregúntales si piensan eso de una persona en particular o de las creencias cristianas en general. Es bueno recordarles que el hecho de que una persona tenga un punto de vista particular no significa que todos en la iglesia piensen igual. También es de ayuda recordarles que las iglesias están llenas de diferentes tipos de personas con distintas perspectivas sobre una variedad de temas. Es una buena lección para aprender a discernir entre cuestiones primarias y cuestiones secundarias de la fe en las que podemos discrepar (Romanos 14).

"No creo en nada de eso"

La falta de fe es probablemente la respuesta más difícil de escuchar para nosotros como padres. Queremos que nuestros hijos adolescentes crean en Jesús. Les hemos enseñado, hemos orado por ellos y esperamos ser un ejemplo de vida fiel. Cuando escuchamos a nuestros hijos adolescentes decir que tienen dudas, es fácil caer inmediatamente en un pozo de desesperación y preguntarnos: *¿Qué hice mal?*

Permíteme darte algunas palabras de aliento. Muchos adolescentes pasan por una temporada de duda o desconfianza en la Biblia o el cristianismo. Muchos de ellos vuelven a la fe, y es una fe que es más fuerte y más segura después de aclarar sus dudas.

De modo que cuando tu adolescente diga: "No creo en nada de eso", mi mejor consejo como madre es el siguiente: Mantén la calma y sigue adelante. No lo digo de forma trillada. A veces los adolescentes dicen cosas así para molestarnos. Ponen a prueba nuestros límites y nos contestan, discuten y a veces atacan con precisión láser las cosas que más nos importan. No se trata de ti. Se trata de ellos, que intentan descubrir cómo manejar sus pensamientos, emociones y opiniones. Sí, da miedo y es preocupante cuando ocurre. Sin embargo, nunca podrás convencer a tu hijo de que crea. Solo el Espíritu puede hacerlo.

Te animo a hablar con ellos sobre sus dudas. Hazles buenas preguntas y escúchalos bien. Mantener la calma cuando tienen dificultades es una de las mejores formas de darles la libertad de hacer preguntas sobre su fe. Es mejor para ellos cuestionar abiertamente el cristianismo contigo, que dudar secretamente en silencio. También es bueno ayudarles a entender la naturaleza de sus dudas para poder encontrar recursos que los animen a creer.[7]

Al conversar con ellos, no necesitas tener todas las respuestas. Dedica mucho tiempo a escucharlos. No apagues su disposición a hablar contigo con respuestas despectivas a sus argumentos. Profundiza en las preguntas con ellos. Háblales de tus propias dudas y luchas. Y diles cómo, en medio de ellas, llegaste a ser una persona de fe.

Muchos creyentes fuertes que conozco (incluidos los que hablan en grandes escenarios y tienen muchos seguidores) me han contado sus profundas y dolorosas épocas de duda. Es una faceta del crecimiento de la fe de la que a veces da miedo hablar. Acompaña a tu hijo en su lucha, hazle saber que te importa y muéstrate dispuesto a conversar, pero considéralo como una lucha de la fe, no como un rechazo hacia ti.

Y, mientras estés luchando con sus dudas, invítalo a hablar de sus inquietudes a un pastor o líder de la iglesia. La iglesia es un lugar que recibe a los que buscan y dudan, así como a cada creyente. Los sermones pueden tener un poderoso efecto en nuestros hijos adolescentes. Mientras tanto, sigue conversando con ellos con toda sinceridad, sigue escuchándolos y sigue orando. El Espíritu puede abrirles los ojos a las verdades de la Biblia, y la Palabra puede hacerlos sabios para la salvación (2 Timoteo 3:15).

Consejos prácticos

Hay mucho que considerar cuando hablamos de la iglesia y nuestros adolescentes. Concluiremos este capítulo con una serie de temas prácticos a tener en cuenta a la hora de evaluar la situación de tu iglesia.

---

7. Recomiendo ampliamente el libro de mi marido, *Surviving Religion 101: Letters to a Christian Student on Keeping the Faith in College* (Wheaton, IL: Crossway, 2021) para adolescentes mayores y estudiantes universitarios que se enfrentan a la duda. Otro recurso excelente para los adolescentes más jóvenes es *10 Questions Every Teen Should Ask (and Answer) about Christianity* de Rebecca McLaughlin (Wheaton, IL: Crossway, 2021). Publicado en español con el título *10 preguntas que todo joven debe plantearse (y responder) sobre el cristianismo* por Editorial Andamio (29 de agosto de 2022).

La cultura de la iglesia

Cada iglesia tiene su propia cultura, sobre todo en lo que se refiere a la crianza de los hijos. Hay muchas opiniones sobre cómo criar a los hijos, desde los alimentos que se deben comer durante el embarazo hasta cómo enseñarles a dormir solos, pasando por la elección de los mejores juguetes y libros para el desarrollo del cerebro. Estas opiniones a menudo adquieren una mayor carga emocional cuando se trata de temas como la escolarización, las salidas con personas del sexo opuesto, los teléfonos móviles y la elección de la ropa de los adolescentes. Puede haber mucha presión para tomar decisiones sobre la crianza de los hijos que coincidan con las opiniones de los demás miembros de la comunidad de la iglesia.

No obstante, cada persona experimenta circunstancias únicas. Una familia puede permitirse el lujo de pagar un colegio cristiano privado. Otra familia puede estar luchando para llegar a fin de mes y su única opción es la escuela pública. Puede que a una mujer le encante escolarizar a sus hijos en casa, mientras que para otra no sea una opción debido a su horario de trabajo. Cada familia tiene que tomar en oración sus propias decisiones en función de sus propias circunstancias, y no limitarse a seguir las expectativas de otras personas de la comunidad de su iglesia.

Puede ser difícil hacer una elección con respecto a la crianza de tus hijos, que difiera de las elecciones de otros padres que están en la misma etapa de crianza que tú. Por eso estoy siempre muy agradecida a la comunidad de la iglesia y a la posibilidad de llegar a familias que se encuentran una o dos etapas más allá de la adolescencia. Aprende de su experiencia. Pregúntales de qué decisiones se arrepienten y cuáles agradecen haber tomado.

Cuando estaba en mi primer año de docencia, mi madre (que también era profesora) me dio un sabio consejo. Me dijo: "Cuando tengas dudas sobre la enseñanza o si tienes alguna dificultad, te resultará tentador hablar con otros profesores más jóvenes que puedan tener los mismos problemas que tú para compadecerte con ellos. En lugar de pedirles consejo a estos, busca una profesora mayor que maneje su clase con facilidad y pídele consejo. Ella está llevando a cabo algo que hace que su clase funcione de otra manera, probablemente sean pequeñas rutinas, pero importantes, que benefician a todos en el aula".

Del mismo modo, a los padres nos resulta tentador pedir consejo a otros que se encuentran exactamente en la misma etapa o se enfrentan a los mismos problemas en la crianza de sus hijos. Es posible que realmente nos beneficie poder tratar ciertos temas con otros padres que están o hayan estado en la misma situación (sobre todo con problemas de salud mental, dificultades de aprendizaje, problemas de adopción y otros tipos específicos de inquietudes). Sin embargo, para obtener consejos generales sobre la crianza de los hijos, recurre a familias que estén una o dos etapas por delante de la tuya y cuyos miembros disfruten de estar juntos. Pregúntales qué hicieron para crear un ambiente cálido y afectuoso en su hogar.

La familia de la iglesia puede ser una fuente de bendición en la crianza de nuestros hijos adolescentes. Te animo a apoyarte en ella. También es bueno conocer y evaluar la cultura de tu iglesia. Algunas iglesias tienen tendencias hacia el legalismo. Pueden esperar que todos los padres tomen decisiones que no están ordenadas en las Escrituras. Y mientras tales opciones pueden funcionar para algunas familias o para algunos hijos, pueden no ser el curso de acción más sabio para cada familia. Por eso es tan importante que estemos en la Palabra y en oración, para que podamos tomar las decisiones más sabias para cada uno de nuestros hijos.

No hay una sola manera de ser padres. Sé amable con los demás cuando tomen decisiones diferentes a las tuyas. Las decisiones de otros padres no son una acusación o crítica sobre ti como padre o madre. Hay principios sabios y bíblicos que podemos aprender de otros, pero no hay un plan de acción fácil. Al tomar decisiones específicas, debemos permanecer de rodillas ante el Señor para pedir su sabiduría y su guía. La familia de la iglesia colabora en conjunto con nuestro tiempo en la Palabra y la oración para formar la base de nuestra labor como padres. Es como un taburete de tres patas, en el que cada pata tiene un papel importante para evitar que el taburete se caiga.

Cambiar de iglesia

Una pregunta que surge a menudo durante la adolescencia es: ¿Debo cambiar de iglesia a mi adolescente? Es una pregunta muy difícil de responder en un libro, porque hay buenas y no tan buenas razones para cambiar de iglesia. Sería mucho mejor si pudiéramos sentarnos a tomar una taza de café para hablar de ello y sopesar los pros y los contras, algo que te animo a hacer con alguien de confianza, como un mentor.

Hay ciertos principios a tener en cuenta cuando te hagas esta pregunta. Si te has dado cuenta de que la cultura de tu iglesia no es saludable o es excesivamente legalista o rígida, tal vez sea prudente considerar la posibilidad de asistir a otra iglesia. Una vez estuvimos en una situación difícil que hizo que dejar nuestra iglesia fuera la única opción saludable para nuestra familia. Pero fue muy doloroso dejar a personas amadas que habían conocido a nuestros hijos desde que nacieron. Esto sucedió durante sus años de adolescencia y hubiera hecho cualquier cosa para evitar ese cambio durante esa etapa de la vida. Sin embargo, a veces los cambios son necesarios debido a una cultura de la iglesia que no es saludable.

En la mayoría de los casos, te animaría a permanecer en la iglesia que has llamado tu hogar. Es una bendición para los adolescentes crecer rodeados de personas que los conocen desde que estaban en la guardería infantil. Si tu iglesia no tiene muchos adolescentes, la mayoría de las iglesias más grandes reciben muy bien a los adolescentes de otras iglesias que participan en sus actividades de grupos juveniles. Sé piadoso y reflexivo a la hora de fomentar la participación de tus hijos adolescentes en la iglesia.

Si un adolescente mayor (que puede conducir) prefiere asistir a otra iglesia, es bueno tener una conversación sincera al respecto y permitirle tomar sus propias decisiones. Nuestra hija en edad universitaria rara vez asiste a la iglesia con nosotros cuando está en casa porque va a otra iglesia de la ciudad. Estamos muy agradecidos de que haya encontrado una iglesia saludable y que esté tomando decisiones espirituales sabias por sí misma. Aunque a todos nos encantaría ir a la iglesia juntos como familia, nuestra meta es simplemente que nuestros hijos vayan a la iglesia, que escuchen la Palabra predicada y que tengan confraternidad con otros creyentes. Es bueno mantener este objetivo principal en mente y estar dispuestos a dejar de lado las preferencias personales cuando se trata de las iglesias que eligen nuestros hijos.

Iglesia en las vacaciones

Sé que es difícil pensar en ir a la iglesia cuando estás de vacaciones, ¡pero te animo a intentarlo! Cuando estás en otra ciudad, tienes una oportunidad increíble para que tu familia conozca iglesias diferentes a la tuya. Un año, en Semana Santa, estábamos de vacaciones en la playa y encontramos una iglesia maravillosa. Ese domingo celebraban bautismos de inmersión, y mis hijos estaban fascinados. Me di cuenta de que nunca habían visto otra cosa que la práctica de nuestra iglesia de bautismo por aspersión. Hablamos de esa práctica después e hicieron multitud de preguntas sobre el bautismo solo porque habían visitado una iglesia diferente. Asistir a otras iglesias te da la oportunidad de conversar sobre las creencias y prácticas de distintas denominaciones. Esta experiencia puede ser muy beneficiosa antes que tus hijos vayan a la universidad, para que se sientan cómodos en distintas iglesias.

El día de reposo

Una última consideración sobre la asistencia regular a la iglesia en familia es que produce un día de reposo en el hogar. En Éxodo 20:8, Dios señaló a los israelitas: "Acuérdate del día de reposo para santificarlo". Jesús asistía regularmente a la sinagoga el día de reposo (Lucas 4:16). Pablo iba a la sinagoga cada semana el día de reposo para enseñar acerca de Jesús como el cumplimiento de la ley y los profetas (Hechos 18:4). Incluso en el momento de la creación, leemos que Dios descansó el séptimo día (Génesis 2:2). Como cristianos, descansamos el día domingo, al que el Nuevo Testamento se refiere como el día del Señor (Apocalipsis 1:10) porque Cristo resucitó ese día.

● ● ● ● ● ● ● ● ● ● ● ● ● ● ● ● ●

El domingo es una oportunidad para descansar de nuestras actividades habituales y dedicar tiempo a adorar a Dios, convivir con los demás y disminuir el ritmo para disfrutar del mundo que Dios creó.

● ● ● ● ● ● ● ● ● ● ● ● ● ● ● ● ●

Después de los días de la creación, Dios descansó como ejemplo para nosotros. Nuestras vidas están cada vez más sobrecargadas, lo que provoca estrés y ansiedad, preocupación y agotamiento. Nuestros hijos necesitan vernos apartar el domingo para que puedan aprender a dedicar un día a la semana a concentrarse en el Señor y su pueblo. El día de reposo es un regalo para nosotros. Necesitamos descansar. Nuestros hijos necesitan descansar.

El domingo es una oportunidad para descansar de nuestras actividades habituales y dedicar tiempo a adorar a Dios, convivir con los demás y disminuir el ritmo para disfrutar del mundo que Dios creó. Es un día para dejar de lado las actividades cotidianas e invitar a una familia de la iglesia a comer, o dedicar un tiempo prolongado a leer un buen libro o meditar en la Biblia. Tienes permiso para tomarte un día libre a la semana y pasarlo con Dios: ¡qué regalo!

La Palabra de Dios, la oración y la iglesia establecen una base saludable para nosotros como padres. Son los pilares básicos de todo hogar cristiano. En los próximos capítulos consideraremos las batallas que enfrentamos como padres. Los temas que abordaremos pueden sorprenderte. No se trata tanto de luchar contra las influencias negativas de la cultura o el mal comportamiento de nuestros hijos adolescentes, sino más bien de mirar en nuestro interior y luchar contra los ídolos que nos tientan como padres. Afortunadamente, también veremos que la gracia de Dios es suficiente en todas las cosas, incluso para los padres.

Una nota de esperanza del evangelio

Sé que no siempre es fácil encontrar una buena comunidad de fe y hacer de la iglesia una prioridad para los adolescentes. Aunque la asistencia regular a la iglesia puede resultar incómoda al principio, con el tiempo se convertirá en una parte normal (¡y bienvenida!) de tu vida familiar. Aunque en el pasado te haya costado formar parte de una iglesia o hayas tenido experiencias negativas, te animo a intentarlo de nuevo.

A lo largo de los años, he forjado muchas amistades entrañables a través de la comunidad de la iglesia. Estas amigas me han recibido en sus hogares, han amado a mis hijos, me han traído comida cuando estaba enferma y han compartido la vida conmigo. Y yo he hecho lo mismo por ellas. Hemos estudiado juntas la Biblia, orado juntas, llorado juntas y celebrado juntas. La vida es mejor en la iglesia. Bendecimos a nuestros hijos adolescentes con una comunidad especial cuando hacemos de la iglesia una rutina habitual de nuestra vida familiar.

MK

Principios para reflexionar

- La iglesia es una parte importante del crecimiento y desarrollo espiritual de cada miembro de la familia.
- La iglesia es un lugar saludable para que los adolescentes tengan una vida de comunidad y un sentido de pertenencia.
- Escucha las inquietudes de tus hijos adolescentes sobre la iglesia. Habla con ellos y mantén abiertas las líneas de comunicación.

GUÍA DE ESTUDIO

1. Lee Efesios 4:11-16. ¿Por qué crees que reunirse como iglesia es tan importante para la salud espiritual?

2. Lee 1 Corintios 12:18-27. ¿Cómo explica este pasaje tanto nuestra individualidad como nuestro sentido de pertenencia?

A partir de lo que has leído en el Capítulo 3:

3. ¿Cómo describirías la cultura de tu iglesia con respecto a los adolescentes?

4. ¿Cómo se siente tu adolescente acerca de ir a la iglesia?

5. ¿Cómo puedes animar a tu adolescente a formar parte de una comunidad sana?

6. ¿En qué maneras ha sido la iglesia una bendición para tus hijos?

7. ¿Cuánto participa tu familia en la vida de la iglesia? ¿En qué áreas estás sirviendo actualmente y utilizando tus dones? ¿En qué áreas te gustaría participar más?

8. ¿Tus adolescentes utilizan sus dones en la iglesia? ¿Cómo podrías ayudarles a encontrar maneras de servir activamente a los demás?

9. ¿Cuáles son algunas de las razones por las que puede ser difícil ir a la iglesia cada semana? ¿Por qué dirías que vale la pena para tu familia hacerlo?

La batalla:
Luchar por lo
que es mejor

Introducción

En la primera parte de este libro, vimos los fundamentos básicos de un hogar cristiano: la Palabra, la oración y la iglesia. En los próximos capítulos, nos centraremos en la batalla que tenemos frente a nosotros. Quizá pienses que en esta sección hablaremos de la crisis moral de la cultura y trataremos temas como sexo, drogas y la música *rock*. O quizás veremos cómo ganar las distintas batallas con tu hijo preadolescente sobre los teléfonos móviles, las tareas escolares y la hora de regreso a casa.

Pues bien, en realidad abordaremos un tema más difícil: la idolatría. Y no la idolatría que enfrentan nuestros hijos, sino la que acecha a nuestro propio corazón como padres. Consideraremos los ídolos culturales que influyen en nosotros, pero nuestro foco de atención principal serán nuestros propios ídolos y cómo nos afectan negativamente en nuestra labor de padres. Podemos sentirnos tentados a buscar fuera de nosotros mismos algún elixir mágico que resuelva todos nuestros dilemas en la crianza de nuestros hijos, pero la Biblia nos lleva una y otra vez al problema de la idolatría y al daño que esta provoca.

Al comenzar esta sección, es posible que te preguntes qué quiero decir con idolatría. Mucha gente piensa en la idolatría en términos de imágenes talladas y estatuas que los pueblos antiguos adoraban. La Biblia advierte contra este tipo de idolatría. El segundo mandamiento ordena: "No te harás imagen, ni ninguna semejanza de lo que esté arriba en el cielo, ni abajo en la tierra, ni en las aguas debajo de la tierra. No te inclinarás a ellas, ni las honrarás" (Éxodo 20:4-5).

Otros versículos hablan de la necedad de confiar en algo hecho por manos humanas: "¿De qué sirve la escultura que esculpió el que la hizo?, ¿la estatua de fundición que enseña mentira, para que haciendo imágenes mudas confíe el hacedor en su obra? ¡Ay del que dice al palo: Despiértate; y a la piedra muda: ¡Levántate! ¿Podrá él enseñar? He aquí está cubierto de oro y plata, y no hay espíritu dentro de él" (Habacuc 2:18-19).

En contraste con estos ídolos mudos y sin aliento de vida, Dios habla y da vida: Adán no era más que polvo de la tierra hasta que Dios sopló aliento de vida de él (Génesis 2:7). Los ídolos creados no tienen aliento de vida, por ello nunca pueden dar vida. La mayoría de nosotros puede ver la inutilidad de confiar en un objeto de piedra o de madera. ¿Cómo puede darnos seguridad una cosa creada? ¿Por qué la gente se inclinaría y adoraría algo hecho por manos humanas? No tiene mucho sentido para nuestras mentes modernas.

Pues bien, si nuestros problemas fueran simplemente las imágenes y estatuas talladas, todos podríamos eliminarlas fácilmente de nuestros hogares y de nuestras vidas. Sin embargo, la idolatría contra la que advierten las Escrituras no se limita a las estatuas creadas. Es un problema mucho más grande del que podríamos imaginar. En su libro *Dioses falsos*, Tim Keller hace esta definición:

> ¿Qué es un ídolo? Es cualquier cosa más importante para ti que Dios, cualquier cosa que cautive tu corazón y tu imaginación más que Dios, cualquier cosa que esperas que te dé lo que solo Dios puede darte. Un dios falso es algo tan central y esencial para tu vida que, si lo perdieras, tu vida no tendría sentido. Un ídolo ejerce tanto control en tu corazón, que podrías gastar en él la mayor parte de tu pasión y energía, así como de tus recursos emocionales y financieros sin pensarlo dos veces.[1]

---

1. Timothy Keller, *Counterfeit Gods: The Empty Promises of Money, Sex, and Power, and the Only Hope That Matters* (Nueva York: Penguin Group, 2009), xvii. Edición en español: *Dioses falsos: Las huecas promesas del dinero, el sexo y el poder, y la única esperanza verdadera* por Editorial Vida, 10 de diciembre de 2011.

Un ídolo puede ser cualquier cosa que amemos más que a Dios. Puede ser cualquier cosa en la que confiemos para nuestra máxima realización. Puede ser donde ponemos nuestra alegría, expectativa y seguridad. Por lo general, no son cosas malas en sí mismas. A menudo son cosas buenas a las que nos aferramos de tal manera que se convierten en nuestra máxima esperanza, incluso más que Dios.

Esto significa que cualquier cosa en nuestra vida puede convertirse en un ídolo. Ya sea nuestro trabajo, nuestro hogar, nuestros hijos, el dinero, la apariencia, la salud o el ministerio, cualquier cosa que busquemos, sirvamos y amemos en lugar de Dios es un ídolo en nuestro corazón. Hay infinitas maneras de caer en la trampa de la idolatría. Por eso, el teólogo del siglo xvi, Juan Calvino, señaló una vez: "La mente humana es, por así decirlo, una fragua perpetua de ídolos".[2] Esta dura realidad es lo que hace que la idolatría sea un campo de batalla como padres.

Ídolos internos

Además, tenemos capas de idolatría; hay ídolos debajo de nuestros ídolos. Tenemos ídolos *internos* e ídolos *externos* (algunas personas se refieren a estos como la raíz del ídolo y su fruto). Los ídolos internos son los factores motivadores debajo de los ídolos que se ven en la superficie. Tim Keller se refiere a los ídolos internos como ídolos "profundos" y explica los cuatro más comunes: "Cada ídolo profundo (poder, aprobación, comodidad o control) genera un conjunto diferente de temores y un conjunto diferente de esperanzas".[3] Cada uno de estos cuatro ídolos internos tiene diferentes motivaciones, emociones y temores. A partir de las siguientes descripciones, considera con qué ídolos internos tiendes a luchar más (y es posible tener más de uno):

---

2. Juan Calvino, *The Institutes of the Christian Religion* (Grand Rapids, MI: Christian Classics Ethereal Library, s.f.), Libro 1, capítulo 11, sección 8, https://www.ccel.org/ccel/c/calvin/institutes/cache/institutes.pdf. Edición en español: *Institución de la religión cristiana* por Libros Desafío, 1 de enero de 2014.

3. Keller, *Counterfeit Gods*, 64.

El ídolo interno del *poder* suele estar en el centro de una persona impulsada por el éxito, la influencia, el reconocimiento o la superioridad. Suelen ser individuos competitivos y seguros de sí mismos, al tiempo que luchan con emociones como la ira y la frustración. Están dispuestos a sobrecargarse de responsabilidad, y su temor principal es la humillación.[4]

El ídolo interno de la *aprobación* suele estar en el centro de una persona impulsada por el deseo de amor, afirmación, aceptación y relación. Suelen ser individuos simpáticos, pero luchan con emociones como el temor y la cobardía. Su temor principal es el rechazo, y pueden ser demasiado sensibles o inseguros en las relaciones.

El ídolo interno de la *comodidad* suele estar en el centro de una persona impulsada por el deseo de bienestar, placer y ausencia de estrés. Suelen ser individuos indulgentes y menos productivos, a la vez que luchan con el aburrimiento. Sus temores principales son el estrés y las exigencias, que pueden hacer que los demás se sientan heridos o desatendidos.

El ídolo interno de *control* suele estar en el centro de una persona impulsada por las normas, las rutinas y que todo vaya según sus planes. Suelen ser competentes e individualistas, al tiempo que luchan con sentimientos de ansiedad. Pueden experimentar soledad, y sus principales temores son la incertidumbre, las circunstancias impredecibles y las personas poco fiables.

Ídolos externos

Además de los ídolos internos, tenemos muchos otros ídolos que afloran a la superficie de nuestras vidas. Los ídolos externos pueden incluir la apariencia, el trabajo, el dinero, la familia, las amistades, la elección de las escuelas, la condición social, el materialismo, la salud,

---

4. Me ayudó en esta explicación sobre los ídolos internos un gráfico de Stephen Speaks publicado en el blog de Caleb Cangelosi para Pear Orchard Presbyterian Church, PCA, https://www.pearorchard.org/notes-from-the-orchard-church-blog/2018/11/27/where-do-you-find-yourself-on-this-idolatry-chart (consultado el 13 de agosto de 2022).

la ideología, el ministerio y una variedad de otras cosas de las que dependemos para nuestro significado y valor.

Los ídolos externos suelen ser más fáciles de detectar (¡especialmente en otras personas!). Podemos notar la obsesión de un padre con los deportes, que está afectando negativamente a su hijo. Podemos ver a una madre que idolatra la salud y el peso ideal con demasiado fanatismo sobre los peligros de los aditivos alimentarios y los beneficios de las granjas orgánicas y de libre pastoreo. Podemos observar a un padre obsesionado por el dinero, que se dedica todo el tiempo a trabajar para poder obtener una bonificación mayor cada año.

Aunque podemos reconocer esos ídolos en los demás, puede que necesitemos un tiempo de reflexión para detectar los ídolos externos en nuestra propia vida. Es bueno estar alerta. Tómate un momento para reflexionar sobre las siguientes preguntas, que pueden ayudarte a identificar varios ídolos externos en tu vida.

Preguntas para reflexionar

¿Qué temes perder? ¿Es a algo o alguien que amas?

El amor y el miedo suelen ir de la mano. Tememos perder a quien amamos profundamente. Y es bueno amar a personas, lugares e incluso cosas: Dios creó un mundo lleno de maravillas que estamos invitados a disfrutar. Sin embargo, a causa del pecado, nuestro amor puede convertirse en idolatría. En lugar de confiar en Dios, nos volvemos ansiosos y controladores en nuestro temor. Considera qué es lo que más temes perder y cómo sueles enfrentar esos temores.

¿En qué inviertes tu tiempo, dinero y pensamientos?

Todos tenemos recursos limitados. Algunas personas tienen mucho tiempo, pero poco dinero. Otras tienen mucho dinero y poco tiempo. Nuestros ídolos a menudo afloran en relación con aquello en lo que invertimos nuestro tiempo y dinero. Algunas personas utilizarán tales recursos para entretenerse o ser aceptadas. Otras utilizarán su tiempo y dinero para asegurarse poder o influencia.

Todos tenemos un límite en lo que podemos pensar durante el día. ¿Por dónde suele vagar tu mente? ¿Con qué sueñas? ¿Qué te preocupa? ¿En qué piensas cuando en realidad no estás pensando?

¿En qué confías para tu seguridad o consuelo? ¿En qué pones tu esperanza?

Cuando tienes un mal día, ¿a qué recurres como consuelo? Tal vez cuando te sientes ansioso recurres a revisar tu cuenta bancaria, mirar los "me gusta" de las redes sociales o ir de compras en busca de ropa nueva. A dondequiera que recurramos cuando tenemos un día difícil o nos sentimos cansados, por lo general, expone los ídolos de nuestra vida.

¿Qué buscas en los demás? ¿Qué respetas en los demás?

Imagina a alguno de tus conocidos a quien respetes. ¿Por qué lo admiras? ¿Qué tiene que tú anhelas? Lo que admiramos en los demás es a menudo una señal de lo que valoramos o consideramos importante. También es útil plantearte cómo responderías a la pregunta: ¿Qué me haría exitoso en la vida?

Plantearse estas preguntas es útil porque, si quieres combatir a tus ídolos, debes comenzar por entender a dónde recurres para encontrar tu sentido de seguridad. Aunque pueda parecer más razonable o incluso inofensivo confiar en el dinero, en la apariencia o en la salud, en realidad estas cosas no pueden ayudarnos más que los ídolos hechos de madera y piedra.

Los ídolos internos y externos juntos

Es útil entender que los cuatro ídolos internos (poder, aprobación, comodidad y control) a veces pueden parecer similares en la superficie. Por ejemplo, muchas personas tienen la misma idolatría externa por el dinero. La persona, cuyo ídolo interno es el poder, puede anhelar dinero porque la coloca en posiciones de liderazgo en las organizaciones y con las demás personas. Otra persona podría tener una idolatría externa del dinero, pero su ídolo interno es la comodidad. El dinero es el conducto mediante el cual puede tener las comodidades que desea. Una persona puede idolatrar el dinero porque tener la capacidad de comprar cosas buenas le trae aprobación social. Otra persona puede idolatrar el dinero porque le hace sentir que controla las circunstancias de su vida. Por lo tanto, podemos tener el mismo ídolo externo que nuestro vecino, pero la razón detrás de nuestro deseo de dinero, amistad, apariencia o trabajo puede ser muy diferente.

Al igual que las malas hierbas de nuestro jardín, estos ídolos internos pueden crecer de todo tipo de maneras y brotar a la superficie en todas las áreas imaginables, especialmente en la crianza de nuestros hijos. Si pensamos en los tres estilos de padres (permisivos, autoritarios y autoritativos), dos de los estilos más problemáticos tienen diferentes ídolos de raíz.

Los padres *permisivos* se guían probablemente por los ídolos internos de la aprobación y la comodidad, mientras que los padres *autoritarios* se guían probablemente por los ídolos internos del poder y el control.

Ídolos culturales

Además de los ídolos internos (poder, aprobación, control, comodidad) y los ídolos externos, hay ídolos culturales que debemos conocer cuando criamos a nuestros adolescentes. Piénsalo de esta manera: los ídolos internos son la tierra de la que brotan nuestros ídolos externos como las malas hierbas. Los ídolos culturales son como un río contaminado que corre por nuestro jardín (y el de nuestros vecinos). La contaminación de las aguas subterráneas afecta al suelo y produce ídolos externos similares entre grupos de personas. Esta contaminación cultural puede hacer que ciertas formas de idolatría parezcan "normales" debido al efecto colectivo.

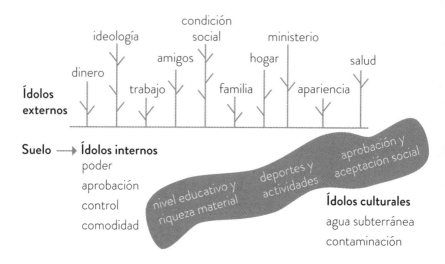

Advertencia para los padres

Los ídolos internos, externos y culturales afectan nuestra labor como padres de varias maneras. Cada padre trae su propio conjunto de ídolos al hogar (¡entre mi marido y yo, creo que tenemos los cuatro ídolos internos!). Es como basura no deseada que se desborda de todos nuestros cajones y armarios.

Y no solo crea un desorden en nuestras propias vidas, sino que nuestra idolatría afecta enormemente a nuestros hijos. Un versículo de la Biblia que siempre me ha convencido de pecado es 2 Reyes 17:41:

> Aquellos pueblos adoraban al Señor, y al mismo tiempo *servían a sus propios ídolos*. Hasta el día de hoy sus hijos y sus descendientes siguen actuando como sus antepasados (NVI).

Mientras "adoraban al Señor", el pueblo, en el fondo, servía a sus ídolos. Eran religiosos, pero habían desviado su devoción del Señor y la habían puesto equivocadamente en sus ídolos.

Y, adivina qué pasó. (Detesto esta parte).

Sus hijos y sus descendientes hicieron lo mismo que sus padres: sirvieron a los mismos ídolos en vez de servir a Dios.

El fruto de la idolatría no solo afectará negativamente a nuestros hijos (y hará brotar inevitablemente en ellos impaciencia, dureza o enojo), sino que también terminarán por seguirnos directo hacia el mismo pozo miserable en el que nosotros hemos caído.

Esta es una advertencia para todos nosotros. Podemos fastidiarnos a la hora de asistir a la iglesia, leer la Biblia y hacer nuestras oraciones (adorar al Señor), pero aun así servir a nuestros ídolos. La vida cristiana es una combinación de *revestirnos* de lo bueno y *despojarnos* de lo malo. El apóstol Pablo nos exhorta a revestirnos del nuevo yo, que se renueva en el conocimiento según la imagen de nuestro Creador, mientras que al mismo tiempo hagamos morir todo lo terrenal en nosotros: "fornicación, impureza, pasiones desordenadas, malos deseos y avaricia, que es idolatría" (Colosenses 3:5).

Como padres, estamos construyendo nuestros hogares sobre los cimientos fundamentales de la Biblia, la oración y la Iglesia (de esto nos revestimos cada día), mientras que al mismo tiempo luchamos contra la idolatría que acecha en nuestros corazones (de esto nos despojamos). Dios nos llama a edificar nuestras vidas sobre su verdad y, al mismo tiempo, limpiar la suciedad del pecado. Ambas cosas tienen que suceder para cultivar un hogar donde la fe pueda florecer.

Tal vez prefieras un libro sobre cómo conseguir que tu *adolescente* sea ordenado, obediente y dócil. Tal vez eso es lo que esperas encontrar en este. Sin embargo, aquí estoy hablando de *tu* corazón, *tu* idolatría, *tu* batalla. Lo sé, lo sé. Puede que esta no sea la solución rápida que estás buscando, pero he descubierto que es el lugar donde me siento más desafiada a depender plenamente del Señor para lograr un cambio.

Esta es la realidad: Nuestros hijos necesitan que nos aferremos a Jesús, que busquemos su gracia, que dejemos a un lado nuestros ídolos, que luchemos contra nuestro pecado y que caminemos diariamente con Dios. Necesitan ver que nuestras palabras concuerdan con nuestras vidas. Necesitan ser testigos de una fe real que vivimos delante de ellos, una fe que acepta la responsabilidad de los errores y pide perdón cuando es necesario. No podemos ser esos padres sin luchar la batalla que tenemos frente a nosotros. Y la batalla no son nuestros hijos, *son nuestros ídolos.*

Por supuesto, los adolescentes tienen problemas reales que necesitan ser tratados. Tienen muchos pecados propios. Sus ídolos chocarán con los tuyos.

Sin embargo, como padres, esto es lo que tú y yo tenemos que recordarnos a nosotros mismos: *Yo soy el adulto.* Una cosa es que un adolescente rezongue y dé portazos. No está bien ni es aceptable, pero es bastante normal. Pero si yo respondo de la misma manera, ese mal comportamiento es mi absoluta responsabilidad. Si me cuesta controlar mis emociones a los cincuenta años, ¿por qué debería sorprenderme o enojarme cuando mi adolescente tiene que esforzarse por controlar sus emociones a los trece?

Como mencioné en la introducción, este es un trabajo difícil, es un trabajo del corazón, pero hay buenas noticias: El que está haciendo el trabajo en ti es Dios mismo. Escucha esta promesa en Ezequiel 36:25-27:

> Esparciré sobre vosotros agua limpia, y seréis limpiados de todas vuestras inmundicias; y *de todos vuestros ídolos os limpiaré.* Os daré corazón nuevo, y pondré espíritu nuevo dentro de vosotros; y quitaré de vuestra carne el corazón de piedra, y os daré un corazón de carne. Y pondré dentro de vosotros mi Espíritu, y haré que andéis en mis estatutos, y guardéis mis preceptos, y los pongáis por obra.

Dios, no nuestros esfuerzos, nos limpia de nuestros ídolos. Nos da un corazón nuevo y pone su Espíritu en nosotros. Hace que sigamos sus caminos y obedezcamos sus reglas. Puesto que Dios obra en nosotros, podemos revestirnos de lo bueno y despojarnos de lo malo.

Pablo escribió a los efesios: "fortaleceos en el Señor, y en el poder de su fuerza" (Efesios 6:10), pues sabía que nuestra batalla no era contra carne y sangre, sino "contra huestes espirituales de maldad en las regiones celestes" (v. 12). No hay posibilidad de tener la victoria en nuestras propias fuerzas. Sin embargo, puesto que Dios lucha por nosotros, la victoria está garantizada. Por lo tanto, nos ponemos su armadura para estar equipados para la batalla.

En los próximos tres capítulos, consideraremos algunos de los ídolos culturales que afectan la crianza de los hijos en Occidente: el nivel educativo y la riqueza material, los deportes y las actividades, y la aprobación y aceptación social. Estos ídolos culturales afloran a la superficie en nuestra labor de padres, y conforman nuestras expectativas y nuestros sueños para nuestros hijos adolescentes. Creemos erróneamente que tenemos el poder de determinar el futuro de nuestros hijos, y sabiduría para saber qué es lo mejor para ellos.

Como ya hemos dicho, ninguno de estos sueños y expectativas para nuestros hijos es malo en sí mismo. La mayoría pueden ser buenos. Lo que marca la diferencia es cómo los afrontamos. En cada capítulo, seguiremos el mismo patrón que hemos utilizado en los capítulos anteriores:

• Principios bíblicos
• Crianza con propósito y gracia
• Consejos prácticos

Consideraremos la verdad bíblica, lo que significa ser padres llenos de gracia y cómo confrontar nuestra propia idolatría en cada una de estas áreas mientras procuramos vivir sabiamente con nuestros adolescentes.

CAPÍTULO 4

El secreto del verdadero éxito: (no es) el nivel educativo ni la riqueza material

¿Preferirías ser inteligente o rico?

He oído responder esta pregunta de distintas maneras, pero, la mayoría de nosotros, creo que la responderíamos con otra pregunta: ¿Puedo ser las dos cosas, por favor?

Cuando se trata de nuestros sueños y esperanzas para nuestros hijos, la inteligencia y la riqueza parecen ir de la mano. A menudo decimos a nuestros hijos que tienen que esforzarse mucho en la escuela para acceder a una buena universidad a fin de conseguir un buen trabajo para poder dar una buena vida a su familia. Aunque es sensato ser un buen trabajador y mantener bien a nuestra familia, a menudo transmitimos un mensaje equivocado a nuestros hijos adolescentes. Es fácil que se crean la ecuación de que éxito académico = éxito material, y éxito material = felicidad; por tanto, más éxito académico + más éxito material = más felicidad.

Como padres, a menudo también creemos en el poder que otorga el nivel educativo y la riqueza material. Aunque sepamos que Dios es el proveedor y dador de todas las cosas buenas, es tentador confiar en nuestras propias habilidades y recursos, y no en Dios. Sean cuales sean nuestros ídolos internos (poder, control, comodidad o aprobación), tanto el nivel educativo como la riqueza material parecen ser el camino para satisfacer nuestros anhelos más profundos, así como para cumplir los sueños que tenemos para nuestros hijos.

En este capítulo, comenzaremos con principios bíblicos que nos ayudarán a saber cómo pensar acerca del dinero, los estudios y el éxito en general de nuestros hijos. Luego veremos cómo hablar con gracia con nuestros hijos adolescentes sobre estos temas para ayudarles a comprender la importancia del trabajo duro, sin idolatrar el dinero o el éxito en los estudios. Al final de este capítulo, examinaremos nuestros propios ídolos internos y veremos consejos prácticos para vivir sabiamente frente a nuestros adolescentes en este aspecto importante de la vida.

Principios bíblicos

A la hora de reflexionar sobre el dinero y la inteligencia, es útil reconocer que la Biblia considera que ambas cosas son bendiciones. Los libros de Salmos y Proverbios señalan muchas cosas positivas sobre la riqueza y el conocimiento. Al repasar algunos de estos versículos, cabe aclarar que los Salmos y los Proverbios corresponden a un tipo específico de escrito llamado literatura sapiencial. Si bien exponen las reglas generales para la vida, no ofrecen promesas o conclusiones específicas para cada situación.

Por ejemplo, estos libros explican que, a menudo, la riqueza es la manera en que el Señor bendice a su pueblo (pero no la única ni la mejor). Estos principios no pretenden implicar que la pobreza o la falta de recursos se deban necesariamente a que alguien no está obedeciendo al Señor. Hay muchas personas que adquirieron riquezas por medios injustos (y la Biblia habla bastante al respecto: véanse Proverbios 22:16; 28:8, 22; Eclesiastés 5:10), así como personas justas que perdieron todas sus riquezas sin tener culpa alguna (pensemos en José, Génesis 37; y en Job, Job 1).

Los libros sapienciales hablan de normas o principios generales, que no deben tomarse como conclusiones fijas o promesas absolutas. Por lo tanto, podemos entender la sabiduría que señala: "En la casa del justo hay gran provisión; pero turbación en las ganancias del impío" (Proverbios 15:6) sin hacer suposiciones sobre los que son pobres (o ricos). Jesús vivió en la pobreza (por nosotros) sin un hogar propio (2 Corintios 8:9; Lucas 9:58). Sin embargo, fue el único hombre verdaderamente justo de la tierra. Comprender el tipo de literatura bíblica que estamos leyendo (y la Biblia contiene varios tipos) nos ayuda a interpretar su significado de manera correcta y dentro de todo el contexto del resto de las Escrituras.

Las bendiciones de la riqueza, la sabiduría y el trabajo

La Biblia hace muchas advertencias sobre las riquezas, al tiempo que reconoce sus bendiciones y beneficios. Según los Salmos, la riqueza es una bendición para el hombre que teme al Señor y obedece sus mandamientos (Salmos 112:1-3). La riqueza se considera una recompensa para el diligente (Proverbios 12:27) y una corona de bendición para el sabio (Proverbios 14:24). Proverbios anima a los padres a dejar herencia a sus hijos y nietos: "El bueno dejará herederos a los hijos de sus hijos" (Proverbios 13:22). La riqueza se considera una bendición de Dios.

Además de las bendiciones de las riquezas, la Biblia también habla de las bendiciones del conocimiento y la inteligencia. El Señor mismo es la fuente de la sabiduría, el conocimiento y la inteligencia (Proverbios 2:6). Y la ciencia es grata a nuestras almas (v. 10). Salomón, el rey más sabio de Israel, también aconsejó a su hijo: Recibe "mi enseñanza, y no plata; y ciencia antes que el oro escogido" (Proverbios 8:10). (¡Esa podría ser la respuesta a nuestra pregunta del principio de este capítulo!).

De hecho, el libro de Proverbios se escribió para que adquiriéramos sabiduría, instrucción, entendimiento, conocimiento, guía y prudencia (Proverbios 1). Estas son cosas buenas porque fluyen del Dios que creó todas las cosas. Él es la fuente de toda verdadera sabiduría: "El temor de Jehová es el principio de la sabiduría, y el conocimiento del Santísimo es la inteligencia" (Proverbios 9:10).

La Biblia también habla de la importancia del trabajo duro y los efectos negativos de la pereza al recordarnos que "El alma del perezoso desea, y nada alcanza; mas el alma de los diligentes será prosperada" (Proverbios 13:4), y que "el indolente [perezoso] ni aun asará lo que ha cazado; pero haber precioso del hombre es la diligencia" (Proverbios 12:27). En el Nuevo Testamento, Pablo elogia a María y Pérsida en su carta a los romanos porque habían "trabajado mucho" en el Señor (Romanos 16:6, 12). Pablo también exhortó a los colosenses: "Y todo lo que hagáis, hacedlo de corazón, como para el Señor y no para los hombres; sabiendo que del Señor recibiréis la recompensa de la herencia, porque a Cristo el Señor servís" (Colosenses 3:23-24).

De todos estos versículos podemos concluir que las riquezas son una bendición, adquirir inteligencia y conocimiento es el camino hacia la sabiduría, y el trabajo duro honra y glorifica al Señor. Por lo tanto, es bueno animar a nuestros hijos a trabajar duro en sus estudios y a ser sabios con su dinero. Estas no son cosas malas; son bendiciones.

Sin embargo, cada una de estas cosas buenas puede convertirse en algo malo cuando pasan a ser lo más importante. La Biblia también hace muchas advertencias, especialmente sobre la codicia de dinero. Queremos considerar sobriamente estas advertencias porque, para muchos, la idolatría del dinero es una batalla persistente que da origen a una vida de materialismo y descontento.

Advertencias sobre la riqueza, la sabiduría del mundo y el trabajo

La riqueza puede ser una bendición, pero si empezamos a confiar en ella, depender de ella y poner nuestra esperanza en ella, entonces se ha convertido en un ídolo de nuestra vida. Nuestra confianza en Dios como nuestro Proveedor es reemplazada por un entendimiento equivocado del dinero como nuestro proveedor. Cuanto más confiamos en el dinero, más amamos el dinero. Como Pablo advirtió a Timoteo: "porque raíz de todos los males es el amor al dinero, el cual codiciando algunos, se extraviaron de la fe, y fueron traspasados de muchos dolores" (1 Timoteo 6:10).

Pablo consideraba a Timoteo su hijo en la fe. Quería protegerlo, por eso le advirtió contra el amor al dinero, que podría ser potencialmente perjudicial para su alma. Así como advertimos a los niños pequeños que miren a ambos lados antes de cruzar la calle, debemos advertir a nuestros hijos adolescentes que el dinero puede ser una tentación en sus vidas. El dinero es especialmente atractivo porque parece ofrecer mucho: seguridad, poder, control y aprobación. No es que los adolescentes deban evitar ganar dinero o acumular riquezas, pero necesitamos recordarles: "Si se aumentan las riquezas, no pongáis el corazón en ellas" (Salmos 62:10). La codicia de dinero es lo peligroso: puede alejarlos de la fe y someterlos a diversas pruebas. En definitiva, las cosas que el dinero puede comprar nunca satisfarán verdaderamente. La búsqueda equivocada del dinero tiene un alto costo.

● ● ● ● ● ● ● ● ● ● ● ● ● ● ● ● ● ●

Nuestra satisfacción no proviene del dinero que poseemos, sino de la verdad de que el Señor promete estar siempre con nosotros.

● ● ● ● ● ● ● ● ● ● ● ● ● ● ● ● ● ●

En cambio, el libro de Hebreos nos señala una fuente distinta de satisfacción: "Sean vuestras costumbres sin avaricia, contentos con lo que tenéis ahora; porque él dijo: No te desampararé, ni te dejaré" (Hebreos 13:5). Nuestra satisfacción no proviene del dinero que poseemos, sino de la verdad de que el Señor promete estar siempre con nosotros. Nos pueden robar el dinero. Podemos perder el nivel económico. La riqueza material no puede comprar la felicidad. Sin embargo, el Señor (el Dador de todo lo bueno, la fuente de la vida, el Dios de toda la creación) promete estar con nosotros. Nuestra satisfacción no proviene de lo que poseemos, sino de *Aquel* que está con nosotros. Dios promete ser nuestro Dios. Nunca nos desamparará ni nos dejará. Suplirá todas nuestras necesidades y nos protegerá de todo mal (Salmos 121).

Queremos que nuestras palabras y nuestras acciones enseñen a nuestros adolescentes: "De más estima es el buen nombre que las muchas riquezas, y la buena fama más que la plata y el oro" (Proverbios 22:1). Queremos que escuchen de nuestros labios la verdad de Proverbios 28:6: "Mejor es el pobre que camina en su integridad, que el de perversos caminos y rico". Cuando enseñamos a nuestros adolescentes sobre el dinero, es importante que entiendan que valoramos su carácter por encima de la riqueza material. Las riquezas son inciertas y fluctúan a través de las etapas de la vida. La integridad proporciona una base segura y se necesita toda una vida para construirla. Podemos declarar en oración la protección de Proverbios 30:8 sobre sus vidas (y las nuestras también): "Vanidad y palabra mentirosa aparta de mí; no me des pobreza ni riquezas; manténme del pan necesario".

Cuando pensamos en nuestros hijos adolescentes y el éxito, necesitamos mantener nuestro objetivo principal siempre en el eje central. Mi mayor esperanza para mis hijos no es que sean ricos o prósperos conforme a la definición de éxito del mundo. Mi objetivo principal es que sus almas prosperen. El Rey Salomón (que tenía más riquezas de las que podemos imaginar) sabiamente advirtió, "No aprovecharán las riquezas en el día de la ira; mas la justicia librará de muerte" (Proverbios 11:4). Necesitamos mayores esperanzas para nuestros hijos que la riqueza pasajera y el éxito terrenal. Queremos que se deleiten en Jesús, que confíen en su justicia: esta es la verdadera prosperidad y la herencia eterna.

Además de las advertencias sobre las riquezas, la Biblia advierte contra la sabiduría de este mundo. Es bueno que nuestros hijos adolescentes se esfuercen en la escuela, que crezcan en conocimiento, que aprendan sobre el mundo que Dios ha creado. Sin embargo, necesitamos que entiendan que la verdadera sabiduría proviene del Señor (Proverbios 2:6).

La gente puede conocer y comprender una gran variedad de conceptos, datos, idiomas e información, y aun así vivir de forma insensata. Proverbios advierte sobre el peligro de ser sabios a nuestros propios ojos (Proverbios 26:12). El orgullo y la arrogancia pueden inflamarse cuando se valora más el conocimiento académico que el carácter. El conocimiento terrenal envanece, pero el amor edifica (1 Corintios 8:1).

Muchas personas estudian mucho y adquieren inteligencia y conocimiento, pero fallan a la hora de vivir conforme a la sabiduría. Ni siquiera Salomón, el rey más sabio de toda la historia de Israel, vivió a la luz de la sabiduría que alcanzó. Su desobediencia a Dios puso de manifiesto su insensatez. Podemos tener toda la inteligencia y el conocimiento que el mundo tiene para ofrecer, pero si no vivimos conforme a la sabiduría y los caminos de Dios, estamos viviendo una vida insensata.

En cierta medida, la mayoría de los adolescentes son sabios a sus propios ojos. Puede que no acepten nuestros consejos o cuestionen la verdad de la Palabra de Dios; pero aun cuando pensemos que no están prestando atención, están observando nuestra vida y nuestra manera de vivir. Ellos saben si estamos más preocupados por sus calificaciones escolares que por sus tiempos de lectura de la Biblia. Saben si deseamos más los logros académicos que el carácter. Puede que pienses que no están escuchando una palabra de lo que dices, pero sí lo están. Como padres, necesitamos preguntarnos: *¿Qué mensaje escuchan más de mí? ¿Qué creen que valoro más?*

También es útil tener en cuenta el mensaje que reciben de nosotros sobre el valor del esfuerzo. Todos queremos criar hijos adolescentes que sean diligentes, serviciales y trabajadores. La Biblia advierte contra la pereza y ensalza el valor de la diligencia. Sin embargo, la Biblia también pone límites claros a nuestro trabajo. Cuando Dios creó la Tierra, lo hizo en seis días y descansó el día de reposo. El calendario religioso de Israel tenía varios días, además del día de reposo, reservados para no trabajar. Las fiestas, celebraciones y ceremonias religiosas formaban parte de un ritmo de vida saludable.

Aunque debemos animar a nuestros adolescentes a trabajar duro, también debemos inculcar pautas de descanso en sus vidas. La práctica del descanso sabático ayuda a nuestros adolescentes a comprender sus limitaciones y les recuerda que deben confiar en el Señor incluso en su trabajo. Culturalmente, los estadounidenses llevan una vida demasiado ocupada y atareada. Llenamos nuestras vidas hasta no dar más y dejamos poco tiempo para el descanso y la reflexión.

Esto puede dar lugar a hogares con adolescentes estresados y padres tensionados y nerviosos. Es bueno que cada uno de nosotros reflexione:

- ¿Es la tensión en nuestro hogar el resultado de intentar hacer demasiado?
- ¿La presión sobre nuestros hijos proviene de la cultura o de las expectativas que les imponemos como padres?
- ¿Qué esperanzas y sueños comunicamos regularmente a nuestros adolescentes?
- ¿Cuál es el énfasis en nuestro hogar?
- ¿Nuestras palabras y ejemplos demuestran la verdad bíblica o la sabiduría del mundo?

La Palabra de Dios es fiel para guiarnos en estos asuntos sobre la riqueza, la sabiduría y el trabajo. También nos advierte que guardemos estas cosas buenas en el lugar que les corresponde en nuestro corazón. A medida que valoremos la sabiduría de Dios y prestemos atención a sus advertencias, veremos que se produce un cambio en la forma de relacionarnos con nuestros adolescentes.

Crianza con propósito y gracia

Hace años, leí un libro de un conocido autor que promovía un estilo de vida que se caracterice por "soñar a lo grande". El libro se vendía en la categoría de vida cristiana. Animaba a sus lectores a crear un muro de sueños con todo lo que esperaban obtener de la vida. Al visualizar lo que querían, podían hacerlo realidad. Su muro incluía una segunda casa en Hawái, aparecer en la portada de la revista *Forbes* y entablar amistad con los famosos.

Recuerdo que cerré el libro y sentí una mezcla de tristeza y preocupación. He vivido lo suficiente como para comprender esta realidad: los logros y el éxito del mundo no satisfacen. La condición de mi corazón puede ser un problema mayor que mis circunstancias. Sé que, si tuviera una casa en Hawái y apareciera en la portada de la revista *For-*

bes, podría seguir sintiéndome bastante desdichada. Probablemente, me sentiría frustrada por tener que administrar el mantenimiento de la casa de mis sueños en Hawái o me molestaría la foto mía que se eligió para la portada de la revista *Forbes*. Me he dado cuenta de que puedo tener muchas cosas y experiencias increíbles, pero si no tengo un contentamiento piadoso, no voy a estar satisfecha.

Lo que me entristecía del libro no era que la autora instara a las mujeres a soñar demasiado en grande. Mi preocupación era que animaba a las mujeres a soñar demasiado *poco*. Si tuviera que crear un muro de sueños para mí misma, esto es lo que pondría en él: amor, gozo, paz, paciencia, benignidad, bondad, fe, mansedumbre y templanza (Gálatas 5:22-23). Quiero ser una persona que muestre estas características tanto si estoy fregando los platos por enésima noche consecutiva como si estoy recorriendo las calles de Italia en unas vacaciones increíbles, únicas en la vida. Es un fruto que no puedo comprar, obtener o fabricar por mí misma. Solo puedo dar el fruto del Espíritu si permanezco en Jesús, porque sin Él soy un pámpano seco y marchito (Juan 15:5).

Quiero algo más de lo que este mundo puede ofrecer. Tengo sueños más grandes. Y quiero para mis hijos algo más que dinero, fama y éxito. Quiero que conozcan a Jesús, que lo amen y que pasen sus vidas conociéndolo más. El cristianismo no consiste en limitar lo que buscamos en la vida, sino en buscar las verdaderas riquezas. Jesús vino para que tengamos vida y para que la tengamos en abundancia: Él quiere darnos *más*, no menos, en la vida.

⸽⸽⸽⸽⸽⸽⸽⸽⸽⸽⸽⸽⸽⸽⸽⸽

El cristianismo no consiste en limitar lo que buscamos en la vida, sino en buscar las verdaderas riquezas.

⸽⸽⸽⸽⸽⸽⸽⸽⸽⸽⸽⸽⸽⸽⸽⸽

Sin embargo, mensajes equivocados como los del libro de esta autora tratan de convencernos a nosotros y a nuestros hijos de que la vida abundante está a nuestro alcance: solo tenemos que esforzarnos más, ser mejores y soñar más en grande para conseguir lo que queremos en la vida. Estos mensajes parecen inspiradores. No obstante, las palabras que pretenden inspirarnos acaban por agobiarnos. Nos llevan a buscar cada rastro del éxito, solo para sentirnos fracasados cuando no lo logramos. Y, con demasiada frecuencia, nuestros hijos se entremezclan en nuestra búsqueda. Sus éxitos se convierten en nuestros éxitos y sus fracasos en nuestros fracasos.

A veces, creamos muros de sueños para nuestros hijos sin darnos cuenta de lo que hacemos. Queremos que sean buenos estudiantes y deportistas estrella y que tengan un grupo de amigos maravillosos. Las esperanzas que depositamos en nuestros hijos pueden generar una presión sobre ellos a tener éxito de diversas maneras. Podemos afirmar que es para su felicidad y realización en la vida, pero a menudo lo que soñamos para nuestros hijos está envuelto en nuestros propios deseos como padres.

En lo que respecta a la inteligencia y la riqueza, hemos creado una cultura que exalta las calificaciones escolares por encima de la educación. Como profesor, solía decir a padres y alumnos, que la nota de un examen refleja simplemente los conocimientos de un alumno sobre una materia concreta en un momento determinado. Las calificaciones comunican algo, pero no lo dicen todo. Los chicos aprenden a diferente ritmo. En ocasiones hace falta un examen para que se den cuenta de que no saben algo tan bien como creían. Eso no significa que no puedan aprenderlo, sino que no lo sabían en ese momento.

Queremos que nuestros hijos desarrollen una sólida ética de trabajo, una saludable capacidad de estudio y que crezcan en el conocimiento del mundo que los rodea. Son buenos objetivos. Sin embargo, nuestra obsesión por las calificaciones escolares y las pruebas de aptitud académica puede convertirse en uno de esos caminos erróneos hacia el éxito, que llevan a nuestros adolescentes a odiar la escuela. Si queremos formar hijos adolescentes a los que les encante aprender, tenemos que dejar de centrarnos en las calificaciones y apoyar su educación.

En su libro, *El precio del privilegio: Cómo la presión de los padres y las ventajas materiales están creando una generación de jóvenes desvinculados e infelices*, la autora Madeline Levine (PhD) explica:

> La creatividad y la flexibilidad necesarias para convertirse en un verdadero aprendiz se ven inhibidas por una excesiva atención a cada centímetro de progreso o a la falta del mismo. Puede que esto haga que un chico se esfuerce en sus estudios porque está ansioso por tener un buen rendimiento, pero desde luego no fomenta un verdadero amor por el aprendizaje.[1]

También señala: "Los padres presionan a sus hijos para que sean sobresalientes, mientras descuidan el proceso mismo que los lleva a ser sobresalientes".[2]

Cuando hablamos con nuestros hijos de sus tareas escolares, es importante tratar de no crear un ambiente de presión en casa. Necesitamos estar disponibles para ayudar a nuestros hijos a tener éxito sin transmitirles que sus calificaciones escolares los conducirán al éxito. Nuestros hijos pasan mucho tiempo al día en clases. A algunos adolescentes les encanta aprender y disfrutan del tiempo que pasan cada día en la escuela (he criado a uno de esos). A otros chicos no les gusta nada la escuela, así que cada momento del día es difícil (he criado a uno de esos también). Si queremos tener una relación llena de gracia con nuestros adolescentes, es bueno tener algunas "reglas de compromiso escolar" bien pensadas.

---

1. Madeline Levine, *The Price of Privilege* (Nueva York: HarperCollins, 2006), 28. Edición en español: *El precio del privilegio* por el Grupo Editorial Miguel Ángel Porrua (22 de marzo de 2010).
2. Levine, *The Price of Privilege*, 65.

No participes demasiado

El grado de participación en la educación de nuestros hijos es gradual. En primaria, necesitan mucha ayuda para leer, organizarse y asegurarse de que tengan todo lo que necesitan para ir a la escuela cada día. Cuando comienzan la escuela de enseñanza intermedia, es importante empezar a limitar tu participación. Más que en cualquier otro momento de su experiencia escolar, este es el momento de dejar que fracasen para que puedan tener éxito más adelante. Eso puede significar que se saquen algún cero en las tareas escolares o que se olviden de estudiar para un examen. No pasa nada. La escuela de enseñanza intermedia es el momento de dejar que empiecen a entender que ellos son quienes tienen que hacer sus tareas escolares, y no que tú eres el responsable de que las hagan. Deja que empiecen a responsabilizarse por sí mismos. En la escuela de enseñanza intermedia, deberían ser capaces de prepararse el almuerzo, hacer más tareas escolares solos y consultar a un profesor si tienen dificultades para entender un concepto. Anímalos a ser independientes de manera gradual.

Necesitamos que nuestros hijos sepan que estamos a su disposición para ayudarlos, pero que no vamos a hacer la tarea por ellos. No escribas las redacciones ni hagas los trabajos para tu adolescente. No consultes sus calificaciones escolares cada semana por Internet (recuerda que, cuando éramos pequeños, los boletines de calificaciones solo se entregaban una vez por trimestre). No les pagues por obtener buenas calificaciones. No hagas por tus hijos lo que ellos pueden hacer por sí mismos. Tu objetivo es su educación, no que todas sus calificaciones sean sobresalientes.

Necesitamos formar aprendices para toda la vida, que disfruten de conocer y comprender el mundo que Dios creó. Con demasiada frecuencia, las calificaciones escolares se interponen en el camino de la educación. Procura que tu hogar sea un lugar donde el carácter sea primordial, el trabajo duro se celebre y el estrés por las calificaciones escolares se mantenga al mínimo. Las calificaciones no definen a tu hijo. Entrar en los mejores colegios no equivale a tener éxito en la vida.

Evita que un énfasis excesivo en las calificaciones escolares llegue a crear un ambiente de aprendizaje estresante en tu hogar.

Establece un ritmo saludable

Aunque debemos evitar participar demasiado en los detalles de la educación de nuestros adolescentes, debemos crear un entorno de aprendizaje saludable en el hogar. Lo más probable es que tus hijos necesiten tu ayuda para establecer una buena rutina.

En su libro, *El cerebro adolescente*, la neurocientífica Frances Jensen explica: "Es importante recordar que, aunque su cerebro está aprendiendo con la mayor eficiencia, muchas otras cosas son ineficientes, como la atención, la autodisciplina, el cumplimiento de las tareas escolares y las emociones".[3]

El cerebro de los adolescentes aún se está formando. Su lóbulo frontal es la última parte del cerebro en formarse por completo, y es el que regula su capacidad de funcionamiento ejecutor. Aunque deberías tratar de no hacer tareas que corresponden a tu hijo, puedes ayudarle a crear una rutina saludable y buenos hábitos de estudio. Como explica Jensen:

> Recuerda que, aunque parezca que pueden realizar varias tareas a la vez, en realidad no son muy buenos para eso. El simple hecho de animarlos a detenerse a pensar en lo que tienen que hacer y cuándo tienen que hacerlo aumenta el flujo sanguíneo a las áreas del cerebro implicadas en la multitarea y las fortalece poco a poco… También puedes ayudar a tus hijos adolescentes a administrar mejor el tiempo y organizar las tareas mediante agendas donde les sugieras que anoten sus horarios de cada día. Al hacerlo con regularidad, entrenan su propio cerebro.

---

3. Frances E. Jensen, *The Teenage Brain: A Neuroscientist's Survival Guide to Raising Adolescents and Young Adults* (Nueva York: HarperCollins), 80. Edición en español: *El cerebro del adolescente: Descubre cómo funciona para entenderlos y acompañarlos* por RBA Bolsillo; 1.ª ed., (7 de febrero de 2019).

Una amiga mía me dijo una vez que la labor de criar a nuestros hijos pasa de cuidador a policía, a entrenador, y luego a consejero. Al principio de la adolescencia, empiezas a asumir el papel de entrenador y, en los últimos años de la escuela secundaria, pasarás cada vez más a desempeñar el papel de consejero. Los entrenadores ofrecen a sus jugadores las herramientas que necesitan para triunfar, pero saben que los deportistas tienen que hacer el esfuerzo de entrenarse para sobresalir, desarrollar músculos fuertes y tener la energía necesaria para resistir.

Habla con tu adolescente. Explícale la importancia de eliminar las distracciones mientras estudia. Prepara un lugar donde pueda hacer sus tareas escolares con tranquilidad (pero también puedes vigilar si se ha puesto a jugar en la computadora en vez de escribir la redacción que tiene que entregar por la mañana). Evita establecer una rutina familiar demasiado ocupada que no le deje tiempo para las tareas escolares. Dale ideas para tener éxito: Cuando lleve treinta minutos haciendo una tarea difícil, permite que se tome un descanso y vea un programa de TV o salga a dar un paseo. El trabajo mental concentrado suele requerir descansos mentales. No le obligues a seguir trabajando cuando esté demasiado cansado para pensar. Puedes ayudar a desarrollar el cerebro de tu hijo ofreciéndole las herramientas para que tenga éxito sin hacer la tarea por él.

Haz preguntas

Parte de establecer una rutina saludable consiste en pedir a tu adolescente que reflexione sobre sus hábitos de estudio. Pregúntale dónde y a qué hora del día aprende mejor. Pídele que piense qué lo distrae mientras hace las tareas. Hacerle preguntas le ayuda a pensar de qué forma aprende mejor. Cada chico desarrolla un sistema distinto. En un momento de calma (no a medianoche, cuando hay que entregar una tarea de diez páginas a la mañana siguiente), pregúntale a tu hijo en qué condiciones puede estudiar mejor.

Cabe hacer una advertencia: Todos los adolescentes tendrán momentos de olvido. Si tu hijo acude a ti a las once de la noche porque recordó que tiene que entregar una tarea enorme a la mañana siguiente, ese no es el mejor momento para empezar a sermonearle sobre los hábitos de estudio y lo inconveniente que es para ti quedarte despierto hasta tarde con él. En ese momento, es probable que tu adolescente ya esté estresado. Siéntate con él a concretar los pasos a seguir, pero no añadas estrés a una situación ya de por sí estresante. Conversa con él sobre los buenos hábitos de estudio cuando todo esté más tranquilo y tu hijo no esté agotado o bajo presión. Ponte en su lugar: ¿cómo te sientes tú cuando cometes un error? Atiende a tus hijos con la amabilidad que a ti gustaría recibir.

Además, durante las comidas o en el auto, tómate tu tiempo para preguntar a tus hijos sobre lo que están estudiando. Parte del aprendizaje consiste en contar lo aprendido, y que ellos te cuenten sus lecciones escolares ayuda a su retención. Preguntarles por los temas que están estudiando, más que por las calificaciones que han obtenido, les transmite lo que tú más valoras.

Invierte tiempo en conocer los temas que interesan a tus adolescentes. Conoce lo que les gusta, así sabrás cómo orientar sus estudios. Si no les gustan las clases académicas, ayúdales a encontrar otras vías de aprendizaje que puedan disfrutar más. No todos nacieron para ser médicos, abogados o programadores informáticos. Necesitamos plomeros, mecánicos, artistas y músicos. Hacer preguntas y permitir que tus adolescentes exploren una variedad de experiencias educativas puede ayudarles a encontrar profesiones donde tener éxito de la manera particular en la que Dios los ha dotado y creado.

Deja que fracasen

Sé que es un consejo difícil de escuchar, pero hay que decirlo: *Deja que tu hijo fracase*. Deja que cometa errores y que sufra las consecuencias. La mala nota que reciban en la redacción que esperaron demasiado para escribir es mejor resultado a que tú se la escribas. Los adolescentes están aprendiendo importantes lecciones de vida, y es útil que entiendan que cometer errores y afrontar las consecuencias forma parte de la vida. Levine explica lo siguiente:

Por difícil que pueda resultar para los padres, es imperativo que permitamos a nuestros hijos salir al mundo, probar suerte, chocar contra las dificultades, aprender a caerse y volver a levantarse... Si permitimos que se hagan un moretón de vez en cuando en la infancia, los estamos ayudando a que no se rompan en la adolescencia. Y al permitirles experimentar fracasos en la adolescencia, estamos ayudando a sentar las bases del éxito en la edad adulta.[4]

No estoy diciendo que no intervengas o que seas permisivo en la crianza. Ofréceles tu ayuda y aliento, pero en algún momento, nuestros hijos tienen que empezar a responsabilizarse de sus decisiones. No podemos resguardar a nuestros hijos de las realidades de la vida, pero podemos estar atentos y enseñarles a resistir si los animamos a levantarse después que han caído.

● ● ● ● ● ● ● ● ● ● ● ● ● ● ● ●

No podemos resguardar a nuestros hijos de las realidades de la vida, pero podemos estar atentos y enseñarles a resistir si los animamos a levantarse después que han caído.

● ● ● ● ● ● ● ● ● ● ● ● ● ● ● ●

Recuerda tu objetivo

Cuando pensamos en educar a nuestros hijos, es importante recordar nuestro objetivo principal: Queremos que nuestros hijos conozcan y amen a Jesús. Eso es lo que deseamos para ellos en la vida. No es el título de una prestigiosa universidad o un trabajo bien remunerado.

---

4. Levine, *The Price of Privilege*, 79.

Queremos que todo lo que aprendan los acerque al Dios que creó todas las cosas.

Por lo tanto, no dañes la relación con tu adolescente al discutir constantemente sobre las tareas escolares. Tu estrés perpetuo sobre su rendimiento académico solo conducirá a resultados negativos. O bien se sentirá constantemente ansioso y estresado en un intento de complacerte con sus calificaciones o se cerrará emocionalmente y dejará de preocuparse totalmente por sus tareas escolares. Ninguno de los dos resultados es beneficioso para el aprendizaje.

Si queremos ser padres que mantengan en primer lugar a Jesús, pelearemos una batalla en nuestro propio corazón. Concluiremos este capítulo viendo de qué manera nuestros ídolos afectan nuestra perspectiva de los logros académicos, así como varias opciones educativas para la formación de nuestros hijos.

Consejos prácticos

Lo que realmente importa

Sean cuales sean los ídolos internos con los que batalles (poder, control, comodidad, aprobación), lo más probable es que afloren a la superficie cuando se trate de la educación de tus hijos. Afectarán la forma en que interactúas con tu adolescente, así como la forma en que interactúas con los demás sobre las opciones educativas.

Muchos consideran el éxito académico como el conducto hacia una vida de éxito. El aumento del nivel educativo suele estar correlacionado con una mayor riqueza material. Como señalé al principio del capítulo, es fácil caer en la creencia errónea de que el éxito académico produce éxito material y el éxito material produce felicidad.

Como padres, es importante que evaluemos de qué manera el amor al dinero (o la confianza en el dinero) es la causa subyacente de la presión que estamos ejerciendo sobre nuestros hijos en el plano académico. Aunque leamos las advertencias bíblicas contra el amor al dinero, es tentador poner nuestra esperanza en él. Y, si ponemos nuestra confianza en el dinero, es probable que nuestros hijos hagan lo mismo. Es irónico que nuestros billetes de dólares en Estados Unidos nos recuerden: "En Dios confiamos", porque muchos viven según el credo: "En el dinero confiamos".

No solo la Biblia enseña que el dinero no satisface, sino que incluso los estudios modernos demuestran que el materialismo no produce satisfacción. De hecho, es todo lo contrario. Suniya Luthar (PhD) se sorprendió al descubrir en su investigación que los jóvenes ricos tenían tasas más altas de depresión, ansiedad y abuso de sustancias.[5] Tener más dinero no equivale a una vida feliz.

Si estamos siempre focalizados en la riqueza, la condición social, la imagen y el consumo, transmitiremos esta idolatría a nuestros hijos. La educación se convierte en una competencia con la presión de ser el mejor. Tus hijos te observan y se dan cuenta qué valoras más de lo que crees. En lugar de buscar el amor por el aprendizaje, nuestros hijos estarán compitiendo con todos los demás chicos de la escuela para obtener mejores calificaciones y así poder ser ganadores en el juego de la vida.

Como todos los ídolos, la riqueza y la condición social prometen mucho, pero no proporcionan nada. La búsqueda del materialismo, en realidad, socava la educación. Además de tener tasas más altas de depresión y abuso de sustancias, los chicos materialistas también tienen calificaciones más bajas.[6] No es bueno para nuestros adolescentes ver que estamos focalizados en las ganancias terrenales y la riqueza material. El deseo de éxito puede conducir a todo tipo de problemas.

En 2019, algunos sueños de los padres por el éxito académico de sus hijos adolescentes se convirtieron en delito. Treinta y tres padres fueron acusados de pagar millones de dólares en artimañas fraudulentas de admisión universitaria. La investigación federal, llamada Operación de Crisis Universitaria, descubrió una artimaña en la que los padres pagaban a un consejero de admisiones universitarias para sobornar a los administradores de las pruebas de aptitud académica y

---

5. "Speaking of Psychology: The mental price of affluence, with Suniya Luther, PhD", *American Psychological Association*, https://www.apa.org/news/podcasts/speaking-of-psychology/affluence.

6. Levine, *The Price of Privilege*, 49.

a profesores universitarios para que sus hijos ingresaran a prestigiosas universidades. Una vez descubierta la artimaña, muchos de los padres terminaron en la cárcel por sus acciones. Esto demuestra hasta qué punto los padres pueden estar interesados en el éxito académico (o en la apariencia de éxito académico) de sus hijos adolescentes.

A todos nos resulta tentador querer que nuestros hijos tengan éxito en la escuela: sus logros nos hacen sentir realizados. Es difícil asistir a ceremonias de entrega de premios que recompensan las calificaciones y los logros académicos cuando nunca llaman al estrado a tu adolescente. En esos momentos, recuerda (y recuerda a tu hijo) que la mayoría de nosotros, por lo general, tenemos una vida promedio y que la fidelidad a Dios vale mucho más. Y esa es una hermosa realidad. No tenemos que ser los mejores en todo. No tenemos que ser los mejores para tener éxito en el reino de Dios. Conocer a Jesús trae vida a nuestros días; no ceremonias de premios. Nuestro objetivo es escuchar las palabras: "Bien, buen siervo y fiel… entra en el gozo de tu señor" (Mateo 25:21). Dios quiere que seamos fieles con los dones y talentos que Él nos ha dado, no que nos esforcemos por ser como los demás.

En un mundo que grita a nuestros hijos que tienen que ser excepcionales en sus logros académicos, es importante que les recordemos cada día: "Eres excepcional porque estás hecho a la imagen de Dios". No eres profundamente amado por lo que haces, sino por lo que Jesús hizo por ti. Dios quiere que te parezcas más a Jesús y glorificarse a través de ti". Tenemos que repetirnos este mensaje, y creérnoslo también nosotros.

● ● ● ● ● ● ● ● ● ● ● ● ● ● ● ● ●

Es importante que recordemos cada día a nuestros hijos: "Eres excepcional porque estás hecho a la imagen de Dios".

● ● ● ● ● ● ● ● ● ● ● ● ● ● ● ● ●

El antídoto contra el amor al dinero, la fama y el éxito no es renunciar a todas estas cosas. El antídoto es amar más a Dios. Cuando adoramos a Dios con todo nuestro corazón, nuestra inclinación a la idolatría disminuye. Cuando nos aferramos fuertemente a Dios y confiamos en Él, Él conducirá y guiará nuestras vidas. Esto es vida. Y esto es vida abundante.

Opciones educativas

Sé que ya estamos cerca del final de este capítulo y todavía no hemos hablado de las opciones educativas para tus hijos. En parte, el retraso se debe a que creo que muchos de los problemas de nuestro corazón son independientes de las opciones educativas que elijamos para nuestros hijos. La otra razón es que no todo el mundo puede permitirse el lujo de tener múltiples opciones educativas. Otra razón por la que he esperado es porque he visto a adolescentes de todo tipo de antecedentes educativos alejarse de la fe, así como otros que buscan con alegría al Señor. Aunque nuestras opciones educativas son importantes, no son determinantes para la fe de nuestros hijos. Concluiré este capítulo con algunos principios para determinar el mejor ambiente escolar para tu adolescente.

¿Qué hay disponible?

La mayoría de las familias se plantean la posibilidad de enviar a sus adolescentes a la escuela pública, privada o bien escolarizarlos en casa (y hay una gran variedad de opciones de educación combinada en casa, así como de escuelas privadas cristianas y no cristianas). Si ambos padres trabajan a tiempo completo fuera de la casa, la educación en el hogar probablemente no sea una opción. Padres o madres que están solos también pueden tener dificultades para hacer viable la educación en casa. Los recursos económicos influirán mucho en la capacidad de poder pagar un colegio privado. Las escuelas públicas varían mucho según la ciudad y el barrio en el que vivas. Algunas personas pueden mudarse para encontrar una escuela mejor; otras no tienen esa opción.

Cada familia tiene circunstancias diferentes. Estas circunstancias están determinadas por Dios y forman parte de su plan para ti y tu hijo. Confía en lo que Dios te ha dado (o no te ha dado) como parte del plan que Él tiene para tu familia. Si tienes opciones, por difícil que sea decidir qué camino tomar, es una bendición poder elegir cómo educar a tu adolescente.

¿Qué es sabio?

Cuando consideres las opciones educativas, busca el consejo sabio de otros creyentes. Pregúntales por qué tomaron la decisión que tomaron. Escucha pódcasts, lee artículos y visita escuelas. Mantente al día sobre las nuevas leyes que podrían afectar a tus hijos y tu capacidad para tomar decisiones como padre o madre. Habla con ellos y pregúntales qué prefieren. Considera en oración las preferencias de cada uno de tus hijos y pide al Señor que te guíe con su sabiduría. Él promete: "Y si alguno de vosotros tiene falta de sabiduría, pídala a Dios, el cual da a todos abundantemente y sin reproche, y le será dada" (Santiago 1:5).

¿Cuál es la opción más amorosa?

También debemos reflexionar: ¿Cuál es la opción más amorosa? ¿Qué opción educativa ayudará a mi adolescente a crecer en su amor a Dios y al prójimo? Necesitamos ser conscientes de que formamos parte de una comunidad, y debemos considerar cómo amar a nuestros vecinos y tenerlos en cuenta a la hora de tomar las decisiones educativas.

Pide a Dios que te dirija a ti y a tu familia. Necesitas tomar tus decisiones educativas en función de tus circunstancias, con sabiduría piadosa y un corazón amoroso. Al considerar las opciones educativas, evita juzgar a los demás por sus decisiones. La elección de otra persona no es una acusación sobre su elección. Seamos amorosos cuando consideremos las opciones educativas, y amorosos cuando otros tomen sus decisiones. Nuestro objetivo debe ser apoyarnos unos a otros y conducirnos unos a otros a Jesús, porque criar hijos adolescentes ya es bastante difícil para que tengamos que batallar también por las mejores opciones educativas.

Hemos cubierto mucho en este capítulo, lo cual tiene sentido porque las actividades académicas ocupan mucho del tiempo de nuestros adolescentes. En el próximo capítulo, hablaremos de los deportes, las actividades y todo el ajetreo que puede llenar rápidamente las horas extraescolares de nuestros hijos adolescentes.

UNA NOTA DE ESPERANZA DEL EVANGELIO

Nuestros adolescentes pasan mucho tiempo en el aula. Sé que es fácil tener miedo de qué y de quién aprenden. Todos queremos ejemplos positivos y maestros amorosos, que ejerzan una buena influencia en nuestros adolescentes. Cualquiera que sea el tipo de escuela en la que estén tus hijos, ora para que el Señor les dé mentores mayores que los apoyen y animen.

Y aunque tu adolescente no lo admita, tú sigues siendo la mayor influencia en su vida. Puede parecer que ni siquiera es consciente de que existes, pero sí escucha lo que tú le dices y recibe la influencia de tu ejemplo. La calidez con que lo recibes, la amabilidad al darle palabras de aliento, y el apoyo que le ofrezcas dejará una impresión duradera en tu adolescente. Sea cual sea el tipo de educación que reciba, tu hogar es su fundamento. Cada día es una nueva oportunidad para enseñarle acerca de Dios, su Palabra y su misericordioso amor por el mundo. Es una buena noticia que tenemos que anunciar, y eso empieza en el hogar.

MK

PRINCIPIOS PARA REFLEXIONAR

- El dinero y el éxito son cosas buenas, pero se convierten en un problema cuando son lo más importante. El dinero y el éxito no pueden producir satisfacción.

- Concéntrate menos en las calificaciones escolares y más en crear un entorno sano para el aprendizaje.
- Recuerda tu objetivo. No permitas que el deseo de logros académicos nuble el deseo de que tu adolescente crezca en el conocimiento del Señor.

GUÍA DE ESTUDIO

1. ¿Con cuál de estos ídolos luchas más: poder, aprobación, control o comodidad? ¿Cómo se ponen de manifiesto con tus hijos adolescentes en relación con el dinero y las tareas escolares?

2. Lee Colosenses 3:23-24. ¿Cómo podemos tener expectativas correctas sobre el trabajo escolar de nuestros adolescentes? ¿Qué puedes hacer para enfocarte más en su ética de trabajo en lugar de sus calificaciones?

3. ¿Qué esperanzas y sueños le comunicas regularmente a tu adolescente? ¿Tus palabras y tu ejemplo demuestran la verdad bíblica o la sabiduría mundana?

4. ¿Cuál es la diferencia entre valorar el aprendizaje por encima de las calificaciones? ¿Qué dirías que valora más tu familia?

5. ¿De qué manera caes en la creencia errónea de que el éxito académico produce éxito material, y el éxito material produce felicidad? ¿Cómo afecta eso a tu forma de criar a tus hijos?

6. ¿Qué puedes hacer en tu hogar para valorar el carácter en primer lugar, el esfuerzo en segundo, y las calificaciones en último lugar? Si le preguntaras a tu adolescente, ¿qué crees que diría que valoras más?

7. ¿Te resulta difícil dejar que tus hijos se responsabilicen de sus tareas escolares? ¿Por qué es importante que aprendan a hacerlas solos durante la adolescencia?

8. ¿Cuánta tensión experimentas en tu casa a causa de las tareas escolares y las calificaciones? ¿Qué te gustaría cambiar en la forma de relacionarte con tu adolescente en este ámbito?

9. Aunque cada vez se parecen más a los adultos, los cerebros de nuestros adolescentes aún no están completamente formados. ¿Cómo puede ese conocimiento impulsarte a ser más compasivo cuando tu adolescente se olvida de hacer algo?

10. ¿De qué manera puedes comunicar a tu adolescente que se le valora por lo que es (hecho a imagen de Dios) más que por su éxito académico? ¿De qué manera puedes ayudar a crear ritmos saludables en tu hogar para fomentar entornos de aprendizaje positivos?

CAPÍTULO 5

Cuidado con el ajetreo:
Los deportes y las actividades

En *Harry Potter y la piedra filosofal*, un joven Harry de primer año en el colegio Hogwarts se topa con el Espejo de Oesed en una de sus exploraciones nocturnas. Cuando se mira al espejo, se alegra de ver a sus padres (a los que nunca había tenido la oportunidad de conocer) de pie junto a él. En su emoción, llama a su amigo Ron para que él también pueda ver a los padres de Harry. Pero, cuando Ron se mira al espejo, no ve a los padres de Harry, sino que se ve a sí mismo sosteniendo con orgullo la copa del colegio Quidditch como capitán del equipo.

Más adelante en la historia, Dumbledore explica que el espejo no refleja lo que fue, lo que es o lo que será, sino el deseo más profundo del corazón de una persona. De hecho, Oesed no es más que la palabra *deseo* escrita al revés.

Si te miraras al espejo de Oesed, ¿cuál sería tu deseo más profundo para tu hijo? ¿Sería una vida de logros y premios estudiantiles? ¿Sería la riqueza y los aplausos terrenales? ¿O sería algo parecido al deseo de Ron, de ver a tu hijo protagonizar una obra de teatro, tocar el primer violín en una orquesta o llevar a su equipo a la victoria como delantero de un equipo de fútbol?

Como padres, tenemos todo tipo de sueños y deseos para nuestros hijos. Cuando vemos el tremendo lío que implica la crianza de los hijos ahí fuera, está claro que los deportes y las actividades encabezan la lista de sueños y deseos que tenemos para nuestros adolescentes. Pasamos incontables horas yendo de un entrenamiento a otro, de un partido a otro y de un recital a otro en un frenesí de actividades sin fin. A veces, estamos tan ocupados en llegar a la siguiente actividad, que ni siquiera recordamos por qué hacemos lo que hacemos. Simplemente lo hacemos porque sí.

● ● ● ● ● ● ● ● ● ● ● ● ● ● ● ● ● ●

Por hacer más, nos estamos perdiendo momentos significativos que solo ocurren cuando hacemos menos.

● ● ● ● ● ● ● ● ● ● ● ● ● ● ● ● ● ●

En nuestra prisa por ir y volver de las competencias deportivas y otras actividades, podemos perdernos fácilmente importantes rituales familiares en un intento de conseguir más habilidades, trofeos y aplausos para nuestros hijos. Por hacer más, nos estamos perdiendo momentos significativos que solo ocurren cuando hacemos menos.

En este capítulo, veremos los beneficios bíblicos de los deportes y las actividades, cómo participar con nuestros hijos adolescentes en estos asuntos, así como consejos prácticos a la hora de planificar la agenda de nuestra familia para cada año. En el ciclo de noticias de veinticuatro horas de hoy día, con tiendas siempre abiertas, puede parecer que estamos siendo buenos administradores de nuestro tiempo si hacemos la mayor cantidad de cosas posibles al día. Sin embargo, al igual que el dolor y la frustración que nos provocan nuestros intentos de que nos vuelvan a entrar nuestros antiguos jeans de la escuela secundaria, nuestros intentos de hacer entrar demasiadas actividades en la agenda de nuestros hijos adolescentes pueden tener consecuencias dolorosas e imprevistas para su salud general.

Principios bíblicos

Al comenzar este capítulo, lo hago con un poco de aprensión. Lo más probable es que la mayoría de nosotros estemos de acuerdo en que el dinero y la riqueza material pueden esconder trampas de idolatría contra las que tenemos que estar prevenidos (y contra las que tenemos que advertir a nuestros adolescentes). Pero cuando se trata de nuestro amor nacional (¿o incluso obsesión?) por los deportes, los padres tienden a mostrarse más sensibles o a la defensiva sobre las decisiones que toman.

Y, por lo general, eso puede ser señal de que estamos hurgando en un ídolo cultural bastante grande. Así que me preocupa un poco poner el dedo en esa llaga, y espero que triunfe el concepto de "no enojarse con el mensajero".

Cuando pensamos en los ídolos, hay tres preguntas básicas que suelen decirnos mucho: ¿En qué gasto mi dinero? ¿En qué invierto mi tiempo? ¿En qué pienso/sobre qué hablo? En 2017, los estadounidenses gastaron 56 mil millones de dólares para asistir a espectáculos deportivos. El costo promedio de asistir a un partido de la NFL para una familia de cuatro miembros fue de 502.84 dólares.[1] El varón estadounidense promedio vio 5.8 horas de deportes a la semana, mientras que la mujer promedio vio 2.6 horas a la semana.[2] Las apuestas deportivas se han convertido cada vez más en una adicción nacional, que provoca rupturas familiares, pérdidas de empleos y ejecuciones hipotecarias.[3] Hay numerosos canales de televisión dedicados a informar sobre deportes, y algunos canales enteros que se centran en un solo deporte (¡hasta el golf tiene su propio canal!).

Somos una nación que habla de deportes, ve deportes, practica deportes y gasta miles de millones de dólares en deportes cada año. Si asistimos a un acontecimiento deportivo, podemos sentirlo casi como una experiencia de culto: hay un sentido colectivo de alegría, sufrimiento, ovaciones, cantos y un sentimiento de pertenencia unida. Amamos colectivamente la emoción de la competencia: nos

---

1. Sarah O'Brien, "Americans spend $56 billion on sporting events", *CNBC*, 11 de septiembre de 2017, https://www.cnbc.com/2017/09/11/americans-spend-56-billion-on-sporting-events.html.

2. "Report: 1 in 4 Americans Watch 5+ Hours of Sports Weekly", *WegENT*, 24 de marzo de 2022, https://wegrynenterprises.com/2022/03/24/report-1-in-4-americans-watch-5-hours-of-sports-weekly/.

3. "The Rising Human Cost of Sports Betting", *The New York Times*, 31 de enero de 2022, https://www.nytimes.com/2022/01/31/sports/football/super-bowl-sports-betting.html.

regocijamos con el placer electrizante de una victoria y lloramos juntos ante la consternación compartida por la derrota.

Como con todos los ídolos culturales de los que hablaremos en estos capítulos, las competencias deportivas y otras actividades no son malas en sí mismas, pero a menudo se convierten en lo más importante de nuestra vida y la crianza de nuestros hijos. Voy a reconocer, de entrada, que hay muchas buenas razones por las que animamos a nuestros hijos a participar en los deportes, tocar instrumentos musicales o unirse a clubes escolares. Mis hijos han participado en todos ellos. Empezaremos por considerar lo bueno de estas actividades, y luego veremos algunas advertencias que debemos tener en cuenta como padres para evaluar si estas actividades pueden afectar a nuestras familias.

La buena noticia

Como padres cristianos, esperamos enseñar a nuestros adolescentes la importancia de honrar a Dios con toda su vida. Esto incluye el cuidado apropiado del cuerpo, así como la administración de los dones que Dios les ha dado. Es bueno enseñar a los adolescentes a comer bien, hacer ejercicio y disfrutar del mundo que Dios ha creado. A algunos adolescentes les gustan las actividades artísticas, a otros les encanta tocar instrumentos, y a otros les apasiona practicar un deporte. Dios ha creado un mundo asombroso, y nosotros estamos hechos a su imagen y semejanza, así que es justo y bueno que nuestros adolescentes quieran crear, ya sea un hermoso cuadro o una increíble secuencia de pases.

En el libro del Éxodo, leemos acerca de ciertos artesanos que Dios había dotado para ayudar en la edificación del intrincado diseño del templo. Así lo explica Moisés:

> Y dijo Moisés a los hijos de Israel: Mirad, Jehová ha nombrado a Bezaleel hijo de Uri, hijo de Hur, de la tribu de Judá; y lo ha llenado del Espíritu de Dios, en sabiduría, en inteligencia, en ciencia y en todo arte, para proyectar diseños, para trabajar en oro, en plata y en bronce, y en la talla de piedras

de engaste, y en obra de madera, para trabajar en toda labor ingeniosa. Y ha puesto en su corazón el que pueda enseñar, así él como Aholiab hijo de Ahisamac, de la tribu de Dan; y los ha llenado de sabiduría de corazón, para que hagan toda obra de arte y de invención, y de bordado en azul, en púrpura, en carmesí, en lino fino y en telar, para que hagan toda labor, e inventen todo diseño (Éxodo 35:30-35).

De manera similar, Dios ha dotado a nuestros hijos adolescentes con habilidades únicas. Tal vez tengan talento con un pincel, un instrumento musical o un balón de fútbol. Cualquiera que sea la particularidad con la que el Señor los ha dotado puede ser un medio para honrar y glorificar a Dios. Aunque ya no tenemos un templo como los israelitas, Pablo señaló que, en Cristo, nuestro cuerpo es el templo del Espíritu Santo. Cristo vive en nosotros, así que lo que hacemos con nuestro cuerpo físico importa: "¿O ignoráis que vuestro cuerpo es templo del Espíritu Santo, el cual está en vosotros, el cual tenéis de Dios, y que no sois vuestros? Porque habéis sido comprados por precio; glorificad, pues, a Dios en vuestro cuerpo y en vuestro espíritu, los cuales son de Dios" (1 Corintios 6:19-20). Glorificar a Dios con nuestro cuerpo implica evitar usarlo para pecar, pero también significa que lo usamos activamente para servir a los demás y honrar a Dios.

Desarrollar las habilidades de nuestros adolescentes puede ayudar-los a servir a los demás. Un joven atleta puede ayudar a un miembro anciano de la iglesia con su tarea de jardinería. Un músico adolescente puede animar a otros dirigiendo el culto en la iglesia. Un artista puede añadir belleza y calidez a un hogar. Una actriz puede actuar y entretener a otros con su talento. Un trabajo fuera del horario escolar puede desarrollar habilidades que ayuden a servir a la comunidad. Es bueno y correcto que animemos a nuestros adolescentes a desarrollar los talentos que Dios les ha dado para que puedan servir a los demás y glorificar a Dios mientras lo hacen.

Otro beneficio de las actividades para los adolescentes es que adquieren habilidades necesarias para la vida. Como cualquier atleta sabrá, hay un enorme beneficio mental en practicar deportes. No es solo físico. Los atletas y los músicos aprenden disciplina a través de su entrenamiento. Un día tras otro de entrenamiento riguroso conduce a la libertad. Solo el estudiante que ha practicado durante horas y horas puede tocar su instrumento musical con deleite. (Todos hemos escuchado acerca de los resultados de no practicar y es bastante doloroso para todos los implicados). El adolescente que ha corrido a toda velocidad largas distancias muchas veces durante los entrenamientos es el que está en forma y listo para el día del partido.

Como explicó el escritor a los Hebreos: "Es verdad que ninguna disciplina al presente parece ser causa de gozo, sino de tristeza; pero después da fruto apacible de justicia a los que en ella han sido ejercitados" (Hebreos 12:11). Cuando nuestros preadolescentes y adolescentes se esfuerzan en actividades extraescolares, pueden aprender importantes verdades espirituales. Así como se necesita entrenamiento para practicar un deporte, se necesita entrenamiento para correr nuestra carrera espiritual. Por eso, Pablo instruyó a Timoteo: "Ejercítate para la piedad; porque el ejercicio corporal para poco es provechoso, pero la piedad para todo aprovecha, pues tiene promesa de esta vida presente, y de la venidera" (1 Timoteo 4:7-8).

Pablo entendía que el entrenamiento físico era importante. Sabía que los conceptos de entrenamiento aprendidos en las actividades físicas a menudo reflejan los aprendidos en la búsqueda de la piedad. Sin embargo, también tenía claro cuál era más importante. Mientras que el entrenamiento físico puede tener gran importancia en la vida presente, es infructuoso para la vida venidera. Con el tiempo, nuestro cuerpo se desgastará. Por el contrario, la piedad es beneficiosa en esta vida y en la venidera.

Los deportes y otras actividades permiten que nuestros adolescentes se desarrollen y crezcan más allá de las actividades escolares. Proporcionan un descanso mental que es necesario después de largos días en la escuela. También ofrecen a los adolescentes la oportunidad de encontrar mentores y personas de las cuales aprender algo más que tal actividad. Cuando los deportes y las actividades permanecen bajo control, pueden ser beneficiosos para que nuestros adolescentes desarrollen sus habilidades, aprendan disciplina, se conviertan en mentores de otros y utilicen sus dones para servir a los demás.

La dura realidad

Aunque los deportes y las actividades hacen mucho bien a nuestros hijos, también es evidente que los niños se están hundiendo bajo el peso de demasiadas actividades. Para los padres es difícil establecer límites, porque cada niño es diferente y, por lo tanto, es difícil establecer pautas claras sobre cuánto es demasiado. Algunos chicos son capaces de compaginar un horario académico difícil y un deporte cada temporada. Algunos adolescentes necesitan descansar más que otros. A algunos les encanta estar siempre rodeados de gente, mientras que otros necesitan tiempo para estar solos.

Independientemente de las decisiones que tomemos como padres, es importante recordar que nuestros hijos adolescentes necesitan de nuestra orientación. Tal vez crean que pueden hacer más de lo que realmente pueden hacer. O quizá sean demasiado tímidos y necesiten que los animemos a arriesgarse y probarse en un equipo. Tú conoces a tu hijo mejor que nadie. Planifica en oración tu agenda familiar. Escucha a tus hijos adolescentes, tanto sus palabras como sus acciones. Si tus hijos lloran con frecuencia o siempre están agotados, te están comunicando que *es tiempo de ir más despacio*. No dejes que tus adolescentes marquen el ritmo de la casa. Tú sabes mejor qué es lo más importante, y ellos necesitan tu ayuda para tomar las decisiones correctas.

● ● ● ● ● ● ● ● ● ● ● ● ● ● ● ●

Debemos concentrarnos en criar a los hijos que tenemos, no a los hijos que desearíamos tener.

● ● ● ● ● ● ● ● ● ● ● ● ● ● ● ●

También es una realidad que tendrás que luchar contra tus propias expectativas como padre. Quizá a ti te encantaba el violín cuando eras niño y quieres que a tu adolescente le guste tanto como a ti, pero no es así. O tal vez tú eras la estrella del fútbol en la escuela secundaria, pero tu hijo prefiere la natación. Todos debemos tratar de no formar a nuestros hijos a nuestra imagen y semejanza. Que a ti te haya gustado una actividad no significa que sea la adecuada para tu hijo. Que tú hayas tenido un trabajo, practicaras un deporte y tus calificaciones fueran sobresalientes no significa que sean expectativas razonables para su hijo.

Como padres, estamos llamados a amar y animar a nuestros hijos, no a intentar satisfacer nuestros anhelos a través de ellos. Debemos concentrarnos en criar a los hijos que tenemos, no a los hijos que desearíamos tener. Es una bendición para nuestros hijos que celebremos sus capacidades únicas y les ayudemos a comprender que Dios los ha creado y formado como seres maravillosamente únicos. Tenemos que despojarnos de nuestras propias expectativas y dejar que Dios revele los puntos fuertes y débiles de nuestros hijos. Si seguimos tratando de formarlos según nuestras propias esperanzas y nuestros propios sueños, nuestros hijos sufrirán, y no honraremos la obra formidable que el Señor ha hecho en ellos (Salmos 139:13-16).

Crianza con propósito y gracia

Mientras pensamos en la agenda familiar y en la forma en que esperamos interactuar con nuestros hijos adolescentes sobre estos temas, hay algunos principios que pueden guiarnos. Necesitamos ser amables al guiar a nuestros hijos y escuchar atentamente lo que nos dicen. He aquí algunos puntos importantes que debemos tener en cuenta.

Escucha a tu adolescente

Cuando hables con tu hijo sobre deportes, trabajos, actividades y compromisos sociales, es importante que lo escuches. Hazle preguntas: ¿Qué actividad te gusta más? ¿Por qué? ¿Qué actividad te gusta menos? ¿Por qué? Lo que quieres es que tu hijo se haga una idea de lo que le gusta y por qué le gusta. Comprender sus preferencias y sus razones en los momentos de calma te ayudará a evaluar las mejores medidas para tomar cuando la vida se vuelva estresante.

También debes escuchar lo que le dice su cuerpo. Sé que puede sonar raro, pero si tu hijo enferma constantemente, baja o sube mucho de peso, se queda dormido en la mesa o le cuesta manejar sus emociones de forma saludable, está comunicando que algo anda mal. Puede que quiera hacer cinco actividades, pero su cuerpo está comunicando su incapacidad de manejar esa agenda de actividades. Así como tu hijo pequeño puede perder el control y tener una rabieta justo antes de la siesta, tu adolescente también puede tener síntomas de agotamiento. Pueden manifestarse de distintas maneras en cada niño, pero mantente alerta. Si tu hijo no se ve sano (física, emocional o espiritualmente) es hora de reconsiderar la agenda familiar.

Cuidado con las comparaciones

Como padres, tenemos la tentación de mirar a otras familias en busca de pautas para determinar lo que nuestra familia debería hacer. Puede que veas en Instagram que otro adolescente participa en carreras de atletismo, trabaja y tiene una agenda escolar demasiado ocupada. Es tentador comparar a nuestro hijo con otros adolescentes de su entorno.

También tenemos que tener cuidado con compararlos con nosotros mismos. Como padres, tenemos que guardarnos de nuestras expectativas sobre los deportes que deben practicar nuestros hijos, los clubes a los que deben inscribirse y los instrumentos que deben tocar. Puede que al recordar tu adolescencia desearías que tus padres te hubieran exigido más. Tal vez pienses que podrías haber practicado un deporte en la universidad si hubieran contratado a un entrenador para que te diera clases particulares. Tal vez pienses que podrías haber entrado a la universidad de tus sueños si hubieras podido incluir algunas actividades más en tu currículum universitario. A veces, aquellas cosas que lamentamos no haber hecho pueden convertirse en sueños para nuestros hijos. Tememos defraudarlos, así que nos esforzamos más por ofrecerles todas las oportunidades posibles.

Si queremos criar hijos sanos, tenemos que luchar contra nuestra tendencia a hacer comparaciones. Quizá nunca lleguen a ser la estrella de atletismo que tú fuiste en ese entonces, pero aun así puedes celebrar su contribución al equipo. Puede que creas que a tus hijos no les importa lo que piensas (y puede que actúen como si no les importara), pero saben lo que tiene valor para ti. Saben si te han decepcionado. Ten cuidado con tus palabras. Habla despacio y tómate un tiempo para escucharlos. No trates de imponerles una actividad porque ellos quieren complacerte. Asegúrate de comunicarles lo más claramente posible que quieres que practiquen esa actividad porque les gusta, no para ganarse tu aprobación.

Valora el carácter por encima de la competitividad

Cuando se trata de los deportes, no se otorgan muchos trofeos por tener una buena actitud. O por ayudar al compañero contrario que está caído. O por animar a tus compañeros mientras tú estás sentado en el banquillo, partido tras partido.

Uno de los mejores regalos que puedes hacer a tu adolescente es valorar su carácter por encima de su rendimiento. Nunca olvidaré un libro que leí de niña, titulado *Tennis Shoes*, de Noel Streatfeild. La protagonista era una talentosa tenista. Durante un partido, no estaba jugando bien y, en un arrebato de ira, tiró su raqueta al piso. Finalmente se recuperó y ganó el partido. Pero, cuando miró hacia las gradas, sus padres ya no estaban allí. Cuando llegó a casa, no la felicitaron por la victoria. En cambio, le hicieron saber lo decepcionados que estaban por su mal comportamiento en la pista. Valoraban más su carácter que su rendimiento.

Con el tiempo llegué a ser jugadora de tenis en la escuela secundaria y nunca olvidé aquella lección. Me hizo querer jugar a ese deporte valorando más la integridad personal que ganar. Por supuesto, no hay nada malo en celebrar una victoria o felicitar a nuestros hijos por jugar bien. Necesitamos darles todo el ánimo que podamos. Sin embargo, necesitamos comunicarles que valoramos más *cómo* juegan, que si ganan o pierden. El carácter está por encima de la competitividad.

● ● ● ● ● ● ● ● ● ● ● ● ● ● ● ● ● ●

Uno de los mejores regalos que puedes hacer a tu adolescente es valorar su carácter por encima de su rendimiento.

● ● ● ● ● ● ● ● ● ● ● ● ● ● ● ● ● ●

Cuando tu hijo tenga éxito, presta atención. A menudo, nos fijamos en cómo está cuando pierde un partido, pero es igual de importante saber qué piensa de sí mismo cuando gana. El orgullo puede llevarlo a actuar con rudeza, críticas o impaciencia hacia los demás. También puede llevarlo a centrarse demasiado en sí mismo o a obsesionarse con su rendimiento. El orgullo siempre está hambriento del próximo gran éxito, de un galardón más. Es peligroso. En cambio, la humildad tiene en cuenta el éxito de los demás y desborda de bondad, amabilidad, paciencia y amor. Debemos fomentar estos atributos en nuestros hijos.

Cuando tu adolescente practica varias actividades, tómate el tiempo de observar y elogiar su carácter. Felicítalo por su esfuerzo, su apoyo a otros compañeros de equipo, su disposición a probar algo nuevo y su buena actitud. Enseñamos a nuestros hijos tanto por lo que elogiamos como por lo que corregimos. Busca buenas cualidades de carácter y elógialas. Lo más probable es que nadie más les dé un trofeo por su buen carácter, pero tal comportamiento honra a Dios y es digno de tu atención y palabras de aliento.

No es malo que abandonen una actividad

Hay un momento para impulsar a nuestros hijos. Debemos criar adolescentes con tesón, capaces de ser firmes, diligentes y cumplidores. No obstante, escuchar a nuestros hijos y participar con ellos de sus actividades no implica dejar todas las decisiones en sus manos. No implica permitir que abandonen un equipo deportivo por un día difícil o que dejen de tocar un instrumento por una semana de aburrimiento.

Al mismo tiempo, tenemos que ser conscientes de "la falacia del costo irrecuperable". A veces, como padres, nos resistimos a permitir que nuestros hijos abandonen un deporte, un instrumento o un club, porque ya han invertido mucho tiempo y energía en ello. Sin embargo, el tiempo quedó atrás. No debemos obligar a nuestros hijos a seguir tocando un instrumento musical por el solo hecho de que ya llevan tres años haciéndolo. No deberíamos intentar manipularlos a seguir con palabras como: "Bueno, al final, todos estos años llevándote a las prácticas han sido una completa pérdida de tiempo". Declaraciones como esta pesarán mucho sobre los adolescentes y podrían hacerlos sentir culpables y forzados a continuar, pero también podrían provocarles mucho resentimiento.

Por el contrario, es útil considerar todas las actividades que realizan tus hijos como oportunidades para descubrir lo que les gusta. No esperes que, a los once años, se conviertan en especialistas en algún deporte, instrumento o actividad. En realidad, es más sano que se les permita experimentar una serie de actividades para que puedan descubrir en qué son buenos. No des por sentado que tu hijo no tiene tesón solo porque deja de tocar un instrumento. Es posible que no haya encontrado aquello en lo que está realmente dispuesto a dedicar mucho tiempo y energía.

En su libro *Range*, David Epstein cuenta la historia del pianista y compositor de jazz estadounidense Duke Ellington. Cuando Ellington tenía siete años, tomó algunas clases de música; pero antes de aprender a leer música, lo abandonó para dedicarse al béisbol. Más tarde se dedicó al dibujo y la pintura. Hasta los catorce años no volvió a sentarse al piano. Nunca aprendió a leer música, pero aprendió a componer por sí mismo escuchando música y descubriendo por su cuenta lo que le gustaba.[4] Dejar de tocar piano a los siete años no limitó a Ellington. Le dio tiempo para explorar otras actividades hasta que volvió al piano por sí solo, con una motivación interna para superarse.

A veces, como padres, pensamos erróneamente que es nuestra res-

4. David Epstein, *Range: Why Gerneralists Triumph in a Specialized World* (Nueva York: Penguin Random House, 2019), 70

ponsabilidad motivar a nuestros hijos, sobre todo en áreas en las que demuestran tener habilidad o talento natural. Sin embargo, esa no es la clave de su éxito. Nuestros adolescentes necesitan motivación interna (no presión externa de nuestra parte) para tener éxito.

De hecho, la mayoría de los deportistas de alto rendimiento no empiezan por especializarse en un solo deporte o actividad. Epstein señala: "Practican varios deportes, normalmente en un entorno no estructurado o poco estructurado; adquieren una serie de aptitudes físicas de las que pueden sacar provecho; aprenden sobre sus propias capacidades y predisposiciones; y solo más tarde se concentran en el deporte o actividad de su interés y aumentan la práctica técnica del mismo".[5] Para que un deportista pruebe cosas nuevas y desarrolle una serie de aptitudes, normalmente tiene que dejar una actividad y dedicarse a otra. Y (¡esta es una buena noticia!), no necesitas contratar a un entrenador privado de béisbol a los siete años para que tu hijo tenga éxito como beisbolista.

En definitiva, hay momentos para tener tesón y otro para abandonar algo que empezaron. Vamos a necesitar discernimiento, sabiduría y perspicacia con nuestros hijos para saber qué fomentar y en qué momento de sus vidas. No permitas que lo que ya han invertido en una actividad les obligue a continuarla solo porque sí. Habla con tu hijo, ten en cuenta la agenda de la familia y toma las decisiones que mejor se adapten a cada año. Hacer participar a tu hijo en este proceso de evaluación le ayudará a empezar a desarrollar una gran capacidad de decisión para el futuro. Todos tenemos que aprender a decir "no" para poder elegir correctamente cuándo decir "sí". Nuestros hijos necesitan aprender el valor de decir que no tanto como necesitan aprender el valor del esfuerzo y el compromiso.

Los beneficios del aburrimiento

Como padres de adolescentes, podemos sentirnos como un hámster que corre en una rueda. Corremos, corremos y corremos y, a veces,

---

5. Epstein, *Range*, 7.

tenemos la sensación de que no llegamos a ninguna parte. De repente, pasó otro día, y volvemos a correr y correr. Si pudiera invitarte a añadir algo a tu agenda, sería un poco de aburrimiento.

En nuestra era moderna, que hace hincapié en la productividad, hemos perdido el aprecio por el valor de que los adolescentes tengan tiempo para dejar vagar su mente, explorar el exterior y aburrirse un poco. En parte, se debe al miedo a que los niños que se quedan solos se metan en líos, y es posible que eso suceda; pero el aburrimiento supervisado puede ser bueno para ellos.

Cuando mis hijos eran pequeños, todas las tardes tenían una hora de tiempo en su habitación. Cada uno iba a su habitación y jugaba solo. Rara vez querían ese tiempo para estar solos, pero yo lo necesitaba y ellos también. Ahora que son grandes, todos me han manifestado lo mucho que aprecian el tiempo que tuvieron para "aburrirse", porque aprendieron a entretenerse solos. A ninguno de ellos le molesta estar solo y, de hecho, todos disfrutan de tener tiempo para realizar actividades solos.

En nuestra cultura del ajetreo, algunos adolescentes nunca aprenden a desarrollar una afición que les guste. Tener tiempo libre permitió a mis hijos ser creativos. A una de mis hijas le encantaba dibujar y pintar letras bonitas, mi hijo construyó su propia estantería con un árbol que cortó de nuestro jardín trasero, y mi otra hija aprendió a tocar el piano sola y a escribir música en su teclado. Al principio, el tiempo libre puede resultar aburrido, pero ofrece a los adolescentes la oportunidad de ser creativos.

Cuando planifiques tus días, deja espacio para los descansos. Deja tiempo para los rompecabezas, la lectura por placer, cocinar juntos, el cuidado de las plantas y construir cosas. Es increíble a lo que puedes decir que sí al estar dispuesto primero a decir que no a una agenda demasiado ocupada.

Consejos prácticos

Acabamos de considerar algunos principios que nos ayudarán a ocuparnos de nuestros hijos adolescentes en cuestiones relacionadas con los deportes y las actividades. Concluiremos este capítulo reflexionando sobre algunas preguntas que tú y tus hijos adolescentes deben hacerse a la hora de evaluar los deportes y las actividades en la familia. Antes que tus adolescentes se inscriban en ese equipo, se comprometan con ese club o acepten ese trabajo extraescolar, he aquí algunas preguntas que deben plantearse en familia.

¿Por qué mi hijo quiere practicar esta actividad?

Siempre es aconsejable empezar por hablar con tu adolescente. Hay muchas buenas razones para elegir una actividad, y también las hay no tan buenas. Si tu hijo solo está intentando incluir algo más a su currículum para la universidad o agradar a los demás, puede ser una oportunidad para enseñarle la importancia de tomar decisiones acertadas sobre cómo emplear su tiempo, en lugar de comprometerse en demasiadas ocupaciones.

Puede que tu adolescente elija una actividad porque siente que tú lo estás presionando. Aunque es bueno que se interese en tus preferencias, necesitas que él elija las actividades porque le gustan, no porque se sienta presionado. Anímalo a aprovechar las horas extraescolares para dedicarse a lo que le interesa. Deja que utilice ese tiempo para convertirse en una persona íntegra, una persona que se esfuerza diligentemente en la escuela y que también dedica tiempo a actividades que le gustan. Esta pauta lo preparará bien para la vida.

Al mismo tiempo, está bien animar a tu adolescente a practicar una actividad que al principio no le gusta o le da miedo probar. Un otoño, animamos a una de nuestras hijas a correr a campo traviesa. Fue un reto para ella, pero siguió adelante. Terminó la temporada con una nueva confianza, tanto física como mental. Aunque muchos días no quería correr, aprendió a perseverar. En algunos momentos, puedes animar a tu adolescente a participar en una actividad que al principio no quiera hacer, solo para que adquiera experiencia y sepa si desarrollará algún interés.

No queremos que nuestros adolescentes se comprometan en demasiadas actividades y estén siempre agotados. Tampoco queremos que abandonen una actividad al primer síntoma de aburrimiento o cansancio. Tú conoces a tu hijo. Un adolescente puede necesitar que le digas: "No pasa nada si quieres abandonar". Otro adolescente puede necesitar oír "¡Tú puedes!". Considera en oración a cada niño y cada situación.

Además, habla con tu hijo sobre los pros y los contras de cualquier actividad. Es importante que participe en el proceso de toma de decisiones, porque eso también forma parte de la experiencia de aprendizaje. Antes de hacerlo partícipe, conversa con él. Enseñarle a pensar en la administración del tiempo mientras está en la escuela secundaria le ayudará a prepararse para administrar su tiempo cuando sea adulto.

¿Impedirá esta actividad que mantenga hábitos de sueño saludables?

Una de las lecciones más importantes que podemos enseñar a nuestros adolescentes es que son seres finitos. Puede que se sientan llenos de energía y entusiasmo cuando se inscriben por primera vez en ese equipo o club, pero ninguno de nosotros puede hacer demasiadas cosas. Nuestro cuerpo necesita dormir. Y los estudios demuestran que los adolescentes necesitan dormir mucho para tener un desarrollo saludable. De hecho, se recomienda que el adolescente promedio duerma nueve horas y cuarto por noche. Sin embargo, la mayoría de los adolescentes estadounidenses duermen menos de seis horas y media por noche.[6]

En *El cerebro adolescente*, Jensen explica: "La falta de buenos hábitos de sueño provoca mucho más que un cuerpo y una mente cansados. Puede tener efectos graves y duraderos en los adolescentes y contribuir a una diversidad de trastornos, desde la delincuencia juvenil hasta la depresión, la obesidad, la hipertensión y las enfermedades cardiovasculares".[7]

6. Frances E. Jensen, *The Teenage Brain: A Neuroscientist's Survival Guide to Raising Adolescents and Young Adults* (Nueva York: HarperCollins, 2016), 89. Edición en español: *El cerebro del adolescente: Descubre cómo funciona para entenderlos y acompañarlos* por RBA Bolsillo; 1.ª ed. (7 de febrero de 2019).

7, Jensen, *The Teenage Brain*, 96.

Las agendas demasiado ocupadas contribuyen al problema. Los adolescentes madrugan para ir al colegio, corren para ir a las actividades extraescolares y se quedan hasta tarde haciendo los deberes. Llevan una agenda agobiante, con resultados negativos: "La privación de sueño aumenta la probabilidad de que los adolescentes sufran innumerables consecuencias negativas, como incapacidad para concentrarse, malas calificaciones, incidentes de conducción bajo los efectos del sueño, ansiedad, depresión, pensamientos suicidas e incluso intentos de suicidio".[8]

Hace años, uno observaba los berrinches de su hijo de dos años y deducía: *"¡Vaya, este niño sí que necesita una siesta!"*. Nuestros adolescentes tienen una necesidad crónica de descanso. Y no es porque sean perezosos. Los adolescentes tienen necesidades físicas diferentes a las de los adultos. Anímalos a dormir hasta tarde los sábados y a hacer una siesta cuando puedan. A la hora de elegir actividades con tu adolescente, asegúrate de que haya tiempo suficiente para que duerma lo necesario: es una de las mejores actividades que podemos regalarle.

¿Impedirá esta actividad que asistamos a la iglesia regularmente?

En la era moderna de los deportes itinerantes, es habitual que los entrenamientos y los partidos ocupen buena parte de la semana, así como el fin de semana. Un punto importante a considerar antes de comprometerse con un equipo itinerante es preguntar sobre el impacto que tendrá en la asistencia semanal a la iglesia de tu familia. Si tienes varios hijos que participan en deportes itinerantes, lo más probable es que esta actividad afecte la asistencia regular a la iglesia juntos como familia.

Al evaluar cómo estás preparando a tus hijos adolescentes para la vida, no descuides la importancia de la iglesia. No es que queramos crear una norma imposible de cumplir; todos faltaremos a la iglesia a

---

8. Ruthann Richter, "Among teens, sleep deprivation an epidemic", *Stanford Medicine*, 8 de octubre de 2015, https://med.stanford.edu/news/all-news/2015/10/among-teens-sleep-deprivation-an-epidemic.html.

veces por razones válidas. No obstante, queremos mostrar a nuestros hijos que la iglesia es nuestra prioridad. Así que necesitas preguntar: ¿Será imprescindible viajar regularmente los fines de semana?

Es importante recordar que muchos de nuestros hijos pueden jugar deportes por una temporada, y la mayoría de ellos no jugarán más allá de la escuela secundaria. Según la NCAA [Asociación Nacional Atlética Colegial], solo el 6% de los deportistas de secundaria juegan en la universidad. Solo el 2% de los deportistas universitarios se dedican al deporte profesional.[9] Esto significa que tienen un 0,12% de posibilidades de convertirse en deportistas profesionales. Sin embargo, el 26% de los padres espera que sus hijos lleguen a ser deportistas profesionales algún día.[10] Nuestros sueños deportivos para nuestros hijos no se corresponden con el resultado probable.

Nuestras esperanzas equivocadas pueden tener un impacto negativo en nuestra capacidad para tomar decisiones acertadas cuando se trata de nuestros hijos adolescentes. Es importante que ayudemos a nuestros hijos a elegir lo mejor. Como vimos en el Capítulo 3, nuestros hijos se benefician de la asistencia regular a la iglesia. Necesitan escuchar la enseñanza de la Palabra cada semana, así como tener comunión con el pueblo de Dios. Debemos priorizar en sus vidas estas actividades, que ayudarán a establecer un patrón que queremos que perdure, particularmente cuando vayan a la universidad. Al considerar los deportes y las actividades, asegúrate de evaluar cómo afectarán la capacidad de tus hijos adolescentes para participar en la vida de la iglesia.

¿Interferirá esta actividad con las cenas familiares?

Las familias necesitan rutinas regulares y tiempo para estar juntos. Las comidas que se comparten en familia son especialmente

9. "NCAA Recruiting Facts", *NCAA*, https://www.nfhs.org/media/886012/recruiting-fact-sheet-web.pdf.

10. "Poll: Three in four adults played sports when they were younger, but only one in four still play", *Harvard T. H. Chan School of Public Health*, 15 de junio de 2015, https://www.hsph.harvard.edu/news/press-releases/poll-many-adults-played-sports-when-young-but-few-still-play/.

importantes, sobre todo durante la adolescencia. Sin embargo, puede resultar cada vez más difícil encontrar tiempo para comer todos juntos cuando todo el mundo corre en mil direcciones distintas. A la hora de planificar la agenda familiar, las comidas en familia son una prioridad importante. Levine lo explica:

> Quizás el ritual más importante que puede llevar a cabo una familia es cenar todos juntos. Las familias que comparten la hora de la comida cinco o más veces a la semana tienen hijos significativamente menos propensos a consumir tabaco, alcohol o marihuana, con mejores calificaciones promedio, menos síntomas depresivos y menos intentos de suicidio, que las familias que comen juntas dos o menos veces a la semana.[11]

Compartir una comida permite ponerse al día, contar anécdotas y orar juntos. Aunque estas interacciones no parezcan significativas, esos pequeños momentos tienen un gran efecto en sus vidas, ya sea durante el desayuno, la comida, la cena o el postre. Algunos de los momentos en los que más nos hemos reído han sido cuando nos sentamos todos juntos a la mesa. Nuestros hijos charlan entre ellos y nosotros escuchamos sus conversaciones. Tienden a contar más cosas cuando hablan entre ellos, lo que nos permite hacerles preguntas de seguimiento en otros momentos del día. Aunque las comidas en familia no son momentos espectaculares que los adolescentes vayan a recordar, les proporcionan un profundo sentido de pertenencia y tradición.

Las comidas en familia también son una buena oportunidad para que los niños aprendan a ayudar y a colaborar en la limpieza después de la cena. Aunque para mí sería más fácil limpiar sola y dejar que los niños vayan a terminar sus deberes, es importante que los adolescentes

---

11. Madeline Levine, *The Price of Privilege* (Nueva York: HarperCollins, 2006), 33. Edición en español: *El precio del privilegio* por el Grupo Editorial Miguel Ángel Porrua (22 de marzo de 2010).

colaboren con la familia. Las tareas del hogar son habilidades para la vida que nuestros hijos deben aprender (¡y sus futuros compañeros de cuarto y cónyuges te lo agradecerán!).

● ● ● ● ● ● ● ● ● ● ● ● ● ● ● ● ●

Aunque las comidas en familia no son momentos espectaculares que los adolescentes vayan a recordar, les proporcionan un profundo sentido de pertenencia y tradición.

● ● ● ● ● ● ● ● ● ● ● ● ● ● ● ● ●

Cuando pienses en las actividades, ten en cuenta cómo afectarán a las cenas familiares. Aunque todos tenemos semanas en las que comemos comida rápida sobre la marcha, no queremos que ese sea el patrón habitual de nuestro hogar. Decir que no a demasiadas actividades puede ayudarnos a decir "sí" más veces al importante ritual de comer juntos en familia.

¿Impedirá esta actividad tener tiempo libre?

Nuestros hijos necesitan tiempo libre para hacer los deberes, tener una vida social y servir en su comunidad. El tiempo libre les permite hacer tareas de voluntariado, ir de excursión y salir con amigos. Queremos que tengan la oportunidad de realizar las actividades que les gustan, pero también queremos que tengan espacio en su agenda para poder servir a los demás.

Una forma de crear espacios disponibles en las agendas de nuestros hijos fue mantener la temporada de invierno libre de actividades. Los meses de noviembre, diciembre y enero suelen ser bastante ajetreados, por lo que siempre fue beneficioso que todos estuvieran en casa a las tres y media de la tarde después de la escuela durante esos meses de invierno. Ese descanso nos permitía cada noche cenar en familia, tener tiempo para ponernos al día con los proyectos del colegio, ir a alentar a otros equipos deportivos del colegio y tener oportunidades para hacer tareas de voluntariado. También nos daba tiempo para descansar después de un otoño ajetreado y prepararnos para todas las actividades de la primavera.

Tener una temporada "libre" en familia nos daba la oportunidad de sentarnos junto al fuego, armar rompecabezas, hornear galletas y disfrutar de estar juntos. Nuestros hijos adolescentes necesitan nuestra presencia más de lo que creemos. A veces, como padres, podemos estar físicamente presentes con nuestros hijos, pero mentalmente ausente pensando en la próxima actividad a la que los vamos a llevar. Tener algo de tiempo libre en familia nos permite estar emocionalmente presentes con ellos durante estos años tan importantes.

Es posible que al ver la lista anterior de preguntas te preguntes si deberías hacer que tu adolescente deje las actividades por completo. Espero que no sea así. A nuestra familia le ha encantado hacer amistades a través de los equipos deportivos, las clases de violín y las obras de teatro escolares. Preferiría ver a mis hijos y sus amigos jugar al fútbol que ir a una competencia deportiva profesional cualquier día de la semana. Es emocionante animarlos, verlos marcar un gol y ver las amistades que hacen con sus compañeros de equipo.

Los deportes, los instrumentos musicales, los clubes, los trabajos y otras actividades pueden ayudar a nuestros hijos a aprender disciplina, desarrollar amistades y crecer en la comprensión y el uso de sus talentos y habilidades únicos. Queremos fomentar esas oportunidades y, al mismo tiempo, ser conscientes de que cada actividad que practican puede tener consecuencias imprevistas. Nuestro papel como padres no es elegir o limitar todas sus actividades, sino ayudarles a tomar decisiones inteligentes y juiciosas. Los estamos preparando para la universidad y para la vida fuera de casa, y queremos que sean sensatos a la hora de administrar su tiempo.

UNA NOTA DE ESPERANZA DEL EVANGELIO

Algunos días parece que hemos convertido en un nuevo deporte de competición la pregunta: "¿Quién está más ocupado?". El contexto de la crianza de los adolescentes es muy exigente. Podemos sentir que otras familias a nuestro alrededor están haciendo mucho, y nosotros estamos luchando solo por mantener el ritmo. Permíteme animarte: *Está bien ser diferente.* Tu familia es tu familia. Tú eliges el tipo de agenda que prefieres.

Sé que no es fácil. Es difícil tomar decisiones que parecen estar fuera de tono con lo que otros están haciendo a nuestro alrededor. Sin embargo, tú eres quien mejor conoce a tus hijos. Elige un ritmo que sea saludable para todos. Pasen tiempo juntos. Coman juntos. Vayan a la iglesia. Son actividades a las que nunca te arrepentirás de haber dado prioridad.

Confía en el Señor. Él te guiará. Tómate hoy un tiempo para reflexionar y orar. ¿A qué puedes decir que no para poder decir "sí" a algo mejor?

¡Que la sabiduría de Dios te guíe!

MK

PRINCIPIOS PARA REFLEXIONAR

- Cada adolescente tiene dones y habilidades únicos que podemos ayudar a desarrollar.
- En cuanto a agendas y actividades, evita las comparaciones con otras familias.
- Deja espacio para el aburrimiento, generalmente, supervisado. Fomenta el aprendizaje y la creatividad.

GUÍA DE ESTUDIO

1. Lee 1 Timoteo 4:7-8 y Hebreos 12:11. ¿Cuáles son los beneficios y el valor de los deportes y las actividades para nuestros hijos? ¿Cuáles son las limitaciones?

2. ¿En qué maneras el entrenamiento físico o musical te ha enseñado verdades espirituales? ¿Qué beneficios has experimentado? ¿Qué beneficios has visto para tu adolescente?

3. Lee Romanos 12:9-11. ¿Cómo podemos animar a nuestros adolescentes con estos versículos mientras participan en actividades competitivas?

4. ¿En qué actividades participaste durante la adolescencia? ¿Cómo afecta eso a tus esperanzas y sueños para tu adolescente?

5. ¿Cómo pueden los deportes y las actividades convertirse en un ídolo en la vida de los padres? ¿Crees que ha sucedido esto en tu comunidad? Explica tu respuesta.

6. ¿Tienen tus hijos tiempo para aburrirse? ¿Qué has visto que crean o hacen cuando tienen horarios menos ocupados? ¿Hay tiempo en el horario de tus hijos para la lectura personal de la Biblia, la oración y los eventos de la iglesia?

7. ¿Cuántas horas duerme tu adolescente cada noche? ¿Crees que son suficientes?

8. ¿Cuántas veces a la semana comen juntos en familia? ¿Crees que son suficientes?

9. ¿Qué haces cuando el deporte u otras actividades interfieren con la iglesia? ¿Qué puedes hacer para valorar su desarrollo espiritual por encima de su desarrollo físico?

10. En una escala del 1 al 10 (siendo 10 el más ocupado), ¿cómo clasificarías tu hogar? ¿Te sientes cómodo con ese número?

CAPÍTULO 6

Las trampas de la popularidad: La aceptación social

No recuerdo mucho de mi primer día de escuela secundaria. No recuerdo dónde estaba mi casillero, ni quién enseñaba en mi clase, ni qué ropa llevaba (aunque como era la década de 1980, lo más probable es que fuera una camiseta demasiado grande con unos pantalones de jeans lavados a la piedra). Sin embargo, lo único que recuerdo (como si fuera ayer) es que me aterraba la hora del almuerzo. La mayoría de mis amigos de secundaria habían sido derivados a otra escuela, así que solo conocía a unas pocas personas en mi nuevo colegio. De los amigos que conocía, ninguno tenía la misma hora de almuerzo que yo.

Después de hacer la fila del comedor y servirme comida en mi bandeja, tuve la temida experiencia de mirar a mi alrededor y preguntarme: *¿Dónde me voy a sentar?* Mirara hacia donde mirara, parecía que todo el mundo conocía a alguien. Se formaban grupos de antiguos amigos que se abrazaban y charlaban, emocionados de estar juntos. Me quedé de pie sin saber dónde sentarme.

Mientras observaba la sala, vi a un conocido de la escuela secundaria sentado solo. Me acerqué y le pregunté si podía sentarme con él, a lo que respondió agradecido: "¡Por supuesto!". Fue un alivio tener a alguien con quien hablar, y seguimos comiendo juntos durante esas primeras semanas de clase.

La mayoría de nosotros hemos tenido esos momentos de inseguridad en los que nos preguntamos: *¿Dónde encajo? ¿Me aceptarán los demás? ¿Quiénes son mis amigos?* Cuando vemos que nuestros hijos tienen que adaptarse a un nuevo entorno en la escuela intermedia y secundaria, pueden salir a la superficie algunos de nuestros propios miedos sobre la aceptación social.

Queremos que nuestros hijos encajen en la sociedad y sean aceptados. Esperamos que hagan amistades duraderas. Sin embargo, como madre de un adolescente, es difícil saber cómo fomentar relaciones sanas con otros adolescentes en un mundo de teléfonos inteligentes y dispositivos electrónicos. Es difícil saber qué hacer cuando los valores mundanos contradicen los valores cristianos, y nuestros hijos se encuentran atrapados en el fuego cruzado. En este capítulo, veremos los principios bíblicos que nos guían como padres, cómo tener gracia al hablar con nuestros hijos y consejos prácticos sobre teléfonos celulares, horas de regreso a casa y relaciones de noviazgo.

Principios bíblicos

Al considerar lo que deseamos para nuestros hijos en el plano social, es útil dedicar un momento a examinar lo que valoramos como padres. Puede que valoremos un tipo concreto de posición social debido a nuestra educación. Puede que esperemos que nuestros hijos sean el alma de la fiesta, el presidente de la clase o el capitán del equipo de fútbol. Puede que resuene en nuestros oídos alguna versión del tema "Popular" del musical de Broadway *Wicked*, que afecta lo que priorizamos en nuestros hijos adolescentes. Cuando se trata de la aceptación social de tus hijos, es bueno reflexionar: ¿Qué esperas y por qué?

Algunos de nosotros esperamos que nuestros hijos experimenten las amistades cercanas que disfrutamos durante la escuela secundaria. Otros deseamos desesperadamente que nuestros hijos tengan las amistades o la aceptación social que nosotros nunca tuvimos. Sea cual sea el ídolo con el que luchemos (aprobación, poder, comodidad o control), es probable que nuestros miedos y deseos afloren cuando nuestros hijos comiencen a socializar. Tenemos que luchar con nuestros propios deseos, miedos y fracasos para poder ayudarlos a desenvolverse en un mundo social complejo. Como señala Levine: "Liberarte lo suficiente de tus propias preocupaciones para estar en sintonía con las necesidades de tus hijos es una de las mayores contribuciones que puedes hacer a su desarrollo psicológico".[1]

● ● ● ● ● ● ● ● ● ● ● ● ● ● ● ●

Como padres, nuestro objetivo es anclarnos en la verdad de Dios de tal manera que podamos ofrecer a nuestros adolescentes un refugio seguro contra las tormentas del estrés social.

● ● ● ● ● ● ● ● ● ● ● ● ● ● ● ●

Ayudar a nuestros hijos a socializar consiste, en parte, en dejar de lado nuestras propias inseguridades y escuchar sus luchas con una presencia tranquilizadora. Si los adolescentes perciben nuestra ansiedad por su aceptación social, eso aumentará su ansiedad o dejarán de hablar de su vida social porque no quieren sentir que nos están fallando de alguna manera.

Como padres, nuestro objetivo es anclarnos en la verdad de Dios de tal manera que podamos ofrecer a nuestros adolescentes un refugio seguro contra las tormentas del estrés social. Necesitamos que la perspectiva bíblica de la verdad nos guíe firmemente al hablar con ellos cuando nadie los invite a la fiesta de graduación o a una pijamada o a la fiesta de su ex mejor amigo.

Si queremos ser padres que críen a sus hijos de tal manera que puedan nadar contra las distintas corrientes culturales, tendremos que nadar contra ellas nosotros mismos. El salmista nos recuerda: "Bienaventurado el hombre que tiene en ti sus fuerzas, en cuyo corazón están tus caminos" (Salmos 84:5). Vivir como padres "en cuyo

---

1. Madeline Levine, *The Price of Privilege* (Nueva York: HarperCollins, 2006), 34. Edición en español: *El precio del privilegio* por el Grupo Editorial Miguel Ángel Porrua (22 de marzo de 2010).

corazón están [los caminos de Dios]" nos exigirá encontrar nuestras fuerzas en Él y nuestra confianza en su Palabra. Así como no es fácil para nuestros adolescentes ser distintos, tampoco es fácil para nosotros ser padres distintos a otros padres. He aquí cuatro maneras de tener los caminos de Dios en nuestro corazón.

Diferentes afectos

Tener los caminos de Dios en nuestro corazón comienza con nuestros afectos. Combatir la idolatría no consiste en amar menos, sino en amar más. A medida que aumenta nuestro amor por Cristo, disminuye nuestra idolatría. Si queremos cultivar un ambiente de amor en nuestro hogar, empecemos por centrar nuestro amor en el Señor y confiar en su guía. Pablo hizo esta oración por sus amados filipenses:

> Y esto pido en oración: que el amor de ustedes abunde aún más y más en conocimiento verdadero y *en* todo discernimiento, a fin de que escojan lo mejor, para que sean puros e irreprensibles para el día de Cristo, llenos de fruto de justicia que es por medio de Jesucristo, para gloria y alabanza de Dios (Filipenses 1:9-11, NBLA).

Observa que quería que su *amor* abundara aún más y más: sabía que lo que amaran regiría su forma de vivir. También sabía que sus afectos debían estar puestos en el conocimiento y el discernimiento. Nuestra mente y nuestro corazón trabajan juntos, con una extraordinaria capacidad de aprobar lo que es excelente.

¿No deseas eso más que cualquier otra cosa como padre o madre? Yo deseo desesperadamente sabiduría en la crianza de mis hijos adolescentes. Quiero saber cuándo permitirles tener un teléfono inteligente o cuándo preferir un teléfono básico. Quiero saber cuándo animarlos a pasar por alto una ofensa o cuándo decirles que deben confrontar la ofensa. Quiero saber cuándo darles una palabra tierna de apoyo o cuándo hacerles una necesaria reprimenda. Quiero saber cuándo permitirles ir a una fiesta o cuándo debo decirles sabiamente que no.

Cuando se trata de las numerosas decisiones que debemos tomar como padres, no hay reglas fijas sobre los mejores momentos para decir sí o no. Cada uno está recorriendo su propio camino junto a sus hijos adolescentes. Sin embargo, podemos considerar principios generales, y el primero es: *Debemos buscar a Cristo*. Te daré una recomendación: Haz todo lo que puedas para cultivar tu amor por el Señor. Lee la Palabra, asiste a conferencias, lee buenos libros, ve a la iglesia y pasa tiempo en oración. Aférrate a Cristo. Es lo más contracultural que puedes hacer.

Cuanto más amemos al Señor, menos amaremos los aplausos del mundo. Seremos capaces de criar a nuestros hijos de manera diferente a quienes nos rodean, y estaremos bien con ser diferentes. También nos parecerá bien que nuestros hijos sean diferentes. El amor a Dios nos fortalece y nos llena de un profundo deseo de que se proclame la bondad de Dios. Ese es nuestro objetivo. Nuestro objetivo en la crianza de nuestros hijos es la gloria de Dios, no la nuestra. Podemos (y debemos) declarar en oración las palabras de Filipenses 1:9-11 por nuestros hijos, pero también debemos hacer esa oración por nosotros mismos.

Diferente ciudadanía

Como cristianos, no solo tenemos afectos diferentes, sino una ciudadanía diferente por completo. Cuando vivía en el extranjero, sentía el efecto de mi "diferencia" cada día, especialmente cuando daba clases en la escuela secundaria. Mis alumnos escoceses se apresuraban a decirme que era un cubo dc basura, lo que para mí era una papelera; un grifo, lo que para mí era una llave de agua; un sanitario, lo que para mí era un inodoro; y que la letra z en inglés se pronunciaba *zed*, no *zee*. Hablaba diferente, vestía diferente y cocinaba diferente. Aunque hablábamos un idioma similar, procedíamos de contextos culturales diferentes, y sentía esas diferencias a diario.

Vivir en el extranjero me ayudó a apreciar, de una manera nueva, lo que significaba vivir en un país como una ciudadana de otro. Las personas eran acogedoras y amables, pero yo no pertenecía a ese lugar de la misma manera. Siempre fui un poco diferente. Extrañaba a la familia. Echaba de menos ciertas comidas. Echaba de menos conducir por la derecha. Cada día sabía que no estaba en casa.

Como padres, es bueno reflexionar: *¿En qué se diferencia nuestra familia de las demás familias que nos rodean? ¿Cuál es nuestra verdadera ciudadanía?* Pablo animó a los filipenses con estas palabras:

> Hermanos, sed imitadores de mí, y mirad a los que así se conducen según el ejemplo que tenéis en nosotros. Porque por ahí andan muchos, de los cuales os dije muchas veces, y aun ahora lo digo llorando, que son enemigos de la cruz de Cristo; el fin de los cuales será perdición, cuyo dios es el vientre, y cuya gloria es su vergüenza; que solo piensan en lo terrenal. *Mas nuestra ciudadanía está en los cielos*, de donde también esperamos al Salvador, al Señor Jesucristo; el cual transformará el cuerpo de la humillación nuestra, para que sea semejante al cuerpo de la gloria suya, por el poder con el cual puede también sujetar a sí mismo todas las cosas (Filipenses 3:17-21).

Pablo no se limitó a decir a los filipenses cómo debían vivir, sino que les dio el ejemplo. Les pidió que imitaran su manera radical de vivir como ciudadano del cielo. Mientras otros se fijaban en los deseos terrenales, él se fijaba en las realidades celestiales.

Cuando tu adolescente mira tu vida, ¿ve que vives diferente al mundo que te rodea? ¿Cómo ve que usas tu tiempo, tus talentos y tus bienes? ¿Qué tipo de amistades ve que priorizas? ¿Cómo evaluaría tu tiempo frente a la pantalla o tu interacción social con los demás? Si nuestra mente está centrada en las cosas terrenales, podemos estar seguros de que nuestros hijos harán lo mismo.

Hace poco, una de mis hijas y yo conversamos sobre lo diferentes que nos sentimos de los que nos rodean. Pude identificarme con ella y darle ejemplos de mi propia vida en los que mi fe me ha impedido estar de acuerdo con lo que hacen los demás. Hablamos de lo que significa ser extraños y extranjeros, y de que "no encajar" en realidad es una buena señal, no mala. No significa que estemos tratando de ofender a los demás, sino que nuestras creencias cristianas a menudo nos ponen en desacuerdo con los que nos rodean, aun cuando manifestemos nuestras creencias con gracia y bondad.[2]

Nuestros hijos necesitan nuestra guía, pero también nuestro *ejemplo*. Necesitan saber que estamos en las trincheras con ellos, y que vivimos como ciudadanos del cielo en medio de nuestra estadía terrenal. Vernos vivir con determinación mostrará a nuestros adolescentes cómo responder cuando se enfrenten a desafíos u oposición a causa de su fe. También les ayudará a entender cómo procesar las decepciones y las circunstancias difíciles. He recomendado a mis hijos que vean la vida aquí como si estuvieran de viaje. Cuando viajas, no esperas que todo salga según lo previsto. Sabes que habrá retrasos, agotamiento y cansancio. No siempre estarás cómodo. Puede que pierdas amigos y oportunidades. Todo eso forma parte del viaje.

Nuestras expectativas exageradas de esta vida pueden afectar en gran medida nuestra capacidad de disfrutarla. Si esta vida es todo lo que esperamos, entonces tiene sentido que tratemos ansiosamente de crear la vida perfecta para nuestros hijos. Sin embargo, si creemos que nos espera un nuevo hogar, podemos confiar en Dios en las imperfecciones porque sabemos que solo estamos de paso. Eso alivia la presión, ¿verdad? Tendremos un nuevo hogar, amanecerá un nuevo día: eso es lo que enseñamos a nuestros hijos. Espéralo. Camina de una manera digna de ese hogar.

Diferentes reglas

Cuando vivíamos en el extranjero, aprendí a conducir por el lado contrario de la carretera. También aprendí un par de cosas sobre las

---

2. Una de mis charlas favoritas sobre este tema fue la que dio la autora Jen Wilkin, titulada "Raising an Alien Child" en la conferencia nacional de mujeres de The Gospel Coalition (Coalición por el Evangelio). Presentó seis áreas en las que podemos ayudar a nuestros hijos a cumplir el llamado a vivir como extranjeros y forasteros de manera que nuestros hijos se destaquen en lugar de encajar fácilmente en la cultura que los rodea. Si no la has escuchado, te la recomiendo ampliamente (es decir, ve y escúchala ahora mismo).

rotondas. Hay varias reglas sobre cómo entrar en una rotonda y qué carril es el adecuado según la dirección que quieras tomar. Digamos que aprendí estas reglas por experiencia (después que los pitidos de los conductores enfadados me las "enseñaran").

Diferentes países tienen diferentes reglas. Como pueblo de Dios debemos esperar tener reglas diferentes a las de los padres no cristianos que nos rodean. Esta es la cuestión: Solo porque "todos los otros padres lo están haciendo" no significa que tú tienes que hacerlo. Y es muy probable que ninguno de los otros padres esté permitiendo que sus hijos tengan un teléfono inteligente, estén fuera de la casa hasta las dos de la madrugada o beban alcohol los fines de semana. Está bien que tú pongas las reglas en tu casa.

Pedro exhortó a sus lectores: "Amados, yo os ruego como a extranjeros y peregrinos, que os abstengáis de los deseos carnales que batallan contra el alma, manteniendo buena vuestra manera de vivir entre los gentiles; para que en lo que murmuran de vosotros como de malhechores, glorifiquen a Dios en el día de la visitación, al considerar vuestras buenas obras" (1 Pedro 2:11-12).

Nuestro objetivo para nuestros hijos no es solo mantenerlos alejados de los problemas con la policía (aunque algunos días parezca que eso es lo mejor que podemos hacer). Queremos que su conducta sea honorable, caracterizada por sus buenas acciones. Queremos que sea un amigo que estimule a los demás en la fe. Las normas de nuestros hogares no deberían limitarse a prevenir el mal comportamiento, sino a tratar de fomentar comportamientos que bendigan a los demás.

Queremos que nuestros adolescentes se sientan cómodos de vivir de acuerdo con un conjunto diferente de reglas. El mundo les dirá que tengan "sexo seguro", mientras que nosotros les diremos que "huyan de la inmoralidad sexual" (1 Corintios 6:18, NVI). El mundo les dirá que "hagan lo que los haga sentir bien", mientras que nosotros les diremos que se aparten del mal "y haga[n] el bien" (1 Pedro 3:11). El mundo les dirá: "Júntense con los importantes", mientras que nosotros les diremos: Júntense "con los humildes" (Romanos 12:16).

Cuando establecemos las normas con nuestros adolescentes, es importante tener una conversación sincera con ellos, leer la Biblia juntos y ayudarles a entender por qué tomamos las decisiones que tomamos. No es una falta de respeto que un adolescente pregunte: "¿Por qué?".

Los adolescentes pueden mostrarse escépticos o desconfiados y preguntarse si la Biblia es un libro antiguo con reglas que no encajan en el mundo moderno. Si queremos que nuestros hijos crean que la Biblia ofrece una sabiduría atemporal para todas las generaciones, necesitan tanto nuestras palabras como nuestro ejemplo. La hipocresía por nuestra parte socavará rápidamente cualquier regla que intentemos imponer en sus vidas.

Enseñamos con paciencia el *porqué* de nuestras reglas para que nuestros hijos aprendan a tomar buenas decisiones por sí mismos. También queremos comunicar claramente las razones por las que nuestras reglas son distintas de las de los demás. Tenemos una ciudadanía diferente, así que queremos que aprendan a vivir con valores diferentes.

Diferentes expectativas

Una de nuestras mayores luchas como padres puede ser lidiar con las dificultades que nuestros hijos deben soportar, especialmente en sus relaciones. Porque los amamos, detestamos verlos sufrir. Nuestros hijos adolescentes pueden sufrir rupturas de relaciones, peleas entre amigos, soledad, habladurías, palabras desagradables, acoso escolar y el dolor de sentirse excluidos u olvidados.

Sin embargo, nuestra expectativa no está en su popularidad o aceptación social. Mientras nuestros adolescentes atraviesan el mundo de las amistades, es bueno recordar lo que es verdaderamente importante. Querer ser popular tiene muchas trampas. Puede hacer que tu adolescente se vista, hable o actúe de forma negativa solo para permanecer en el club de los más populares. Es importante recordarlo: *La popularidad no es la verdadera comunidad*. Sabemos que necesitan amigos, pero no deberían tener que cambiar sus creencias o convicciones para poder pertenecer a un grupo.

Como padres, es importante prestar mucha atención. Si tu hijo pertenece al grupo de los más populares, ¿es consciente de los sentimientos de los demás adolescentes? ¿Intenta incluir a los demás? ¿Es bueno y amable con los que no encajan muy bien en el grupo? ¿Elige amistades sanas que fomenten su fe?

Si tu hijo se siente excluido, ¿cómo responde? ¿Busca conocer a otras personas o se obsesiona con que lo acepten en un grupo en particular? ¿Intenta cambiar su forma de vestir, de actuar o de hablar para encajar en ese grupo?

Nuestra forma de reaccionar ante los dilemas sociales de nuestros adolescentes es una lección importante para ellos. Es tentador querer resolver los problemas sociales de nuestros hijos. Si fueron excluidos de una fiesta, podemos llamar a los padres anfitriones para quejarnos o planear una fiesta mejor y más grande que excluya al otro adolescente. Ninguna de las dos opciones es buena. No queremos agravar el problema. Los adolescentes no deberían tener que soportar nuestra ansiedad por el hecho de que los excluyan.

A veces, la mejor manera de ayudarlos es sentarse a su lado un viernes por la noche cuando se quedaron solos. Aunque los adolescentes actúen como si no quisieran tenernos cerca, normalmente sí quieren. No obstante, puede que no quieran que les demos un sermón sobre cómo ser un buen amigo o que les hagamos un sinfín de preguntas sobre por qué no los han invitado. Los adolescentes no quieren sentir que son un problema que hay que resolver. Sin embargo, puede que quieran ir a cenar, ver una película o armar un rompecabezas. Puede que no quieran hablar de cómo se sienten o que quieran contarnos cada una de las emociones que experimentan en cada momento. Nuestros hijos necesitan que estemos emocionalmente disponibles para ellos mientras hacemos a un lado nuestras propias preocupaciones, emociones y miedos.

Para ayudar a nuestros hijos a superar los altibajos sociales, es bueno recordar que, para los que están en Cristo, todas las cosas ayudan para bien, y que el propósito principal es que seamos "hechos conformes a la imagen de su Hijo" (Romanos 8:28-29). Dios no está obrando para hacer que tu hijo sea igual a todos los demás adolescentes. Él tiene algo mucho mejor en mente. Como aquellos que aman a Dios, Él usa cualquier prueba que atravesamos para moldearnos a la imagen de Jesús. Nada es en vano.

Tal vez la soledad que experimenta tu hijo hoy le despierte una mayor compasión por los demás en el futuro. Tal vez las palabras poco amables que le han dicho le ayuden a hablar con mayor sabiduría. Tal vez el rechazo que siente lo lleve a tender bondadosamente una mano a los demás. No podemos resolver todos sus dilemas sociales, pero podemos tener esperanza y confiar en que el sufrimiento tiene un propósito en la economía de Dios. Tanto es así que Santiago escribió:

> Hermanos míos, tened por sumo gozo cuando os halléis en diversas pruebas, sabiendo que la prueba de vuestra fe produce paciencia. Mas tenga la paciencia su obra completa, para que seáis perfectos y cabales, sin que os falte cosa alguna (Santiago 1:2-4).

Cuando nuestros hijos sufren, nosotros sufrimos. De alguna manera, Dios utiliza el sufrimiento para perfeccionarnos (a nosotros y a ellos). Él llena el vacío hasta estar completos sin que nos falte cosa alguna. Él obra en todas las cosas, por eso podemos tener esperanza como padres.

Crianza con propósito y gracia

Cuando conversamos con nuestros hijos sobre los dilemas sociales, necesitamos hablar con dulzura, compasión y delicadeza. Es un mundo confuso para ellos, y nuestra forma de hablar con ellos es importante. Sí, podemos investigar mucho y obtener sabiduría de los consejos de otros, pero durante la adolescencia es esencial que hagamos preguntas reflexivas, escuchemos con atención sus respuestas y les respondamos con sabiduría. Necesitaremos instrucción en la Biblia, fortaleza en la oración y la guía del Espíritu.

Haz preguntas reflexivas

Los adolescentes de esta generación crecen de manera diferente a la nuestra. Aunque, en cierta medida, esto sucede en todas las generaciones, los cambios que se han producido en los últimos quince años son significativos. La escritora Jean Twenge realizó un amplio estudio estadístico sobre la generación nacida entre 1995 y 2012 (a la que denomina iGen). Escribe: "En comparación con sus predecesores, los adolescentes de la iGen tienen menos probabilidades de salir sin sus padres, tener pareja, practicar sexo, conducir, trabajar o beber alcohol".[3]

Puede que al leer esta lista pienses: *"¡Vaya, qué buena noticia!"*. Sin embargo, las razones por las que los adolescentes sean menos propensos a tener pareja, conducir, trabajar o beber alcohol tienen poco que ver con un aumento de los valores bíblicos, sino con los teléfonos inteligentes. Twenge explica: "Si los adolescentes trabajan menos, dedican menos tiempo a las tareas escolares, salen menos y beben menos alcohol, ¿qué están haciendo? Para una generación llamada iGen, la respuesta es obvia: no hay más que mirar los teléfonos inteligentes que tienen en sus manos".[4]

Cuando hablamos con nuestros adolescentes sobre su vida social, debemos darnos cuenta de que su experiencia en la escuela secundaria será muy diferente a la nuestra. Socializan cada vez más a través de los teléfonos inteligentes y las redes sociales que en contactos personales. Eso puede significar menos alcohol o sexo, pero también significa que nos enfrentamos a una serie de problemas totalmente distintos. Twenge explica: "El repentino y agudo aumento de los síntomas depresivos se produjo casi exactamente en el mismo momento en que los teléfonos inteligentes se hicieron omnipresentes y el contacto en persona cayó en picada".[5]

---

3. Jean M. Twenge, *iGen: Why Today's Super-Connected Kids Are Growing Up Less Rebellious, More Tolerant, Less Happy—and Completely Unprepared for Adulthood* (Nueva York: Atria, 2017), 39.

4. Twenge, *iGen*, 47.

5. Twenge, *iGen*, 104.

Aunque las redes sociales ofrecen estar siempre conectados y comunicados, los resultados en realidad son los opuestos. Según estudios recientes, se ha producido un fuerte aumento de la soledad entre los adolescentes desde principios de la década de 2010. Cuanto más utiliza alguien su teléfono inteligente o las redes sociales, más probabilidades tiene de estar deprimido y sentirse solo.[6]

Estas estadísticas nos ayudan a ser más conscientes a la hora de hablar con nuestros adolescentes. Si queremos hacerles preguntas que los lleven a la reflexión, tenemos que considerar las cosas que piensan. Y ellos piensan en sus teléfonos inteligentes.

⬤ ⬤ ⬤ ⬤ ⬤ ⬤ ⬤ ⬤ ⬤ ⬤ ⬤ ⬤ ⬤ ⬤ ⬤ ⬤ ⬤

Criar a adolescentes implica invitarlos a participar en el *porqué* de las decisiones, no tomar todas las decisiones por ellos.

⬤ ⬤ ⬤ ⬤ ⬤ ⬤ ⬤ ⬤ ⬤ ⬤ ⬤ ⬤ ⬤ ⬤ ⬤ ⬤ ⬤

La mayoría de los adolescentes nos preguntan si pueden interactuar en las redes sociales. Los tuyos probablemente te preguntarán si pueden unirse a sitios de Internet de los que nunca has oído hablar (sea cual sea la red social que estés utilizando, probablemente ya esté anticuada). Por eso es muy importante que nos acostumbremos a preguntar a nuestros hijos antes de imponer reglas que en realidad no son útiles.

Cuando nuestros hijos nos preguntan si pueden hacer algo de lo que no estamos seguros, lo más fácil es decirles que no. Sin embargo, esa respuesta podría frustrar a nuestros hijos y probablemente no les ayudaría a desarrollar un sentido de cómo tomar decisiones sabias. La Biblia nos advierte de no provocar a ira a nuestros hijos, "sino [criarlos]

6. Jon Haidt, "The Case for Phone-Free Schools", *After Babel*, 6 de junio de 2023, https://jonathanhaidt.substack.com/p/the-case-for-phone-free-schools?utm_campaign=post&utm_medium=web.

en disciplina y amonestación del Señor" (Efesios 6:4). Criar a adolescentes implica invitarlos a participar en el *porqué* de las decisiones, no tomar todas las decisiones por ellos.

En lugar de imponer reglas generales sobre los teléfonos inteligentes, horario de regreso a casa, amistades y relaciones de noviazgo, te animo a *conversar con tus hijos* y hacerles preguntas reflexivas. Por ejemplo:

- Cuando tu hijo de séptimo grado te suplique que le compres un teléfono inteligente, no te apresures a decirle: "En esta casa no se permiten teléfonos inteligentes hasta décimo grado". Pregúntale: "¿Puedes decirme por qué quieres un teléfono inteligente?". Permite que te dé sus razones.

- Si tu hijo quiere quedarse hasta tarde después de la fiesta de graduación, tal vez quieras decirle: "La hora de regreso a casa es a medianoche en punto" (solo porque quieres poderte dormir a esa hora). Pregúntale: "¿Qué van a hacer todos después de la fiesta? ¿Estarán los padres? ¿A qué hora crees que sería razonable estar en casa?". Escucha qué es lo que quiere.

- Cuando un adolescente quiere salir en pareja por primera vez, es tentador imponerle la norma: "En esta casa no se sale con nadie hasta los dieciséis años. Es una tontería tener novio antes de esa edad". Aunque está bien tener normas sobre las salidas en pareja, te sugiero que converses con tus hijos y les preguntes: "¿Qué te gusta de este chico? ¿Cómo conociste a esa chica? ¿Cómo cambiaría la relación de ustedes si salieran como pareja?". Conoce a las personas que les gustan.

No estoy diciendo que no pongas reglas y que permitas que tus hijos manden en casa. Puedes (y debes) tener reglas y expectativas para tus adolescentes. Sin embargo, lo que importa es la forma de comunicarles tales reglas. No empieces hablando de las reglas, sino con una conversación. Puedes mantenerte firme en tus convicciones sin dejar de mostrar interés por las inquietudes de tus hijos adolescentes con preguntas que los lleven a la reflexión.

Escucha con atención

Después de hacer preguntas que lleven a la reflexión a tu adolescente, escúchalo. Escúchalo como si tú fueras un buen amigo. Estudia a tu hijo. Cuanto mejor lo entiendas, mejor podrás guiarlo. Puede que tenga una razón válida para querer un teléfono inteligente, llegar más tarde a casa o tener permiso para ir a una determinada fiesta. Si escuchas sus inquietudes, a veces podrás averiguar cómo abordar el problema subyacente de otra manera.

Por ejemplo, es posible que tu hijo de secundaria, que te está pidiendo un teléfono inteligente, quiera estar en el grupo de mensajes de texto donde están todos sus amigos. Puede que otro tipo de teléfono le ofrezca la interacción social que desea, pero sin todo el acceso de un teléfono inteligente. Analizar juntos la situación puede ayudarlos a llegar a un punto de entendimiento y acuerdo.

Después de escuchar a tu hijo, repítele: "Lo que estás diciendo es que...". Es muy valioso repetir lo que entendimos que alguien nos ha dicho. Comunica que realmente hemos escuchado y entendido su punto de vista. Aunque al final le digas que no, tu hijo se habrá beneficiado de participar de la decisión contigo en lugar de discutir contigo. Puede que tu decisión no lo entusiasme, pero la mayoría de nosotros soportamos mejor la negativa cuando sentimos que hemos tenido la oportunidad de expresar nuestra opinión.

Tómate un momento para pensar en las reglas que tienes que cumplir en el trabajo o en otras situaciones. A la mayoría de nosotros nos cuesta cuando nos obligan a cumplir una regla que no tiene sentido, solo porque es la regla.

Como padres, es importante que recordemos lo frustrados que podemos sentirnos cuando alguien no nos da respuestas útiles. Queremos explicaciones, y nuestros hijos también. Es normal. También es normal que, como adultos, aprendamos que no podemos hacer todo lo que queremos. Podemos ayudar a nuestros hijos a entender las razones de nuestras reglas conversando con ellos y escuchándolos. Puede que no estén de acuerdo, pero al menos tienen la oportunidad de expresarnos su punto de vista. Es posible que muchos de nuestros hijos adolescentes no tengan las herramientas necesarias para tener este tipo de conversaciones de forma saludable. Nos corresponde a nosotros guiarlos y escucharlos con paciencia para poder darles una respuesta sabia.

Responde con sabiduría

Cuando hablemos con nuestros adolescentes comencemos por hacerles preguntas que los lleven a la reflexión y luego escuchémoslos atentamente. Después, intentemos por todos los medios responderles con sabiduría. A veces será difícil, sobre todo si el adolescente no está dispuesto a escuchar. Es posible que no quiera oír nada de lo que tengas que decirle. He descubierto que los adolescentes respetan más la información y los datos reales que nuestra opinión, de modo que resulta útil hacer algunas investigaciones. Si queremos ser capaces de responder con sabiduría, es importante que nosotros mismos hagamos el esfuerzo por aprender.

Obviamente, si algo que estamos conversando con nuestro hijo va en contra de las enseñanzas de la Biblia, le decimos que no, pero eso no significa no tomarnos el tiempo para explicar las razones. Por ejemplo, si quiere emborracharse o beber alcohol, aunque es menor de edad, es un claro "no" porque la Biblia advierte contra la embriaguez y nos exhorta a obedecer a las autoridades que nos gobiernan. Además de las advertencias bíblicas, generalmente podemos encontrar investigaciones seculares que concuerdan con la verdad bíblica.

Por ejemplo, el consumo de alcohol entre adolescentes es más peligroso porque su cerebro aún se está desarrollando. La regla de esperar hasta los veintiún años para beber se basa en la razón, no en una preferencia al azar. El neurocientífico Jensen explica: "El hecho es que los adolescentes se vuelven adictos a cualquier sustancia más rápido que los adultos, y una vez adictos tienen muchas más dificultades para deshacerse del hábito, y no solo en la adolescencia, sino durante el resto de sus vidas. Es como si la adicción se grabara en el cerebro cuando los adolescentes están expuestos al abuso de sustancias".[7] También podríamos hablar con nuestros hijos sobre la terrible realidad de que los adolescentes beban alcohol y conduzcan, así como las consecuencias para toda la vida de una mala decisión. Aun cuando pensamos que nuestros hijos no están escuchando, la mayoría de las veces nos están escuchando más de lo que creemos.

> Queremos que nuestros adolescentes entiendan que las reglas de Dios son buenas y están destinadas para nuestro bien. La Palabra de Dios nos enseña cómo funcionamos mejor.

Queremos ayudar a nuestros hijos adolescentes a entender que los mandamientos bíblicos son compatibles con las revelaciones naturales. La Biblia nos enseña lo que es mejor para nosotros, y a menudo sus preceptos son confirmados por estadísticas y conocimientos de la gracia común de investigadores no cristianos, porque la Palabra de Dios es inherentemente verdadera. La Biblia es nuestra guía y autoridad máxima, y punto. Sin embargo, no está de más que en nuestras conversaciones apelemos también a datos estadísticos que refuercen la razón de nuestra decisión. Queremos que nuestros adolescentes entiendan que las reglas de Dios son buenas y están destinadas para nuestro bien. La Palabra de Dios nos enseña cómo funcionamos mejor.

---

7. Frances E. Jensen, *The Teenage Brain: A Neuroscientist's Survival Guide to Raising Adolescents and Young Adults* (Nueva York: HarperCollins, 2016), 117. Edición en español: *El cerebro del adolescente: Descubre cómo funciona para entenderlos y acompañarlos* por RBA Bolsillo; 1.ª ed. (7 de febrero de 2019).

¿La realidad para nosotros como padres? Este tipo de investigación toma tiempo. Este tipo de conversaciones toman tiempo. No es fácil. Pero si queremos que nuestros hijos aprendan a tomar decisiones sabias, esto es parte de nuestra labor como padres. Hagamos preguntas reflexivas, escuchemos con atención y respondamos con sabiduría.

Consejos prácticos

Todos necesitamos consejos prácticos para saber cómo hablar con nuestros adolescentes. Nos enfrentamos a nuevas tecnologías y nuevos desafíos culturales. Nuestros adolescentes tienen hoy acceso a más información que en ningún otro momento de la historia. Pueden investigar con rapidez, pero también acceder rápidamente a contenidos nocivos como la pornografía. Con cada generación surgirán nuevos desafíos. Tú y yo podemos sentirnos abrumados por nuestras limitaciones.

Sin embargo, la buena noticia es que tenemos acceso a los recursos ilimitados de Dios. Y esto es lo que nos recuerda Pedro: "Como todas las cosas que pertenecen a la vida y a la piedad nos han sido dadas por su divino poder" (2 Pedro 1:3). Jesús dijo a sus discípulos: "no os preocupéis por cómo o qué habréis de responder, o qué habréis de decir; porque el Espíritu Santo os enseñará en la misma hora lo que debáis decir" (Lucas 12:11-12). De manera similar, el Espíritu puede guiarnos y darnos sabiduría sobre cómo hablar con nuestros hijos adolescentes sobre temas difíciles.

También es útil hablar con personas de confianza. Hacer preguntas, leer buenos libros y pedir que oren por ti. Como padres de adolescentes, siempre habrá temas nuevos a los que nos enfrentemos por primera vez. Serán difíciles de manejar, y cada hijo es diferente. Necesitamos la ayuda divina y la sabiduría de Dios. Ante los problemas que enfrentamos hoy como padres, he aquí algunos consejos prácticos que espero que sean de ayuda.

Infórmate sobre los teléfonos inteligentes y las redes sociales

En el momento de escribir estas líneas, mi hija menor acaba de cumplir dieciséis años. Sacar la licencia de conducir no le fue fácil.

Tuvo que asistir a un curso de una semana, pasar un examen ocular, un examen escrito y un examen de conducción. También tuvo que cumplir horas de conducción durante un año entero para poder conducir sola. Nuestro estado puso todas estas reglas porque sabe que conducir es peligroso.

No quiero parecer demasiado dramática, pero tenemos que darnos cuenta de que lo mismo ocurre con los teléfonos inteligentes: son peligrosos. Los datos reales señalan de forma abrumadora al daño colectivo que los teléfonos inteligentes y las redes sociales están causando en nuestra sociedad, especialmente en los adolescentes.

A continuación, algunos ejemplos de la investigación de Jean Twenge sobre la felicidad, la soledad, la depresión y el suicidio.

- **Felicidad:** "Los resultados no pueden ser más claros: los adolescentes que dedican más tiempo a actividades frente a una pantalla tienen más probabilidades de ser infelices, y los que dedican más tiempo a actividades sin pantalla tienen más probabilidades de ser felices. No hay ni una sola excepción: todas las actividades frente a una pantalla están relacionadas con una menor felicidad, y todas las actividades sin pantalla están relacionadas con una mayor felicidad".[8]

- **Soledad:** Mientras que las interacciones personales y las actividades sin pantalla ayudan a los adolescentes a sentirse menos solos, las redes sociales y las actividades frente a una pantalla aumentan la soledad. El uso diario de las redes sociales aumenta la soledad de los adolescentes en un 11% y, cuanto más tiempo pasan en las redes sociales, mayor es la soledad que experimentan.[9]

- **Depresión:** "Los alumnos de octavo grado que utilizan mucho las redes sociales aumentan su riesgo de depresión en

8. Twenge, *iGen*, 77-78.
9. Twenge, *iGen*, 80.

un 27%".[10] "El repentino y brusco aumento de los síntomas depresivos se produjo casi exactamente al mismo tiempo que los teléfonos inteligentes se hicieron omnipresentes y el contacto personal cayó en picada".[11]

- **Suicidio:** Los adolescentes que pasan más de tres horas al día con dispositivos electrónicos tienen un 35% más de probabilidades de presentar, al menos, un factor de riesgo de suicidio. Hubo un aumento del 46% de suicidios adolescentes entre 2007 y 2015.[12]

Son estadísticas que dan qué pensar. Yo no tenía esta información cuando mi primera hija tuvo un teléfono inteligente. No conocía los peligros de las redes sociales. Sinceramente, hice casi todo mal.

A pesar de mi falta de conocimiento, el Señor guio a nuestra familia. Un domingo en la iglesia, mi hija mayor escuchó a un predicador invitado hablar sobre el uso sabio del tiempo. Nunca mencionó las redes sociales ni los teléfonos inteligentes. Sin embargo, el Espíritu estaba obrando en ella. Mi hija subió al auto y me dijo: "Voy a borrar Instagram de mi teléfono". Yo estaba un poco sorprendida, así que le pregunté por qué quería hacerlo. Me contestó: "Es una pérdida de tiempo y quiero emplearlo en cosas mejores".

Esto me sirvió para recordar que, por mucho que quiera proteger a mis hijos y conversar de la forma más adecuada con ellos, voy a pasar por alto cosas. La tecnología y la sociedad avanzan a un ritmo que hace difícil mantenerse al día de todos los cambios. Felizmente, el Espíritu obra, especialmente a través de las predicaciones de la Palabra en el contexto de la iglesia. Puede que nunca sepamos qué convicción están sintiendo nuestros hijos mientras escuchan la Palabra un domingo por la mañana. Por eso son tan importantes los pilares básicos (la Palabra, la oración y la iglesia) que abordamos en los tres primeros capítulos.

---

10. Twenge, *iGen*, 82.
11. Twenge, *iGen*, 104.
12. Twenge, *iGen*, 84, 87.

Sin embargo, si hubiera sabido lo que sé ahora, habría hecho las cosas de otra forma con respecto a los teléfonos inteligentes. He aquí algunos consejos prácticos que ojalá hubiera sabido hace diez años.

Enséñales sobre la tecnología

Así como hay un largo proceso para ponerse al volante, los adolescentes necesitan aprender algunas cosas sobre los teléfonos inteligentes antes que se les permita tener uno propio. Te recomiendo que les hagas leer uno o dos libros y algunos artículos o investigaciones sobre la realidad de los teléfonos inteligentes. Enséñales a informarse antes de tomar decisiones.

Habla con tus hijos sobre la existencia y los efectos negativos de la pornografía (esta es una conversación necesaria con nuestros adolescentes). Habla de los peligros de las redes sociales para su salud emocional. Háblales de los beneficios del contacto personal sin teléfono inteligente de por medio. Háblales de tu propia experiencia en no querer dejar tu teléfono inteligente a veces (probablemente, ya lo sepan, pero es bueno que te escuchen admitirlo).

He observado que entre los adolescentes más jóvenes está creciendo una reacción alentadora contra las redes sociales y los teléfonos inteligentes. Están cansados de pasarse la vida buscando la foto perfecta en lugar de hacer fotos que capturen sus intereses en la vida. Cuando le das a tu hijo un teléfono inteligente, le estás dando acceso a mucha información. Y estos dispositivos pueden consumir mucho de su tiempo y energía mental. Al igual que quieres que conduzcan con cuidado, también quieres que tengan cuidado con el uso de su teléfono inteligente.

Ofréceles gradualmente más libertades

Muchos preadolescentes quieren teléfonos móviles para poder socializar con sus amigos. Es difícil estar en la escuela secundaria sin un teléfono. Hoy los jóvenes se comunican a través de mensajes de texto grupal. Felizmente, hay muchas buenas opciones de teléfonos para principiantes que solo tienen funciones para hablar y enviar mensajes de texto. Es un buen punto de partida. Más adelante, en la escuela secundaria, cuando los adolescentes son mayores, puede ser más apropiado que tengan un teléfono inteligente (sobre todo para las indicaciones mientras conducen). Piensa en el primer teléfono como una forma de tantear el terreno. A medida que tu hijo se gane tu confianza, podrá acceder gradualmente a dispositivos con más funciones.

Eso sí: los estudios no son favorables hacia las redes sociales y los adolescentes, sobre todo en el caso de las chicas. Mis otros hijos no han tenido acceso a las redes sociales y han estado bastante contentos de no tenerlo. Si nos sentáramos a tomar un café, mi consejo sería que no permitieras a tus hijos tener acceso a las redes sociales durante la adolescencia. En cambio, fomentaría el contacto personal. Conocer a unos pocos amigos en la vida real es mucho mejor que conseguir un gran número de seguidores en Internet. Enseña a tus hijos que las redes sociales son las publicaciones de lo más destacado de la vida de alguien. No es una forma sana de desarrollar camaradería.

Sé un buen ejemplo

Nuestros hijos nos observan. Si estamos constantemente pegados a nuestros teléfonos, nuestros hijos también lo estarán. También es fundamental que seamos cuidadosos con lo que compartimos en las redes sociales. Si a nuestros hijos les incomoda que compartamos una foto o una historia sobre ellos, no deberíamos publicarla en Internet. Este es un momento importante para respetar su privacidad, tanto en lo que compartimos en línea, así como con nuestras amistades en persona. Hay que tener cuidado a la hora de exponer sus luchas con el pecado, sus días difíciles o sus momentos embarazosos, sobre todo en grupo. Eso no significa que no puedas hablar de tus propias luchas o preocupaciones, pero sé considerado al hablar de tu adolescente.

Confisca sus teléfonos cuando sea necesario

Una de las normas que establecí con mis hijos adolescentes cuando les di sus teléfonos fue la siguiente: *Yo compré el teléfono. Yo pago el teléfono. Puedo revisar el teléfono en cualquier momento.* Sabían que yo podía leer sus mensajes, ver sus fotos o consultar su historial de búsquedas en Internet. Sinceramente, rara vez les confiscaba el teléfono. Adquirieron mucha confianza conmigo sobre sus hábitos desde el principio, y uno de mis hijos apenas usaba el suyo (lo que a veces era frustrante cuando quería localizarlo). Sin embargo, el mero hecho de saber que podía revisarles el teléfono les ayudó a desarrollar hábitos saludables. Es importante que tus hijos entiendan desde el principio que tienes derecho a ver lo que tienen en su teléfono.

Fomenta la búsqueda de la pureza

Los teléfonos también permiten nuevas formas de pecar sexualmente. Aunque los índices de actividad sexual entre los adolescentes han disminuido, la pureza sexual no ha aumentado. Según el sitio de monitoreo de Internet, *Covenant Eyes*, "nueve de cada diez niños y seis de cada diez niñas están expuestos a pornografía en línea antes de los dieciocho años".[13] También está el *sexting*, que implica el uso de dispositivos digitales para enviar mensajes, fotos o videos sexuales. Y luego está la experimentación sexual en persona que se acostumbra entre los adolescentes.

Si queremos animar a nuestros adolescentes a "[huir] de la inmoralidad sexual" (1 Corintios 6:18, NVI), entonces vamos a tener que hablar con ellos. Necesitamos superar nuestra incomodidad y hablar de estas cosas con ellos, porque si no lo hacemos, van a recurrir rápidamente a Google. Recomiendo comenzar lo antes posible y hablar con ellos con regularidad. No se trata de tener la "conversación tradicional" sobre sexo, sino de tener varias conversaciones a lo largo de sus vidas. Puede que no te sientas cómodo haciendo esto, así que siempre les digo a los padres más jóvenes que "simulen estar cómodos". Habla con ellos como si les estuvieras explicando cómo montar en bicicleta o hacer un sándwich de mantequilla de maní y mermelada. Nuestros hijos percibirán nuestra incomodidad, así que cuanto más naturales

---

13. Matt Fradd, "10 Shocking Stats about Teens and Pornography", *Covenant Eyes*, 18 de mayo de 2023, https://www.covenanteyes.com/2015/04/10/10-shocking-stats-about-teens-and-pornography/.

seamos al hablar, mejor. Habla de todo por su nombre. Cuanto más pequeños sean tus hijos, menos incómodo te resultará hablar de esas cosas con el tiempo. Y más normal será continuar con este tipo de conversaciones en la adolescencia.

Queremos enseñar a nuestros adolescentes a seguir una ética sexual bíblica. Buscar la pureza bíblica implica revestirse de la fe en Cristo y hacer morir lo terrenal, entre lo que se incluye "fornicación, impureza, pasiones desordenadas, malos deseos y avaricia, que es idolatría" (Colosenses 3:5). La pureza es una búsqueda de toda la vida, tanto en la soltería como en el matrimonio. Nuestros hijos necesitan estímulo para seguir buscando la pureza, aunque cometan errores.

Sé que este tipo de conversaciones no siempre son cómodas. Sin embargo, son necesarias. Te recomiendo que comiences a una edad temprana y que continues hablando con ellos de este tema. Puede que tus hijos desvíen la mirada o parezcan sorprendidos por lo que les estás diciendo, pero necesitan que les hables de sexualidad. También necesitan oír que, independientemente de los errores que puedan cometer, pueden acudir a ti y hablar de sus fracasos y miedos. Crear una puerta abierta para este tipo de conversaciones ayuda a los adolescentes a recurrir a ti en lugar de ir a Internet.

Conversa con tus hijos sobre los dilemas sociales

Nuestros hijos se enfrentan a muchos dilemas sociales nuevos. Ahora se les pide que llamen a los demás por su pronombre de género. Las preferencias sexuales ya no se dan por supuestas. Para cuando se publique este libro, probablemente habrá nuevas inquietudes. Yo ya no puedo seguir el ritmo de todos los cambios, y también es confuso para los adolescentes.

He descubierto que una de las mejores maneras de hablar de estos temas con mis hijos es preguntarles qué piensan sus amigos. Suele ser bastante fácil para ellos decir: "Esta persona piensa esto o aquella otra piensa esto otro". Así puedo escuchar lo que piensan de la opinión de David sobre el transgenerismo o de la opinión de Sarah sobre política. Antes de saber qué decir a tus hijos sobre estos temas, es importante escuchar lo que piensan. Un adolescente puede necesitar que lo animemos a aceptar con valentía el buen diseño de Dios, mientras que otro puede necesitar que lo animemos a ser amable con otros adolescentes que luchan con su sexualidad.

● ● ● ● ● ● ● ● ● ● ● ● ● ● ● ●

Debemos escuchar a nuestros adolescentes, no solo sermonearlos. Ellos necesitan nuestro tiempo y nuestro compromiso, así como nuestro ejemplo.

● ● ● ● ● ● ● ● ● ● ● ● ● ● ● ●

Si quieres entender mejor cómo procesan tus hijos la información cultural que reciben del mundo, déjalos hablar. Escucha bien. Ora mucho. Envíales artículos y pregúntales qué piensan. Tú ya sabes lo que piensas sobre esos temas. Tú quieres escuchar lo que tus hijos piensan para poder hablarles de forma sabia y cautivante con la verdad bíblica.

Cuando nuestros hijos eran pequeños, teníamos que crear el espacio en nuestros días para lidiar con los inevitables percances: leche derramada, pañales sucios y peleas entre hermanos. Nuestros adolescentes necesitan nuestra disponibilidad para hablar de temas sociales, teléfonos inteligentes y sexualidad. Debemos escuchar a nuestros adolescentes, no solo sermonearlos. Ellos necesitan nuestro tiempo y nuestro compromiso, así como nuestro ejemplo. Si queremos conversar con ellos, tenemos que estar presentes. Esto significa apagar el teléfono. Mirarlos a los ojos y hablar con ellos. No queremos que nuestros hijos sean populares en las redes sociales. Queremos que estén presentes en sus vidas. Puedes ayudarles a estar presentes en sus vidas con estar presente en tu propia vida.

UNA NOTA DE ESPERANZA DEL EVANGELIO

Algunas de las estadísticas que he incluido en este capítulo son difíciles de leer. Este tipo de información puede casi paralizarnos como padres porque tememos profundamente tomar una decisión equivocada. Es tentador preguntarse qué nuevo peligro está a la vuelta de la esquina o qué nos acecha en la próxima aplicación de las redes sociales. La realidad es que ninguno de nosotros lo sabe. Siempre me animan estas palabras del libro de Daniel: "el pueblo que conoce a su Dios se esforzará y actuará" (Daniel 11:32).

No somos impotentes ante las nuevas tecnologías ni ante las tendencias culturales. El poder de Dios que actúa en nosotros es eficaz. Él puede ayudarnos a permanecer en oración en lugar de estar ansiosos, centrados en la Palabra y no en el mundo, fieles a Él y no atemorizados. Conocerlo nos ayuda a discernir qué es lo mejor. Nuestro enemigo ha venido a destruir, pero Jesús ha venido para que tengamos vida en abundancia. Él es la esperanza que tenemos para nuestros hijos. Él puede ayudarlos a esforzarse y a actuar con confianza para hacer lo que es correcto. No siempre podemos estar con ellos, pero Dios promete: "No te desampararé, ni te dejaré" (Hebreos 13:5). Esa es nuestra mejor confianza y esperanza segura.

MK

PRINCIPIOS PARA REFLEXIONAR

- Se espera que seamos diferentes a los demás porque tenemos una ciudadanía diferente.
- La popularidad no es comunidad.
- Las redes sociales afectan negativamente a nuestros adolescentes mientras que las actividades sin pantalla los benefician positivamente.

GUÍA DE ESTUDIO

1. Lee 1 Pedro 2:11-12. ¿Por qué tienen los cristianos normas diferentes a las de otras personas? ¿Qué efecto tiene esto en los que no creen?

2. Cuando tu adolescente mira tu vida, ¿te ve viviendo de manera diferente al mundo que te rodea? ¿Cómo te ve usando tu tiempo, talentos y dinero? ¿Qué tipo de amigos ve que priorizas? ¿Cómo evaluaría tu tiempo frente a la pantalla o tus interacciones sociales con los demás?

3. ¿Cómo podemos interactuar con nuestros adolescentes cuando se sienten diferentes de los demás debido a su fe?

4. Cuando tu adolescente se siente solo o excluido, ¿cómo le ayudas a tener una perspectiva correcta? ¿Cuál sería una respuesta equivocada en esa situación?

5. Si tu hijo está en el grupo popular, ¿es consciente de los sentimientos de los demás adolescentes? ¿Intenta incluir a los demás? ¿Es amable con los que no encajan tan bien? ¿Elige amistades sanas que le alientan en su fe?

6. ¿Cómo afecta tu deseo de aceptación a tu forma de criar a tus hijos? ¿Cómo crees que tu ansiedad por la aceptación social de tus adolescentes les afecta?

7. ¿En qué ocasiones has guiado a tus hijos con una regla cuando hubiera sido más sabio guiarlos con una conversación?

8. ¿Diría tu adolescente que sabes escuchar? ¿Por qué sí o por qué no? ¿En qué podrías mejorar?

9. ¿Cuáles crees que son algunas pautas saludables para las redes sociales y los teléfonos inteligentes?

10. ¿De qué manera puedes educar a tu adolescente sobre el sexo, los teléfonos inteligentes o el consumo de alcohol sin sermonearle? ¿Por qué son tan importantes estas conversaciones?

Las bendiciones:
Cultivar un hogar
donde los adolescentes
se desarrollen

Aceptación: Un hogar lleno de gracia

Disponibilidad: Un hogar acogedor

Amor: Un hogar cálido

Introducción

Aveces es bueno detenerse y dedicar un momento a repasar. En los seis primeros capítulos de este libro hemos visto muchas cosas. En la Parte 1, consideramos los elementos básicos de un hogar de fe: la Palabra, la oración y la iglesia. Mencionamos tres estilos diferentes de crianza, que determinan nuestra forma de responder a nuestros adolescentes: permisiva, autoritaria y autoritativa. En la Parte 2, abordamos nuestros ídolos internos (control, poder, comodidad y aceptación), así como los diversos ídolos culturales (nivel educativo, deportes y aceptación social) contra los que luchamos como padres.

En esta parte final, pensaremos en cómo cultivar un hogar de bendición para nuestra familia. Hemos puesto los cimientos, hemos despejado el terreno y ahora necesitamos cultivar un hogar cálido y acogedor. Queremos que la belleza de la gracia de Dios se manifieste en nuestra forma de interactuar y relacionarnos mutuamente.

Algunos días, sentimos que solo estamos sobreviviendo como padres. Soñamos con tener un hogar al que nuestros hijos quieran volver, donde rían y cuenten historias alrededor de la mesa de la cocina. Pero en medio de las discusiones, los enojos y las malas actitudes, nos preguntamos si tener una vida familiar así es siquiera posible.

Sé que la adolescencia puede ser difícil, tanto para los padres como para los hijos. Tú estás aprendiendo sobre la marcha y tus hijos también. Tu dulce y cariñoso hijo pequeño se está convirtiendo en un adulto ante tus ojos (y a veces puede parecer menos cariñoso). Además, hay muchos giros inesperados y desvíos imprevistos a lo largo del camino. Probablemente, estés experimentando luchas que nunca pensaste tener que enfrentar con tus adolescentes. Puede que te sientas tan confundido como ellos, inseguro de cómo guiarlos, y te estés preguntando cuándo presionarlos y cuándo dejarlos estar.

En medio de todos los cambios y desafíos, esta etapa en la crianza de los hijos ofrece numerosas oportunidades. Incluso cuando no sabes qué hacer en concreto, hay diversas maneras de seguir cultivando un hogar lleno de amor en líneas generales. Dedicaremos los tres próximos capítulos a estudiar cómo cultivar un hogar de *aceptación, disponibilidad y amor*. Por supuesto, todos queremos que nuestro hogar refleje estos valores, pero, con demasiada frecuencia, dificultades inesperadas afectan negativamente nuestra reacción como padres. Nuestras inseguridades, frustraciones y fracasos afloran a la superficie y reaccionamos con ira en lugar de gracia, con impaciencia en lugar de amabilidad y con dureza en lugar de amor.

Sin embargo, estas tres bendiciones (aceptación, disponibilidad y amor) son fruto de la obra del Espíritu en nosotros. Queremos que nuestros hijos se sientan profundamente amados y valorados independientemente de su desempeño o sus logros. Incluso en medio de sus peores errores, queremos que nuestra respuesta esté sazonada con gracia.

¿Cómo nos convertimos en este tipo de padres?

Al acercarnos amorosamente a nuestros hijos así como Dios se acerca a nosotros: con aceptación, disponibilidad y amor, gracias a la obra de Cristo en la cruz. Solo podemos bendecirlos de esa manera cuando primero buscamos a Dios. Necesitamos que Él avive y renueve nuestros corazones cada día. Cuando comprendemos y nos deleitamos en el amor del Padre, Él puede transformarnos radicalmente y permitirnos amar a otros, especialmente a nuestros hijos adolescentes.

Empezaremos por centrarnos en lo que todos necesitamos desesperadamente: la gracia de Dios. Cuanto más comprendamos su continua gracia hacia nosotros, con más amor extenderemos esa gracia a nuestros adolescentes. En cada capítulo, seguiremos el mismo patrón que hemos utilizado en los anteriores:

- Principios bíblicos
- Crianza con propósito y gracia
- Consejos prácticos

Comencemos. Que la gracia y el amor de Dios nos guíen. Y que podamos cultivar hogares bendecidos, que sean de bendición para los demás.

CAPÍTULO 7

Aceptación: Un hogar
lleno de gracia

Podemos recordar algunas experiencias de nuestra adolescencia como si hubieran ocurrido ayer. Todavía recuerdo con sorprendente claridad el día que aprendí una poderosa lección sobre la gracia.

Tuve mi primer empleo durante la temporada de fiestas navideñas en el departamento donde se envolvían los regalos de una de las grandes tiendas locales. Por alguna razón, se me había hecho tarde. Me apresuré a recoger todo y me subí al auto. Puse rápidamente las llaves en el contacto y di marcha atrás.

De inmediato, sentí el impacto y oí el choque.

En el apuro, me había olvidado por completo de abrir la puerta del garaje. Cuando salí del auto y evalué los daños, mi madre vino corriendo porque había oído el ruido. Miró lo que había pasado y me dijo: "Sé que llegas tarde. Ve y llévate mi auto al trabajo. Luego se lo cuento a tu padre".

Tomé sus llaves y me fui a trabajar, pero me sentía fatal por lo que había hecho. Por el aspecto que tenía, me di cuenta de que había destrozado la puerta del garaje por completo. Habría que reemplazarla por una nueva. Y, mientras tanto, no tenía ni idea de cómo iba a poder sacar el auto del garaje.

Cuando llegué a casa por la tarde, vi mi auto en la entrada. De alguna manera, mi padre había logrado sacarlo para que yo lo pudiera usar.

Cuando entré a la casa, recibió mi avergonzada disculpa con una sonrisa y dijo, con compasión: "Niña, ¿cómo pudo pasar eso?".

Ni él ni mi madre me sermonearon por mi error. No me recitaron una larga lista de cosas que podría haber hecho mejor para evitar chocar contra la puerta del garaje. No me regañaron por salir apurada. Ni una sola vez se quejaron de lo que costaba reemplazar la puerta.

Al contrario, me trataron con gracia. Me miraron y me mostraron compasión y comprensión. Sabían que no solía llegar tarde, que no había sido mi intención destrozar la puerta y que lamentaba mucho lo que había hecho. Cuando me sentía tan mal por mi error, me recibieron con amor.

¿Puedo contarte algo sobre aquel incidente? Todavía se me salen las lágrimas al recordarlo. Todavía me siento abrumada por el amor que sentí de mis padres en medio de mi error. Mi madre demostró tener una gran sabiduría al comprender en el calor del momento lo que tenía que hacer primero: me prestó su auto para que fuera a trabajar. Es probable que haya sido un inconveniente para ella del que nunca me he enterado porque nunca se quejó.

Mi padre debió haber pasado horas averiguando cómo sacar mi auto del garaje, y luego más horas para arreglar la puerta del garaje. Y en lugar de sermonearme o regañarme, mis padres enmendaron amablemente mi error. Y ahora, todavía nos reímos de la vez que choqué el auto contra la puerta del garaje. Sorprendentemente, no es un recuerdo negativo de mi adolescencia, sino positivo. La respuesta de mis padres lo ha convertido en uno de los recuerdos más definitivos de su amor por mí.

● ● ● ● ● ● ● ● ● ● ● ● ● ● ● ● ● ●

Cuando nuestros hijos fallan, no es solo una situación que hay que afrontar o un problema a resolver. Es una oportunidad para mostrar a nuestros hijos la gracia de Dios de una manera poderosa.

● ● ● ● ● ● ● ● ● ● ● ● ● ● ● ● ● ●

ACEPTACIÓN: UN HOGAR LLENO DE GRACIA

Es posible que hayas tenido padres que hubieran manejado esta situación de una manera muy distinta. Tal vez hubiera habido gritos, enojo o palabras duras. Puede que no recuerdes ese tipo de situaciones con cariño, sino con vergüenza. No podemos cambiar la forma en que nuestros padres han respondido a nuestras fallas, pero podemos considerar detenidamente cómo respondemos a las fallas de nuestros hijos.

Comenzamos a enseñar el concepto de la gracia a nuestros hijos mientras estudiamos juntos la Palabra. Es una doctrina cristiana fundamental (somos salvos solo por "gracia") y la Palabra sienta las bases para su comprensión. Sin embargo, este concepto cobra vida de una manera profunda cuando los hijos experimentan la gracia en el hogar. La comprensión que un adolescente tiene de Dios está indeleblemente formada por el ejemplo de sus padres. Cuando nuestros hijos fallan, no es solo una situación que hay que afrontar o un problema a resolver. Es una oportunidad para enseñar a nuestros hijos la gracia de Dios de una manera poderosa.

En medio de nuestra interacción diaria con nuestros hijos, algunas de las lecciones más importantes se transmiten a través de cómo respondemos a sus fallas y sus logros. Esta interacción que parece insignificante tiene un profundo efecto en tu adolescente. En este capítulo, consideraremos algunos principios para actuar con determinación en la crianza de nuestros hijos, y algunos consejos prácticos para amar y conceder gracia a nuestros adolescentes, tanto en sus mejores como en sus peores días.

Principios bíblicos

Cuando nuestros hijos entran en la adolescencia, es importante que tengamos en cuenta algunos principios generales para estar preparados como padres. Queremos crear un hogar cariñoso y acogedor, pero a veces nos cuesta distinguir entre un hogar lleno de gracia y un hogar permisivo. Veamos cinco principios que pueden guiarnos y cómo pueden ayudarnos a tratar con nuestros adolescentes.

Los adolescentes cometerán errores

Sé que esto puede parecer obvio, pero a veces lo olvidamos: Nuestros adolescentes no son *perfectos*. Cometerán errores, desobedecerán y lucharán con el pecado toda su vida. ¿Cómo sé esto? La Biblia me lo dice.

Cuando Jesús enseñó a sus discípulos a orar, incluyó: "Y perdónanos nuestros pecados, porque también nosotros perdonamos a todos los que nos deben" (Lucas 11:4). Jesús sabía que sus discípulos pecarían y que otros pecarían contra ellos. Necesitarían perdonarse a sí mismos y perdonar a los demás. Incluso el gran apóstol Pablo confesó su propia imperfección: "No que lo haya alcanzado ya, ni que ya sea perfecto; sino que prosigo, por ver si logro asir aquello para lo cual fui también asido por Cristo Jesús" (Filipenses 3:12). Si ni siquiera los apóstoles eran perfectos, no podemos esperar que nuestros adolescentes lo sean.

También es importante que los padres distingamos entre decisiones pecaminosas y errores imprevistos. Chocar mi auto contra la puerta del garaje fue realmente un accidente. Quizás fue el resultado de mi falta de organización (no recuerdo por qué se me había hecho tarde), pero no fue una elección pecaminosa, ni un acto de rebeldía adolescente. Como padres, debemos tener mucho cuidado de distinguir cuidadosamente entre la rebeldía deliberada y los errores sin mala intención.

También existe la realidad de que nuestros adolescentes tomarán malas decisiones. Harán las cosas mal. Puede que mientan, roben algo en alguna tienda, copien en un examen, desobedezcan en el colegio, se escapen por la noche, beban alcohol o consuman drogas. Con las redes sociales, nos enfrentamos a diversas nuevas formas en que los adolescentes toman decisiones pecaminosas: los chismes, la pornografía, el *sexting* y el acoso escolar pueden florecer en los teléfonos inteligentes. Como padre o madre, no te sorprendas ni te desanimes cuando tu adolescente tome una mala decisión. También es bueno estar preparado para la posibilidad de que sus malas decisiones nos afecten negativamente: pueden costarnos tiempo, dinero o una noche entera de sueño. Preparar nuestro corazón para este tipo de interacción con ellos es vital. Nuestras expectativas influyen mucho en nuestra respuesta.

Aceptar que nuestros adolescentes lucharán con el pecado no significa aceptar o celebrar su pecado. Ir en contra de la Palabra de Dios nunca es bueno para nuestros hijos. Debemos guiarlos en la verdad y conducirlos por el camino de la vida. Al mismo tiempo, preparemos nuestro corazón para que, cuando fallen, estemos listos para responder con gracia, con la misma misericordia y gracia que hemos recibido en nuestra propia vida.

Mi respuesta es mi responsabilidad

Cuando nuestros hijos toman malas decisiones, es difícil para nosotros. Aunque sabemos que nuestros adolescentes cometerán errores, nos toman por sorpresa. Y eso nos lleva a un segundo principio en la crianza de los hijos: *Mi respuesta es mi responsabilidad*. Nuestra forma de responder al comportamiento de nuestros hijos es nuestro problema, no el de ellos. Si les gritas, das portazos y les hablas mal, no es culpa de ellos. Como padres, debemos asumir la responsabilidad de nuestro comportamiento. Las acciones de tus hijos no determinan tu respuesta. Las determinas tú. *Y tú eres el padre o la madre*. Eso no solo significa que eres el que manda. Significa que eres el ejemplo.

Una de las parábolas más aleccionadoras de Jesús es la del siervo despiadado. Cuenta la historia de un hombre que tenía una deuda enorme, que nunca podría pagar. Este siervo fue a ver a su amo y le rogó que tuviera clemencia, ya que si no, tendría que vender a su familia para pagar la deuda. El amo se apiadó de él y le canceló la deuda. Cuando ese mismo siervo se encontró con otro siervo que le debía una suma de dinero mucho menor, lo agarró del cuello y empezó a estrangularlo mientras le exigía el pago inmediato de su deuda. Cuando el siervo suplicó clemencia, el primer siervo (a quien su amo le había perdonado una deuda de por vida) se negó e hizo que lo metieran en la cárcel.

Por mucho que nos moleste admitirlo, a menudo podemos ser

como el siervo despiadado con nuestros hijos adolescentes. Cuando nos desobedecen, no tenemos en cuenta cuántas veces hemos fallado en obedecer a Dios. Gracia significa "favor inmerecido o demérito". Es un favor que no merecemos (y, de hecho, nos hemos ganado la desaprobación de Dios). Sin embargo, Dios nos concedió amorosamente su gracia a través de Cristo. Cuando olvidamos con demasiada facilidad la gracia que hemos recibido, respondemos a nuestros adolescentes con rencor, fastidio, dureza o impaciencia.

Piensa por un momento cómo te gustaría que alguien respondiera a tus fallas. ¿No te gustaría que fueran amables contigo cuando te confiesas? ¿Que fueran amorosos contigo a pesar de tu error? ¿Que tuvieran gracia contigo aun cuando no mereces su compasión?

Como padres, es importante tener presente nuestra propia necesidad de gracia. Esto ablandará nuestras respuestas, no porque seamos blandos con el pecado, sino porque comprendemos nuestra propia imperfección. Tenemos una deuda mucho mayor, que jamás podremos pagar, y Jesús la pagó por completo. Queremos responder a nuestros adolescentes en función de la misericordia de Dios por nosotros.

Así que, si le sueles gritar a tu adolescente, eres impaciente cada vez que falla, eres duro ante su comportamiento o le hablas mal, no culpes de esas respuestas a tu hijo. En cambio, acude al Señor. Pídele perdón. Pídele que te transforme. Y luego arrepiéntete ante tu hijo. Reconoce tus errores. No excuses tu comportamiento por la conducta de tu adolescente; en cambio, reconoce tu propia necesidad de gracia.

Todos necesitamos el perdón, pero no permitas que los errores del pasado te hagan sentirse fracasado como padre. Ninguno de nosotros es un padre perfecto, y por eso la gracia de Dios es tan buena noticia. Sus misericordias son nuevas cada mañana y su poder se perfecciona en nuestra debilidad (Lamentaciones 3:21-24; 2 Corintios 12:9). Comprender nuestra necesidad de la gracia nos ayuda a responsabilizarnos de nuestros errores de manera que sirva de ejemplo a nuestros hijos.

Como madre, he tenido que pedir perdón a todos mis hijos. Muchas veces. Me he dirigido a ellos y les he dicho: "Mi respuesta fue inapropiada y lo siento". Mi marido también lo ha hecho. ¿Sabes qué he descubierto? Hemos creado un ambiente en el que todos estamos más prestos a pedirnos perdón unos a otros. He visto a todos mis hijos pedir perdón por sí mismos, sin que yo o mi marido se lo pidamos. Se han acostumbrado a hacerse cargo de su comportamiento y asumen la responsabilidad de sus actos, entre ellos, con sus amigos y con nosotros como padres. Han aprendido a disculparse y pedir perdón.

Las reglas son obra de la gracia

Al considerar el concepto de la gracia, es fácil confundir un hogar lleno de gracia con un hogar que carece de reglas o consecuencias. Sin embargo, un hogar lleno de gracia acepta fácilmente la necesidad de reglas (¡solo se puede tener gracia con alguien que ha incumplido una regla!) y las implementa en el hogar.

Este principio era válido para los israelitas en el Antiguo Testamento. Algunas personas creen erróneamente que la ley fue dada a los israelitas como una forma de ganarse el favor de Dios. Sin embargo, la ley era parte de la gracia de Dios hacia los israelitas. En Deuteronomio 5, justo antes que Moisés les diera los Diez Mandamientos, les recuerda: "Oye, Israel, los estatutos y decretos que yo pronuncio hoy en vuestros oídos; aprendedlos, y guardadlos, para ponerlos por obra. Jehová nuestro Dios hizo pacto con nosotros en Horeb" (Deuteronomio 5:1-2). Observa que el Señor hizo un pacto con los israelitas *antes* que cumplieran la ley, no en respuesta a su cumplimiento.

Dios dio a los israelitas la ley por gracia, aunque sabía que no podrían cumplirla a la perfección. Sin embargo, la ley seguía siendo una obra de la gracia para ellos: les mostraba cómo vivir, era una bendición para ellos y les servía como un tutor para mostrarles su necesidad de un Salvador (Gálatas 3:24). De la misma manera, es una muestra de gracia para nuestros hijos adolescentes cuando les imponemos reglas junto con cariño y un compromiso relacional. Necesitan ambas cosas.

A la hora de encaminar a nuestros adolescentes, hay un mundo de diferencia entre estas dos afirmaciones: "Te amo, por eso te impongo reglas" y "Si cumples mis reglas, entonces te amaré". Damos amor y cariño a nuestros hijos porque son portadores de la imagen de Dios, no porque sean perfectos. Al mismo tiempo, porque los amamos, sabemos que necesitan instrucción y expectativas sanas.

Una vez más, queremos que nuestras reglas sean un beneficio y una bendición para ellos, no irrazonables o excesivamente restrictivas (es bueno recordar que incluso Dios solo nos dio diez mandamientos para cumplir). Sabemos que nuestros hijos no podrán obedecer a la perfección nuestras reglas. Sin embargo, esperamos que eso les ayude a ser más conscientes de su necesidad del Salvador. Adquirir tal conciencia es una obra de la gracia para ellos y puede llevarlos a Jesús. Por lo tanto, procura que las reglas que pongas en tu hogar sean apropiadas para la edad de tus hijos. Serán una fuente de bendiciones para tu familia.

La gracia incluye consecuencias

Tal vez te preguntes si un hogar lleno de gracia es un hogar sin consecuencias. Sin embargo, la gracia de Dios hacia nosotros no significa que estemos absueltos de las consecuencias naturales de nuestras decisiones. Si robamos, podemos ir a la cárcel. Si somos perezosos en el trabajo, podemos perder nuestro empleo. Si tenemos una aventura amorosa, nuestro cónyuge puede abandonarnos. Dios nos perdonará por nuestros pecados, pero eso no significa que nuestras acciones no tengan consecuencias duraderas. Él usa la disciplina como una herramienta para producir buenos frutos a los que en ella han sido ejercitados (Hebreos 12:11).

De la misma manera, responder con gracia a nuestro adolescente no significa que no tenga que afrontar las consecuencias. Es importante imponer consecuencias, desde luego, acordes a su transgresión. Si te atrapan conduciendo con exceso de velocidad, una consecuencia natural podría ser estar algunas semanas sin conducir. Si dañas la propiedad de otra persona, puede que tengas que pagar el costo de la restauración con tu propio dinero. Si usas tu teléfono de forma inconveniente, puede que tengas que borrar ciertas aplicaciones o funciones.

No es falta de gracia imponer consecuencias. En cambio, implica que somos pacientes, amorosos, buenos y ecuánimes cuando corregimos a nuestros hijos. Nuestra disciplina está basada en el amor, no en la ira santurrona. Dios es "misericordioso y piadoso; tardo para la ira, y grande en misericordia y verdad" (Éxodo 34:6). Como padres, debemos reflejar estas cualidades a nuestros hijos adolescentes, incluso cuando corregimos con firmeza su comportamiento. Tener en cuenta estos principios nos ayudará a ser fieles en nuestro compromiso con nuestros adolescentes.

Crianza con propósito y gracia

Nuestros adolescentes cometerán errores y nuestra respuesta en esos momentos es importante. Cuando pregunté a mis hijas cuáles eran las cosas más importantes que su padre y yo habíamos hecho como padres, muchas de sus respuestas tenían que ver con las reglas y sus consecuencias. La forma en que respondemos a nuestros hijos por sus errores es una de las lecciones más importantes que les enseñamos. He aquí algunos consejos de mis hijas (una joven de quince y otra de veintiún años) para los padres, que escribí en una servilleta una noche mientras comíamos pizza:

- No poner reglas innecesarias.
- Cuando tenemos un arrebato de ira, darnos tiempo para calmarnos antes de hablar.
- Aceptar que no somos perfectos.
- Escuchar bien. Estar presente y disponibles para hablar, sin enojarse.
- Dar buenos consejos, pero sin sermonearnos.
- Decirnos el *porqué*, no solo el *qué*.
- Las reacciones iniciales a nuestros errores son muy, muy importantes.

Me sorprendió la sabiduría de sus reflexiones y me di cuenta de lo mucho que nuestros hijos prestan atención. También me dijeron que los hogares en los que observaban que los adolescentes se portaban peor eran aquellos en los que los padres tenían más reglas y un control más estricto o aquellos en los que los padres no tenían reglas. Se daban cuenta de las diferencias entre los hogares autoritarios (dominantes), autoritativos (pastores) y permisivos (indulgentes), aunque no conocían estas categorías. Podían ver los diferentes resultados en el contexto escolar.

La forma en que respondemos a nuestros hijos es importante. He aquí cinco principios que nos ayudan a responder con gracia a nuestros adolescentes.

Las consecuencias personales son distintas de las críticas personales

Cuando nuestros hijos cometen errores, una de las cosas más importantes que podemos hacer es tener cuidado con nuestras palabras. Proverbios nos advierte: "El charlatán hiere con la lengua como con una espada, pero la lengua del sabio brinda sanidad" (Proverbios 12:18, NVI). A la hora de imponer consecuencias personales, debemos evitar hacer una crítica personal a nuestros adolescentes. Es muy diferente decirles: "Has tomado una mala decisión y tenemos que hablar de las consecuencias de tus actos", a decirles con palabras duras y críticas: "Eres una mala persona. Nunca haces nada bien. No puedo creer que me hayas vuelto a hacer esto".

Corregir un comportamiento es muy distinto que criticar a una persona. Debemos reconocer la verdad de que "todos pecaron, y están destituidos de la gloria de Dios" (Romanos 3:23), y al mismo tiempo recordar que nuestros hijos tienen un valor y una dignidad inherentes porque están hechos a imagen de Dios. En nuestra respuesta a ellos, siempre debemos afirmar su valor aun cuando corregimos su comportamiento. Es muy distinto tomar una mala decisión que ser una mala persona. (Y por mala, quiero decir irredimible, como un plátano que se puso muy marrón y ya no se puede salvar). Nuestro lenguaje, como padres, debe reflejar lo que creemos, y esperamos que, aunque nuestro adolescente haya tomado hoy una decisión equivocada, la próxima vez no se equivoque.

● ● ● ● ● ● ● ● ● ● ● ● ● ● ● ●

Corregir un comportamiento es muy distinto que criticar a una persona.

● ● ● ● ● ● ● ● ● ● ● ● ● ● ● ●

En *Handing Down the Faith* se explica: "Para que los padres transmitan la fe a sus hijos es imprescindible que mantengan con ellos relaciones de *cariño y apoyo*. Los padres pueden estar muy comprometidos y dispuestos a transmitir su fe, pero si mantienen relaciones emocionalmente distantes y críticas con sus hijos, es probable que sus esfuerzos fracasen o resulten contraproducentes".[1]

Los adolescentes necesitan cariño y apoyo. Evita ser excesivamente crítico con tus hijos, sobre todo con comportamientos intrascendentes. Está bien que vayan a la escuela con la camisa arrugada, ropa que no combina y despeinados; no vale la pena luchar con este tipo de problemas. Prioriza lo que la Biblia prioriza. Déjate guiar por ella y olvida tus preferencias personales. Ayudará a tus hijos a entender lo que verdaderamente importa. Un día, ellos decidirán peinarse y plancharse las camisas por sí mismos (¡eso esperamos!).

Comprende (y evita) las consecuencias no productivas

No todas las consecuencias son iguales. Algunas no son útiles o productivas. No es necesario disciplinar físicamente a tu hijo preadolescente o adolescente (a menos que sea para evitar que se haga daño a sí mismo o a otra persona). Tampoco es sano utilizar la ira, los gritos, las palabras duras o la manipulación emocional como consecuencias del mal comportamiento de un adolescente. Si tu hijo te grita, no le contestes. Si tu adolescente te dice: "Te odio", responde cada vez con un "Siempre te amaré". Los adolescentes son inmaduros. Dicen cosas indebidas e incoherentes.

---

1. Christian Smith y Amy Adamczyk, *Handing Down the Faith: How Parents Pass Their Religion on to the Next Generation* (Nueva York: Oxford University Press, 2021), 5 (énfasis añadido).

Como padres, debemos tener la estabilidad y la fortaleza necesarias para soportar las tormentas emocionales de la adolescencia sin contraatacar. Seamos firmes, pongamos límites, pero no entremos en una pelea innecesaria e inútil. Nuestra respuesta en estos momentos es crucial. Cuando nuestros hijos suben la temperatura en una discusión, debemos dar ejemplo de madurez y poner paños fríos a la situación.

También es importante tratar de no acumular cargas emocionales. Cuando tu hijo tome una mala decisión, focalízate en él, no en cómo te afecta a ti. No digas cosas como "No puedo creer que me hayas hecho esto" o "Estoy tan cansado de lidiar contigo". Tu hijo no necesita oír lo angustiado o molesto que estás por su comportamiento; necesita que estés tranquilo para resolver la situación con él. Una tormenta emocional no es una consecuencia saludable ni productiva. Debes considerar tus reacciones de forma proactiva para estar preparado con tus respuestas.

● ● ● ● ● ● ● ● ● ● ● ● ● ● ● ● ●

Cuando nuestros hijos suben la temperatura de una discusión, debemos dar ejemplo de madurez y poner paños fríos a la situación.

● ● ● ● ● ● ● ● ● ● ● ● ● ● ● ● ●

Cuando mis hijos cometen errores, siempre me ha resultado útil preguntarles: "¿Cuál crees que sería una consecuencia adecuada?". A menudo, sus respuestas son bastante buenas (y a veces ellos mismos se imponen consecuencias mucho más duras que las que yo les habría impuesto). Además, es aconsejable tener una "caja de herramientas mental" que contenga algunas consecuencias que no te resulte incómodo como padre imponer a tus hijos. Porque una vez que impones una consecuencia, tienes que mostrarte firme a la hora de responsabilizar a tu hijo. He aquí algunas ideas:

- Si llegan a casa treinta minutos más tarde de la hora acordada, la próxima vez tendrán que volver a casa una hora antes.

- Si no aprueban un examen porque no estudiaron, no tendrán tiempo de pantalla hasta que hayan terminado todos los deberes cada noche.

- Si substraen o rompen algo que pertenece a otra persona, tendrán que devolverlo de sus propios ingresos.

- Si gritan o tienen un arrebato de ira, tendrán que ir a su habitación hasta que se calmen.

- Si los descubres mintiendo, tendrán que volver a ganarse tu confianza. Sin embargo, hasta entonces, tendrás que comprobar si te están diciendo la verdad (revisar su teléfono, hablar con otros padres o preguntar a los profesores).

Cada adolescente es distinto. Algunos necesitarán consecuencias más duras, mientras que otros se sentirán tan mal por sus errores, que quizá solo necesiten que los motives (sobre todo con los deberes). El consejo más importante que puedo dar es simplemente este: *Elige tus palabras con cuidado.* La mayoría de los adolescentes no recordará el partido de fútbol o la fiesta que se perdieron por estar castigados. Puede que estén enojados en ese momento, pero un día agradecerán tu firme disciplina. En cambio, las palabras duras pueden dejar una impresión duradera, que no se olvida fácilmente. El objetivo de todo padre es ser "pronto para oír, tardo para hablar, tardo para airarse" (Santiago 1:19). Elige tus palabras sabiamente y disciplina a tus hijos para corregirlos por su bien, no para hacerles daño.

Cuidado con las comparaciones

Una de las formas más importantes de cultivar hogares de aceptación es dejar que cada hijo sea él mismo y amarlo por lo que es, no por lo que tú quieres que sea. Por supuesto, no estoy de ninguna manera animándote a aceptar que sean ellos mismos de una forma que promueva o aliente comportamientos pecaminosos. Sin embargo, ten cuidado de no comparar a tu adolescente contigo mismo cuando tenías su edad, con su amigo adolescente o con otro de tus hijos. Tal comparación comienza en tu mente. Toma cada pensamiento cautivo. No tengas favoritos entre tus hijos. En cambio, busca los puntos fuertes de cada uno, especialmente cuando sean diferentes de los suyos.

En la Palabra de Dios, leemos que el favoritismo siempre tiene un efecto negativo y divisorio en las familias. En el primer libro de la Biblia, se nos habla de dos padres que eligieron diferentes favoritos: "Y crecieron los niños, y Esaú fue diestro en la caza, hombre del campo; pero Jacob era varón quieto, que habitaba en tiendas. Y amó Isaac a Esaú, porque comía de su caza; mas Rebeca amaba a Jacob" (Génesis 25:27-28). Observa que los dos muchachos, Esaú y Jacob, tenían personalidades muy distintas. Y sus padres los favorecían de manera diferente. Este trato preferencial tuvo efectos desastrosos y acabó por separar a los dos hijos durante muchos años.

De manera similar, Jacob también mostró favoritismo hacia uno de sus hijos, José. Se nos dice que Jacob "amaba Israel a José más que a todos sus hijos, porque lo había tenido en su vejez; y le hizo una túnica de diversos colores. Y viendo sus hermanos que su padre lo amaba más que a todos sus hermanos, le aborrecían, y no podían hablarle pacíficamente" (Génesis 37:3-4). Finalmente, los hermanos de José lo arrojaron a un pozo y lo vendieron como esclavo. Pasó gran parte de su vida separado de las personas que más amaba. El favoritismo de Jacob fue una maldición para José, no una bendición.

Puede que la personalidad de uno de tus hijos te resulte más fácil o agradable. Otro hijo puede ser más difícil y más complejo de entender para ti. Sin embargo, ten cuidado de no comunicar, en modo alguno, favoritismo hacia un hijo en detrimento de otro. No es bueno ni para él ni para sus hermanos. Si un hijo dice: "¡Quieres más a Maddy que a mí!", asegúrate de que tu respuesta le transmita con firmeza: "Los quiero a los dos con todo mi corazón. Estoy muy agradecido de que los dos sean mis hijos". En ese momento, tu hijo está haciendo una pregunta importante sobre su valor o estima para ti. Algunos adolescentes, en ciertas épocas, pueden ser más difíciles de amar, pero tú siempre debes comunicarles que tu amor por ellos no está basado en condiciones o desempeños. Así nos ama Dios a cada uno de nosotros, y debemos reflejar eso en nuestra labor de padres.

Ve a la raíz, no te quedes solo con el fruto

El comportamiento externo comienza en el corazón. Santiago explica que "cada uno es tentado cuando sus propios malos deseos lo arrastran y seducen. Luego, cuando el deseo ha concebido, engendra el pecado; y el pecado, una vez que ha sido consumado, da a luz la muerte" (Santiago 1:14-15, NVI). Jesús nos enseñó que "de la abundancia del corazón habla la boca" (Lucas 6:45). Una forma de ayudar a nuestros adolescentes a entender su comportamiento es hacerles preguntas sobre lo que pasa dentro de su corazón. No todos los adolescentes quieren hablar de sus sentimientos, pero algunos sí. Es útil preguntarles amablemente: "¿Qué pasa en tu corazón?", y no dar por sentadas las razones de su comportamiento.

Un adolescente puede haber faltado a un examen porque no estudió. Sin embargo, otro adolescente puede haber faltado porque alguien le dijo algo malo en el colegio y no pudo concentrarse en el estudio. Lo que pasa en el corazón importa. Lo más probable es que tu hijo tenga dificultades que tú desconoces. Pregúntale cuál es la raíz de su comportamiento en lugar de limitarte a controlar su manifestación externa. Un deseo de aprobación puede estar alimentando sus malas decisiones. O celos secretos pueden estar alimentando sus chismes. Así como nosotros tenemos ídolos internos y externos, nuestros hijos también los tienen. A medida que maduran, fomentar el conocimiento de sí mismos les ayudará a entender cómo combatir el pecado en su corazón antes que se manifieste en su comportamiento.

Recuerda la relación (tu respuesta importa)

Una de las maneras más significativas de cultivar hogares llenos de gracia es ir más despacio y decirnos a nosotros mismos: *"Recuerda la relación".* No arruines la relación con tu adolescente discutiendo por la leche derramada. Ten una visión a largo plazo de tu labor de padre o madre. Procura utilizar estos años para ayudarlos a crecer en lugar de ser demasiado crítico cuando estás molesto. No pases por alto el dolor que llevan dentro porque se esconden detrás de una actitud amargada. No creas erróneamente que puedes cambiarlos si eres impaciente con sus defectos.

Abre los ojos y tómate un momento para ver realmente a tu hijo. Ese adolescente es una persona, independiente de ti. Está hecho de una manera maravillosa y formidable, pero cometerá errores. No pierdas la relación con tu hijo porque te preocupa cómo te afecte su comportamiento. Camina a su lado. Ayúdalo. Ofrécele tu apoyo. Puede que no lo admita, pero te necesita desesperadamente.

Cuando choqué mi auto con la puerta del garaje, sentí la comprensión de mis padres. Mi madre comprendió de inmediato: "Ahora no es el momento de hablar de esto; tiene que ir a trabajar", y me prestó su auto para ir. Cuando mi padre me saludó aquella noche, comprendió que estaba avergonzada por lo que había hecho. No necesitaba un sermón. Necesitaba la seguridad de su amor. Mis padres vieron algo más que una puerta de garaje rota. Me vieron a mí. Recordaron nuestra relación. Y es un momento lleno de gracia que jamás olvidaré.

Consejos prácticos

Si queremos ofrecer a nuestros adolescentes este tipo de aceptación en nuestro hogar, empieza por aceptar la obra de Dios en sus vidas. Necesitamos estar arraigados en su gracia, conscientes de su providencia y entusiasmados con su misión para nuestros adolescentes.

Acepta el diseño de Dios

La aceptación de nuestros adolescentes empieza por reconocer que están hechos a imagen de Dios, no a la nuestra. Nuestra esperanza no debe ser que nuestros hijos sean más semejantes a nosotros, sino a Dios. Puede que a tu hijo le encante ser el centro de atención, mien-

ACEPTACIÓN: UN HOGAR LLENO DE GRACIA

tras que tú prefieres una noche tranquila en casa a solas con un libro. Puede que tu hijo prefiera el arte a la ciencia, o la jardinería al golf.

En lugar de tratar de hacer que tu hijo entre en tu molde, piensa en él como alguien a quien estás empezando a conocer. Ten entusiasmo y curiosidad por la persona en la que se está convirtiendo. Lo mejor de ser padres es ser testigos directos de cómo el Señor ha hecho a nuestros hijos. Así como miramos a los bebés y nos asombramos de sus diminutos pies y manos, sigue observando con asombro el crecimiento de tu adolescente. ¿Cuáles son sus intereses, sus puntos fuertes y sus debilidades? ¿Cómo puedes ayudarlos a desarrollar sus dones y a crecer? No dejes de ver la persona en quien se está convirtiendo tu adolescente porque sigues tratando de que entre en el molde de lo que tú quieres que sea.

En la práctica, esto significa dar a tus hijos la libertad de tomar decisiones diferentes a las tuyas, tanto en lo social como en lo académico y deportivo. Escucha sus razones, aconséjalos con sabiduría y anímalos. Cuando se sientan desanimados por su apariencia, inteligencia o habilidades atléticas, diles que Dios los hizo altos o bajos, introvertidos o extrovertidos, con el pelo rizado o lacio, el alma de la fiesta o retraídos, académicos o artistas. Deléitate con el diseño de Dios para tus adolescentes e invítalos a hacer lo mismo.

Acepta la providencia de Dios

No solo aceptamos el designio de Dios para nuestros adolescentes, sino también su providencia en sus vidas. El rey David comprendió que "todo estaba ya escrito en [el libro de Dios]; todos mis días se estaban diseñando, aunque no existía uno solo de ellos" (Salmos 139:16, NVI). Cuando descansemos en los planes de Dios para la vida de nuestros hijos, no trataremos de controlar los planes por nosotros mismos. No podemos saber qué es lo mejor para ellos, pero Dios sí lo sabe. Podemos sentirnos perdidos e inseguros, pero Dios conoce el principio desde el final.

En la práctica, esto significa no tratar de controlar meticulosamente las circunstancias de nuestros hijos. Cuando no los invitan a una fiesta, no llamamos a los padres anfitriones para preguntarles por qué. Cuando sacan malas notas, no culpamos al profesor. Cuando no entran en el equipo deportivo, no pedimos al entrenador que recapacite.

● ● ● ● ● ● ● ● ● ● ● ● ● ● ● ● ● ●

Cuando descansemos en los planes de Dios para la vida de nuestros hijos, no trataremos de controlar los planes por nosotros mismos.

● ● ● ● ● ● ● ● ● ● ● ● ● ● ● ● ● ●

Una de mis hijas sufrió una situación decepcionante cuando la echaron de un equipo deportivo. El proceso de selección no fue bueno, y el resultado final fueron lágrimas y frustración. Me acerqué a mi hija y le dije: "A mí tampoco me gustó cómo hicieron esa prueba. Sin embargo, podemos confiar en que Dios tiene un plan incluso cuando la situación no haya sido aceptable o justa". Quería que supiera que Dios estaba obrando incluso cuando la respuesta era un "no".

Al año siguiente, probó con otro deporte y disfrutó formando parte de ese equipo durante toda la secundaria. Ahora que es mayor, me dice que esa experiencia todavía le hace recordar que confíe en Dios cuando la respuesta es "no". El primer paso para ayudar a nuestros hijos adolescentes a confiar en Dios en sus circunstancias es confiar nosotros mismos, como padres, que Dios tiene el control de la vida de nuestros hijos.

Por supuesto, hay momentos en que nosotros como padres necesitamos intervenir, especialmente en los primeros años de la escuela de enseñanza intermedia. Sin embargo, debemos asegurarnos de no tratar de resolver problemas que nuestros hijos pueden manejar por sí mismos. De hecho, a nuestros hijos les ayudará aceptar que los han echado de un equipo deportivo o que no los han invitado a una fiesta. Podemos contarles nuestras propias experiencias de adolescentes que no salieron como queríamos. Nosotros sobrevivimos y ellos también lo harán. Debemos acompañarlos en circunstancias que los han decepcionado y ayudarles a aprender de ellas. Sobre todo, debemos llevarlos continuamente a Dios y recordarles que Él tiene el control. Cualquier dificultad que enfrenten tendrá un propósito en la providencia de Dios para sus vidas. Aceptar la providencia de Dios nos permite cultivar un hogar de esperanza y aceptación para nuestros hijos adolescentes.

Acepta la misión de Dios

Un hogar lleno de gracia nos lleva a ser un hogar con una misión. Queremos que nuestros hijos comprendan que la gracia de Dios está disponible para ellos y que esa gracia tuvo un costo demasiado alto. Dios envió a Jesús como sacrificio para que tuvieran vida eterna. Él les ofrece la salvación gratuitamente. Aunque la salvación se ofrece a todos, solo se otorga a los que creen. Romanos 10:9-10 dice "que si confesares con tu boca que Jesús es el Señor, y creyeres en tu corazón que Dios le levantó de los muertos, serás salvo. Porque con el corazón se cree para justicia, pero con la boca se confiesa para salvación".

Jesús es el fundamento de la gracia en nuestros hogares. Porque cargó sobre sí nuestro pecado, podemos recibir el perdón y perdonarnos unos a otros. Habla con insistencia, de todas las maneras posibles, con tus hijos adolescentes de la misericordia y la gracia disponible para ellos en la cruz. Esta es la misión de la Iglesia. Es la misión de tu hogar. Es la misión de tu labor como padre o madre.

Y déjame prepararte: Si les hablas a tus hijos de esta misión y reciben con alegría la gracia de Jesús, les cambiará la vida. Querrán dar a otros la gloriosa buena noticia del evangelio. Puede que tomen la decisión de trasladarse al otro lado del mundo para testificar acerca de Jesús a aquellos que nunca han oído el evangelio o que elijan una carrera menos lucrativa para poder servir a los demás.

¿Cómo responderás tú?

Espero que seamos padres que crean de todo corazón que no hay mejor vida que vivir radicalmente para Jesús. Recientemente, escuché a un pastor universitario decir que el mayor problema para llevar a jóvenes de veinte años al campo misionero no es su falta de voluntad en ir, sino *la falta de voluntad de sus padres en dejarlos ir.* No es una tragedia cuando nuestros hijos deciden renunciar a carreras prósperas o vidas cómodas porque quieren seguir a Jesús. Es una tragedia cuando se apartan de los caminos de Dios y siguen su propio camino. Debemos hacer todo lo que podamos como padres para apoyar a nuestros hijos en sus intereses piadosos.

Nuestros hijos pueden darse cuenta de lo que realmente valoramos. *¿Quieres en verdad que vivan para Jesús?* Eso puede significar que sus vidas tomen caminos drásticamente diferentes a los que tú elegirías para ellos. Sin embargo, te prometo: No hay mejor seguridad que caminar en obediencia al llamado de Dios. Nuestros hijos percibirán lo que realmente queremos para ellos. Si secretamente estamos esperando una vida de ganancias y logros terrenales más que una vida en la que sigan de corazón a Jesús, va a salir a la superficie en nuestra labor como padres. Espera algo mejor en lo más profundo de tu corazón.

Anima a tus hijos adolescentes a buscar un propósito más grande para sus vidas. Ora para que tengan una vida que se caracterice por tratar de glorificar a Dios en todo lo que hagan. No hay vida mejor. No hay mejor misión. Ese es el fruto que la gracia puede producir en sus vidas. Ora por ello, y regocíjate en ello.

UNA NOTA DE ESPERANZA DEL EVANGELIO

Como madre, a veces siento el peso de todos mis errores. ¿Alguna vez te has sentido así? Tal vez has estado favoreciendo a un hijo por encima del otro. Tal vez hayas tenido palabras duras y actitudes poco amables con tu adolescente debido a tu frustración y enojo. Tal vez te da miedo establecer reglas o imponer consecuencias, y tu adolescente se aprovecha de ti.

¿Puedo recordarte algo? La gracia de Dios es suficiente. Es suficiente para los errores de tu hijo, y también es suficiente para tus errores como padre o madre. Deja que el mensaje del evangelio penetre en tu alma. Jesús te ama. Te acepta. Te invita. No porque seas perfecto, sino porque Él ha pagado el castigo por tu pecado. Cuando veas tus fallas como padre o madre, corre a Jesús.

Esta es nuestra realidad como padres cristianos. No somos perfectos. Aceptamos la gracia de Dios para poder extenderla a nuestros hijos. No sientas la necesidad de excusar o explicar tus errores. Confiésalos. Arrepiéntete de ellos. Repite la secuencia. Nunca nos graduamos de nuestra necesidad de gracia. Podemos extender esa gracia a otros cuando la recibimos nosotros mismos. Si nuestros adolescentes nos ven confiar en Jesús, comprenderán que Él es la fuente de la fuerza que sostiene nuestra alma: solo Jesús. Él es nuestra esperanza, nuestra fuerza, nuestra gracia.

MK

PRINCIPIOS PARA REFLEXIONAR

- Tu respuesta como padre es tu responsabilidad. Ser padre no solo significa que eres el que manda, sino que eres el ejemplo.
- Los adolescentes van a cometer errores. No dañes tu relación con ellos porque te preocupa cómo te afecta su comportamiento.
- No dejes de ver a la persona en quien se está convirtiendo tu adolescente porque sigues tratando de que entre en el molde de lo que tú quieres que sea. Cuando descanses en los planes de Dios para la vida de tus hijos, no tratarás de controlar los planes por ti mismo.

GUÍA DE ESTUDIO

Una lección importante que a veces olvidamos enseñar es: ¿Cómo afronto el fracaso? A medida que vivimos día a día con nuestros adolescentes, algunas de las lecciones más importantes se producen por medio de nuestras respuestas diarias a sus fracasos y éxitos. Estas interacciones, aparentemente insignificantes, tienen un gran impacto en ellos. Queremos crear un hogar en el que las disculpas se ofrezcan con regularidad y el perdón se dé libremente. Lo que enseñamos a través de nuestras palabras quedará grabado en nuestros adolescentes por medio de nuestras acciones.

1. Lee Mateo 18:23-35. Como padres, ¿de qué manera podemos ser como el siervo despiadado? ¿Esperamos paciencia y perdón de Dios, pero no los extendemos a nuestros hijos?

2. ¿De qué manera la falta de gracia puede manifestarse en tu forma de criar a tus hijos? Piensa en la semana pasada. ¿Hay alguna situación en la que te hubiera gustado reaccionar de otra manera?

3. Lee Lucas 11:4 y Filipenses 3:12. ¿Qué nos dicen estos pasajes sobre nuestras vidas?¿Cómo nos ayudan estos versículos a tener expectativas realistas de nuestros adolescentes?

4. Piensa en una ocasión en la que cometiste un error cuando eras adolescente. ¿Cuál fue la respuesta de tus padres? ¿Qué hicieron bien en su respuesta? ¿Qué hicieron mal?

5. Cuando tu hijo adolescente comete un error, ¿cómo respondes normalmente? ¿Cómo te gustaría volver a responder?

6. ¿Se encuentra la gracia en oposición a las reglas o consecuencias? ¿Por qué sí o por qué no?

7. ¿Cuál es la diferencia entre consecuencias personales y crítica personal?

8. Lee Proverbios 12:18. ¿Por qué son tan poderosas las palabras? ¿Cómo has visto su impacto (para bien o para mal) en tu propia vida?

9. ¿Cuál es el problema del favoritismo en el hogar? ¿Favoreces a uno de tus hijos por encima de los demás? ¿Lo hace tu cónyuge?

10. Al pensar en situaciones concretas con tu adolescente, ¿cuáles son algunas consecuencias saludables para él? ¿Hay alguna norma familiar que se deba reajustar o reconsiderar?

11. Piensa en las disculpas. ¿Pides disculpas de forma saludable? ¿De qué manera podrías aceptar la responsabilidad cuando te disculpas?

12. ¿Cómo puedes "recordar la relación" en la crianza de tus hijos? ¿Cómo puedes poner esto en práctica en tu hogar?

13. ¿De qué manera te resulta difícil aceptar el diseño, la providencia y la misión de Dios para tu adolescente? ¿Cómo puedes extender más gracia en la crianza de tus hijos?

CAPÍTULO 8

Disponibilidad: Un hogar acogedor

A principios de la década de 2000, Regis Philbin presentaba la versión estadounidense del concurso de preguntas y respuestas *¿Quién quiere ser millonario?* El objetivo del juego era responder correctamente quince preguntas de cultura general consecutivas, cada una de las cuales aumentaba en dificultad. En la ambiciosa búsqueda de ganar un millón de dólares, cada concursante disponía de tres salvavidas de ayuda: 50:50, preguntar al público y llamar a un amigo.

La opción 50:50 reducía la respuesta a solo dos opciones (en lugar de cuatro) y la opción "preguntar al público" permitía a los miembros del público votar colectivamente y comunicar al concursante qué respuesta elegirían. La opción "llamar a un amigo" permitía a los concursantes llamar a un amigo (quizá un compañero de cuarto, su cónyuge, sus padres o un profesor) para pedirle un consejo. De las tres opciones, siempre me gustó más la de "llamar a un amigo". Siempre era interesante echar un pequeño vistazo a la vida del concursante fuera del programa, y además hacía sentir como si el juego fuera un esfuerzo comunitario. Sin embargo, la elección final de la respuesta dependía del concursante. Él o ella tenía el mando y debía tomar la decisión final.

A medida que nuestros adolescentes crecen y maduran, tienen cada vez más el mando de sus vidas y toman las decisiones por sí mismos. A los dieciocho años, son legalmente capaces de conducir, alistarse en el ejército, votar a candidatos políticos, casarse y firmar sus propios formularios de responsabilidad. No podemos controlar todas sus decisiones y puede que nos quedemos perplejos ante algunas de ellas (como llevar pantalones cortos al colegio cuando hace 1 grado bajo cero). Pero, en algún momento tenemos que entregarles las llaves y que tomen el volante de sus vidas. Eso no quiere decir que los dejemos conducir solos por los complejos vericuetos de su caminar diario. Aunque no necesiten que los ayudemos a vestirse por la mañana y rechacen nuestras sabias palabras, siguen necesitando de nuestra disponibilidad. Debemos ser esa voz de consejo que está lista y dispuesta al otro lado de la línea cuando decidan "llamar a un amigo" y pedir ayuda.

Puede que estés asintiendo y diciéndote a ti mismo: "¡Sí, claro que quiero estar disponible para mi adolescente!". Sin embargo, en nuestra sociedad acelerada, siempre ocupada y con actividades para llenar cada minuto, es más difícil que nunca estar presente. Los teléfonos inteligentes no solo distraen a nuestros adolescentes. Como adultos, estamos más preocupados que nunca. El trabajo nos sigue a casa, el entretenimiento nos llama y las redes sociales nos distraen; todo ello con un simple vistazo a un teléfono inteligente.

La disponibilidad que nuestros adolescentes necesitan de nosotros no es una que se pueda programar en nuestra agenda según nuestra conveniencia. No podemos agendar un momento para el jueves a las cuatro de la tarde y hacerles saber que estaremos disponibles para conversar. Su disposición a querer conversar sucede en momentos ocasionales muy de vez en cuando. Puede que tengamos que quedarnos despiertos más tarde de lo que nos gustaría para poder escuchar con atención. Puede que tengamos que madrugar para ayudarlos a salir de casa por la mañana. Puede que tengamos que dejar el teléfono a un lado por la tarde, antes que lleguen a casa, para poder pensar detenidamente las preguntas que les haremos sobre su día.

Como padres, debemos participar activamente en sus vidas, no solo estar presentes físicamente (aunque también importa que lo estemos físicamente). Puede parecer que la adolescencia nos da la opción de usar el piloto automático para la crianza, pero son años cruciales en su desarrollo. Nuestros adolescentes necesitan que los ayudemos a tomar decisiones acertadas por sí mismos. Este tipo de madurez requiere años de desarrollo a través de conversaciones que tienen lugar mientras caminamos junto a ellos.

El consejo que un mentor me dio hace años era algo así:

Yo hago, tú miras.

Yo hago, tú ayudas.

Tú haces, yo ayudo.

Tú haces, yo miro.

La crianza de los adolescentes funciona de manera similar. Nuestros hijos se vuelven más independientes a medida que crecen, pero eso no significa que podamos estar ausentes. En cada etapa de su desarrollo, participamos en algún aspecto (haciendo, ayudando, observando). A medida que los adolescentes crecen y maduran, nuestro papel cambia, pero nuestra presencia permanece.

En este capítulo, consideraremos las diversas maneras en que podemos bendecir a nuestros adolescentes con nuestra disponibilidad. Aunque actúen como si no nos quisieran cerca, en realidad sí nos quieren cerca. Más que eso, nos *necesitan* cerca. Veremos principios bíblicos que nos ayudarán a tratar con gracia a nuestros adolescentes y consejos prácticos que nos ayudarán a actuar con sabiduría.

● ● ● ● ● ● ● ● ● ● ● ● ● ● ● ●

A medida que los adolescentes crecen y maduran, nuestro papel cambia, pero nuestra presencia permanece.

● ● ● ● ● ● ● ● ● ● ● ● ● ● ● ●

Principios bíblicos

Una de las formas más claras en que el Señor muestra su amor por nosotros es a través de la promesa de su presencia. Dios no nos promete una vida fácil y libre de preocupaciones. De hecho, Jesús dijo: "En el mundo tendréis aflicción; pero confiad, yo he vencido al mundo" (Juan 16:33). No tenemos asegurada una vida tranquila cuando somos padres de adolescentes. Sin embargo, Dios promete que, pase lo que pase, Él estará con nosotros. Antes de abordar por qué los adolescentes necesitan que estemos disponibles para ellos, quiero que consideremos la promesa del Señor de estar con nosotros sin importar las circunstancias que enfrentemos con nuestros adolescentes. Saber que su presencia está con nosotros nos ayuda a tener una nueva perspectiva sobre la importancia de estar presentes en la vida de nuestros adolescentes.

Su presencia en la batalla

Cuando Josué se preparaba para entrar a la tierra prometida, Dios lo animó con estas palabras: "Mira que te mando que te esfuerces y seas valiente; no temas ni desmayes, porque Jehová tu Dios estará contigo en dondequiera que vayas" (Josué 1:9). Esta promesa era una continuación de las palabras de Dios a Moisés en el desierto: "Mi presencia irá contigo, y te daré descanso" (Éxodo 33:14).

En su propia opinión, los israelitas tenían motivos para tener miedo. Cuando enviaron espías para evaluar la tierra, regresaron con un informe aterrador de ciudades fortificadas y hombres fuertes de enorme tamaño. En comparación con estos gigantes, los israelitas parecían langostas. Dios no los consoló diciendo que no tenían nada que temer. Antes bien los animó con la promesa de su presencia. Caleb y Josué recordaron a los israelitas: "con nosotros está Jehová; no los temáis" (Números 14:9).

En la crianza de nuestros adolescentes, puede que sintamos que nos enfrentamos a batallas culturales e ídolos demasiado difíciles de resistir. Los "gigantes" en nuestra tierra de la sexualidad equivocada, las redes sociales, la posmodernidad, el progresismo educativo y el creciente secularismo caminan junto a los ídolos "gigantes" de nuestro propio corazón: poder, control, comodidad y aprobación. En nuestras propias fuerzas, nos desesperaríamos con razón y seríamos ansiosamente pesimistas en todo momento. En nuestra propia opinión, hay mucho que temer cuando somos padres de adolescentes.

Sin embargo, no estamos solos. Dios está con nosotros. Él es una fuerza siempre presente en cada batalla. Podemos tener esperanza como padres, porque Dios está con nosotros.

Cualquiera que sea el problema que estés enfrentando hoy en la crianza de tus hijos, el Señor lo conoce. Puede que otros no entiendan tu lucha. Puede que, por fuera, tu vida parezca perfectamente pacífica a los ojos de los demás, mientras que en tu interior estás librando una fuerte batalla. Quizás estés enfrentando problemas con tu adolescente que ni siquiera sabías que existían hasta ahora. Tal vez te sientas avergonzado y solo. Estos son los momentos en los que puedes aferrarte a la promesa: "Dios es nuestro refugio y nuestra fortaleza, nuestra segura ayuda en momentos de angustia" (Salmos 46:1, NVI).

· · · · · · · · · · · · · · · · · ·

Dios no cambia necesariamente nuestra situación, pero obra poderosamente a través de nuestras circunstancias para cambiarnos.

· · · · · · · · · · · · · · · · · ·

Sé que no quieres enfrentarte a estos gigantes. Pueden ser escalofriantes y aterradores. Tu mente puede estar llena de preguntas "¿Y si...?" y temores futuros. Sin embargo, estas luchas con tus adolescentes no son problemas que debas resolver en tus propias fuerzas. Son oportunidades para que pongas tu confianza solo en Dios. Estos son los momentos en los que Él demuestra la grandeza de su poder. Dios no cambia necesariamente nuestra situación, pero obra poderosamente a través de nuestras circunstancias para cambiarnos.

Sea lo que sea que estés enfrentando hoy, Dios está contigo. Está presente. Sabe lo que está pasando y tiene cuidado de ti. Él es tu refugio y tu fortaleza. Dios puede darte todo lo que necesitas para todo lo que te ha llamado a hacer (2 Corintios 9:8). No te preocupes por el mañana. Él suplirá las necesidades que tienes hoy.

Su presencia de amor

Dios también promete que nada podrá separarte de su amor. No solo tienes a tu disposición su poder, sino también su amor eterno, siempre presente y que nunca falla:

> Antes, en todas estas cosas somos más que vencedores por medio de aquel que nos amó. Por lo cual estoy seguro de que ni la muerte, ni la vida, ni ángeles, ni principados, ni potestades, ni lo presente, ni lo por venir, ni lo alto, ni lo profundo, ni ninguna otra cosa creada nos podrá separar del amor de Dios, que es en Cristo Jesús Señor nuestro (Romanos 8:37-39).

Como padres de adolescentes, puede que enfrentemos angustias y peligros, aflicciones y dolores de cabeza. Puede que suframos y nos debilitemos, pero nada nos podrá separar del amor de Dios. Él nunca te dejará ni te abandonará. Su presencia es segura y firme. Como padres de adolescentes, podemos vencer nuestros temores y fracasos y caminar con una confianza esperanzadora, no porque seamos lo suficientemente buenos, sino porque el amor de Dios es lo suficientemente seguro.

● ● ● ● ● ● ● ● ● ● ● ● ● ● ● ● ● ●

Como padres de adolescentes, podemos vencer nuestros temores y fracasos y caminar con una confianza esperanzadora, no porque seamos lo suficientemente buenos, sino porque el amor de Dios es lo suficientemente seguro.

● ● ● ● ● ● ● ● ● ● ● ● ● ● ● ● ● ●

Su presencia en la misión

En las últimas palabras de Jesús a sus discípulos los comisiona a ir por todo el mundo y difundir la buena nueva del evangelio: "Por tanto, id, y haced discípulos a todas las naciones, bautizándolos en el nombre del Padre, y del Hijo, y del Espíritu Santo; enseñándoles que guarden todas las cosas que os he mandado; y he aquí yo estoy con vosotros todos los días, hasta el fin del mundo" (Mateo 28:19-20).

Mi mayor esperanza es que mis hijos tengan una fe fuerte y firme en Jesús. La obra de hacer discípulos comienza en el hogar cuando enseñamos diariamente a nuestros hijos a obedecer los mandamientos de Dios. Afortunadamente, no estamos solos en esta misión. Jesús hizo a sus discípulos la misma promesa que Dios hizo a los israelitas. Prometió estar con ellos. Y está con nosotros cuando tratamos de hacer discípulos en el hogar. Él puede darnos la sabiduría que necesitamos para la misión diaria de criar a nuestros adolescentes.

En medio de un mundo que te empuja en mil direcciones diferentes, recuerda tu misión principal. No dejes que el miedo o el olvido te desvíen del camino. Vive con esperanza. Dios tiene poder para hacer que las semillas de la Palabra sembrada en tu hogar ayuden a tus adolescentes a crecer hasta convertirse en árboles de justicia, plantío del Señor, para mostrar su gloria (Isaías 61:3).

* * * * * * * * * * * * * * * *

Así como nosotros necesitamos recordatorios diarios de la presencia y el amor de Dios, también nuestros adolescentes necesitan recordatorios de nuestra presencia y nuestro amor.

* * * * * * * * * * * * * * * *

La presencia de Dios en nuestra vida sirve de ejemplo para nuestra participación en la vida de nuestros adolescentes. Ellos necesitan que estemos presentes, recordándoles que estamos con ellos en sus batallas, que nuestro amor por ellos no se basa en su rendimiento y que nuestra mayor esperanza para ellos es que tengan fe en Jesús. Así como nosotros necesitamos recordatorios diarios de la presencia y el amor de Dios, también nuestros adolescentes necesitan recordatorios de nuestra presencia y nuestro amor.

Estamos hechos para vivir en comunidad. Puede que nuestros adolescentes no actúen como si nos quisieran cerca y puede que parezcan rechazar nuestros consejos, pero nuestra disponibilidad marca la diferencia. Nos escuchan. Nuestra presencia y nuestras palabras de aliento importan. También importa *cómo* participamos de sus vidas. Eso es lo que veremos a continuación mientras buscamos maneras de tratar con gracia a nuestros adolescentes.

Crianza con propósito y gracia

A medida que nuestros adolescentes crecen, pueden hacer mucho más por sí mismos. Crecen en independencia y madurez, lo cual es bueno. Queremos que se lancen a la vida y sean capaces de valerse por sí mismos. Sin embargo, a medida que crecen y se desarrollan, siguen necesitando que estemos disponibles para ellos en algunas áreas importantes.

Disponibles en presencia física

Cuando piensas en la agenda de tu adolescente, es importante considerar cuánto tiempo pasa solo. ¿Pasa muchas horas en casa todos los días sin la supervisión de nadie? Proverbios nos advierte: "La vara y la corrección dan sabiduría; mas el muchacho consentido avergonzará a su madre" (Proverbios 29:15). Nuestros adolescentes necesitan la responsabilidad de la presencia de un adulto. Aunque puedan quedarse solos, debemos tener cuidado con permitirles pasar demasiadas horas solos. *El precio del privilegio* advierte contra este tipo de padres ausentes:

Los chicos de esta edad necesitan la supervisión de un adulto porque demasiada libertad los hace vulnerables a su propio juicio subdesarrollado. Sabemos que los chicos que empiezan a experimentar con las drogas o el alcohol al principio de la adolescencia corren un mayor riesgo de drogadicción más adelante. Es importante que los padres se esfuercen por mantener la comunicación con sus adolescentes a pesar de las protestas, e incluso el rechazo, típicos de esa edad. Los gestos de rechazo pasan, pero la protección que confiere la participación de los padres dura toda la vida.[1]

Esta perspectiva concuerda con otra palabra bíblica de sabiduría: "El que vive aislado busca *su propio* deseo, contra todo consejo se encoleriza" (Proverbios 18:1, NBLA). Aunque tu adolescente no necesita que estés en casa con él todo el tiempo, no le des la oportunidad de pasar demasiado tiempo solo. Procura estar al tanto de lo que hace después de la escuela y durante los fines de semana. Anímalo a relacionarse con otras personas a través de clubes, deportes o trabajo. Demasiado aislamiento no es bueno para nadie. Todos necesitamos el consejo, la perspectiva y la sabiduría de otras personas, cara a cara.

Y no te desanimes si tu hijo se queja de tu presencia. Es probable que su enojo o falta de deseos de conversar no se deban tanto a ti como a la angustia adolescente que está tratando de superar. No te ofendas fácilmente. Sé comprensivo, amable y compasivo. Tu participación paciente y decidida es importante (y ellos te escuchan más de lo que crees).

Disponibles para enseñar

Nuestros adolescentes necesitan de nuestra disponibilidad, *pero no necesitan que lo hagamos todo por ellos.* Por favor, ¡no lo hagas todo por ellos! Es importante que en esta etapa les permitamos aprender

---

1. Madeline Levine, *The Price of Privilege* (Nueva York: HarperCollins, 2006), 116. Edición en español: *El precio del privilegio* por el Grupo Editorial Miguel Ángel Porrua (22 de marzo de 2010).

a ser independientes, sin dejar de estar ahí para ayudarlos. Una de las mejores maneras de hacerlo es estar disponibles para enseñar a nuestros hijos a colaborar en casa.

A corto plazo, puede parecer más fácil ocuparse de la casa uno solo. En general, nuestros hijos no hacen las tareas domésticas tan bien como nosotros. Sin embargo, si nunca les enseñamos a hacer las tareas, nunca aprenderán. Los adolescentes tienen que saber pasar el aspirador por el piso, empaquetar su propio almuerzo, quitar el polvo de una habitación, limpiar un cuarto de baño, lavarse la ropa, guardar los platos, hacer la comida y limpiar su propia habitación. Recomiendo enseñarles todas estas habilidades antes de la escuela secundaria. La escuela de enseñanza intermedia (¡o antes!) es un buen momento para enseñarles habilidades que necesitan aprender.

Enseñar a tus hijos a hacer tareas domésticas requiere de tu presencia. No sabrán cortar una cebolla o picar un ajo sin que tú se los enseñes. No se darán cuenta de lo sucia que está la mesa de la cocina hasta que les pidas que palpen las partes pegajosas que han pasado por alto. Puede que acaben encogiendo unos cuantos jerséis mientras lavan su propia ropa, pero vale la pena que lo hagan. Al colaborar en casa, los adolescentes ganan en independencia y confianza. También los prepara para vivir solos o para ir a la universidad (¡nadie quiere vivir con alguien que deja los platos en el fregadero!).

Las tareas domésticas enseñan a nuestros hijos que, aunque son miembros importantes y amados del hogar, no son el centro del universo. Pertenecer a una familia conlleva responsabilidades familiares. Aunque se quejen o refunfuñen, vale la pena hacer el esfuerzo de enseñarles con paciencia y esperar que ayuden. Es por su bien y su crecimiento, pero no ocurre de la noche a la mañana. Hace falta tiempo y esfuerzo de nuestra parte para que aprendan a hacer las cosas bien.

Disponibles en las alegrías y las tristezas

A medida que nuestros adolescentes crecen, se enfrentan a numerosas emociones. Experimentan diversas primeras veces significativas. Un día pueden estar emocionados porque han marcado el gol de la victoria. Otro día pueden sentirse completamente desanimados porque han sacado una mala nota en la escuela. Pueden disfrutar de los primeros destellos de atracción romántica o sentir el doloroso aguijón del rechazo. Algunos días pueden sentir que tienen toda la energía que necesitan para escalar la montaña más alta, y otros días pueden sentirse totalmente aniquilados y agotados. Están en una montaña rusa y necesitan nuestra inteligencia emocional y disponibilidad.

Cuando los adolescentes experimentan estos cambios emocionales, resulta tentador restar importancia a sus altibajos. Lo que muchos padres consideran "ofrecerles otra perspectiva" puede parecer a los adolescentes desinterés o subestimación.

No minimices las respuestas emocionales de tus adolescentes. Puede que tú sepas que sobrevivirán a esa ruptura, mala nota escolar o fracaso deportivo, pero *ellos* no lo saben. En su mundo, es un gran problema. Están sufriendo y buscan consuelo. Recuerda que a los amigos de Job les iba bastante bien hasta que empezaron a hablar con él. No tienes que restar importancia a lo que es difícil. Basta con tu presencia. Escúchalos atentamente. Sé compasivo. Alégrate cuando se alegren, llora cuando lloren (Romanos 12:15). Trata a tus adolescentes con la misma amabilidad que te gustaría recibir en tus propias alegrías y tristezas.

No estoy diciendo que nunca podamos dar nuestra perspectiva o un consejo. Tenemos verdadera sabiduría y discernimiento para compartir, pero, es importante buscar el momento oportuno. Algunos días, especialmente en medio de sus emociones fluctuantes, nuestros hijos solo necesitan un abrazo y que nos sentemos con ellos, los escuchemos y oremos por ellos. Cuando sus emociones estén más asentadas (y se asentarán) puede ser un mejor momento para dar consejos. Puede que algunos adolescentes parezcan rechazar tu presencia cuando simplemente no están listos para escuchar tu consejo. Pide discernimiento al Señor para saber cuándo hablar y cuándo escuchar. Ora en el momento; pero, sobre todo, procura estar presente y disponible en sus alegrías y tristezas. Tu hijo te necesita.

Disponibles para ayudar

No siempre sabemos cuándo nuestros hijos van a necesitar nuestra ayuda, pero, cuando surgen problemas, queremos ser esa opción de "llamar a un amigo" al que pueden recurrir. Si llenamos demasiado nuestras agendas, no tendremos el espacio necesario para estar a su lado cuando nos llamen. Nuestros hijos notarán si tratamos su presencia como una interrupción. Necesitamos estar preparados mentalmente para estar a su disposición cuando nos pidan ayuda con un proyecto de clase o los deberes de matemáticas o cuando necesiten que los llevemos a casa de un amigo. Estar disponible importa.

Tal vez pensemos que podemos contratar a otras personas para que hagan algunas de estas tareas. O quizás comprarles regalos costosos para compensar nuestra falta de disponibilidad. Sin embargo, el dinero no proporciona cercanía relacional. De hecho, las investigaciones demuestran que existe una relación inversa entre los ingresos económicos y la cercanía relacional con los padres, ya que los hijos de familias adineradas suelen ser conscientes de que ocupan un lugar secundario en la lista de prioridades de sus padres.[2] Levine, psicóloga especializada en adolescentes, señala: "Las ventajas materiales no atenúan el aguijón de la falta de disponibilidad".[3]

Nuestros adolescentes necesitan mucho más que seguridad económica o vacaciones extravagantes. No restes importancia a las conversaciones cotidianas cuando van en el auto ni a la lectura de sus ensayos para la escuela. Es importante que nuestros hijos sepan que estamos disponibles cuando nos necesitan.

Disponibles para compartir (que conozcan también tu vida)

Las relaciones no son unilaterales. Nuestra presencia cercana y junto a nuestros adolescentes les ayuda a ver que nosotros también somos personas. Tenemos días buenos y días malos. Recibimos noticias duras y sufrimos decepciones.

---

2. Levine, *The Price of Privilege*, 32.
3. Levine, *The Price of Privilege*, 33.

Hoy mismo me he enterado de que a mi madre le ha vuelto a aparecer cáncer. No es la noticia que esperaba oír. Cuando mi hija llegó del colegio, le conté el diagnóstico. Me preguntó con cariño: "Mamá, ¿cómo estás?". No me escudé en una respuesta demasiado positiva. Le dije: "Es muy triste. Estoy preocupada y no quiero que Mimi tenga que volver a pasar por todos esos tratamientos". Me abrazó y dejó que le contara lo difícil que era ese día para mí. Me impresionó mucho su capacidad para hacer preguntas profundas y consolarme.

Por supuesto, nuestros hijos adolescentes no tienen por qué conocer todos nuestros problemas. Sin embargo, es bueno hablar de nuestra vida con ellos de manera acorde a su edad para que puedan aprender a hablar de su vida con los demás. Formar parte de una familia significa compartir juntos lo bueno y lo malo, las risas y las lágrimas.

No podemos estar disponibles si siempre tenemos prisa. Necesitamos horarios familiares que nos permitan pasar tiempo juntos. Haz del tiempo juntos una prioridad. Disfruten juntos de las comidas familiares. Oren juntos. Vayan juntos en auto. Siéntense juntos en la sala a leer libros. Cocinen juntos. Jueguen juntos. Mientras lo hacen, hablen, escuchen, rían y lloren. Ofrece a tus hijos adolescentes algo mejor que el superficial espejismo de comunidad que prometen las redes sociales. Si han probado la verdadera comunidad, la falsa no será tan tentadora.

La adolescencia es una oportunidad para que nuestros hijos empiecen a conocernos como algo más que mamá y papá. Cuando hables con ellos, no tengas miedo de contarles tu historia: las veces que fracasaste y las veces que tuviste éxito. Cuando uno de mis hijos golpeó accidentalmente algo con el auto, les conté a todos la vez que choqué contra la puerta del garaje. Se quedaron boquiabiertos y empezaron a reírse y a hacerme un montón de preguntas. Les ayuda saber que nosotros también fuimos adolescentes y cometimos nuestros propios errores.

También es bueno para ellos que les contemos los días buenos o malos que estamos viviendo. Tienen que saber que la edad adulta está llena de altibajos. Permite que formen parte de tu vida, igual que tú quieres formar parte de la suya. Invítalos a orar por ti en los momentos difíciles y a celebrar contigo los buenos momentos. Y, cuando te ofrezcan ese abrazo en un día difícil, disfrútalo. Los padres también necesitan consuelo.

Consejos prácticos

En 1543, Copérnico publicó su obra fundamental *Sobre las revoluciones de las orbes celestes*, en la que formulaba un modelo según el cual la Tierra giraba alrededor del sol, y no al revés. Había terminado la obra años antes, pero no la publicó hasta que estaba en su lecho de muerte por miedo a las afirmaciones poco convencionales (y para algunos, heréticas) que contenía. Cambió el mundo de la astronomía y la forma de entender el lugar de la Tierra en el universo.

Ahora aceptamos que la luna gira alrededor de la Tierra y que la Tierra gira alrededor del sol. Las leyes de la gravedad y las matemáticas (que están muy por encima de mis conocimientos) han seguido demostrando la validez de la inquietante teoría de Copérnico.

Estos conocimientos planetarios ofrecen una imagen útil en mi mente cuando pienso en mi disponibilidad en la crianza de mis hijos. Como padres, somos como la luna, una luz fiel en medio de la oscuridad para nuestros adolescentes. Estamos ahí, pero no generamos la luz: eso lo hace el sol. Simplemente reflejamos una luz mayor y mejor en la medida que brillamos. Dependemos de la luz del sol, pero no somos nosotros los que realmente generamos el calor. Y es la fuerza de la atracción gravitatoria del sol la que mantiene a la Tierra en su trayectoria, no la fuerza de la luna.

Como padres, estamos limitados en lo que podemos hacer. Nos necesitan, pero nuestro poder es reflectante: dirigimos a nuestros adolescentes hacia alguien más grande y mejor que nosotros. Es importante que estemos presentes, pero no podemos estar siempre disponibles: solo Dios es omnipresente. Así como la luna crece y mengua, nuestra disponibilidad cambia en las diferentes etapas. Solo Dios puede satisfacer plenamente a nuestros adolescentes con la promesa: "no te dejaré, ni te desampararé" (Josué 1:5). Él es la verdadera luz que brilla en la oscuridad. Toda nuestra vida estamos mostrando continuamente a nuestros hijos una luz más grande y mejor.

Aunque hemos dedicado este capítulo a considerar la importancia de nuestra disponibilidad, quiero terminar con algunas advertencias necesarias. Nuestra disponibilidad refleja la de Dios, pero no es la de Dios. Mientras que su presencia no es limitada, la nuestra sí lo es. Debemos tener en cuenta esta realidad para poder vivir con sabiduría (y no con culpa) en medio de la crianza de nuestros adolescentes.

● ● ● ● ● ● ● ● ● ● ● ● ● ● ● ● ●

Nuestra disponibilidad refleja la de Dios, pero no es la de Dios. Mientras que su presencia no es limitada, la nuestra sí lo es.

● ● ● ● ● ● ● ● ● ● ● ● ● ● ● ● ●

Disponibilidad con límites (está bien poner límites)

Estar disponibles para nuestros adolescentes no significa no poner límites a nuestro tiempo. No pasa nada si no puedes llevar a tu hijo y a sus amigos a todos los partidos. Muchos padres tienen que compaginar los horarios de sus hijos con sus propios horarios de trabajo. Nuestra presencia en el partido de uno de nuestros hijos significa que tenemos que perdernos la clase de flauta de otro. La vida no siempre es previsible.

Nuestra capacidad emocional también tiene límites. Mientras que algunos hijos se callan en cuanto les preguntamos cómo están, otros no paran de hablar. No está mal si les dices que te encantaría que te contaran más cosas de camino al entrenamiento de fútbol, pero que ahora necesitas unos minutos para contestar unos correos electrónicos del trabajo. Queremos que nuestros adolescentes sepan que son importantes para nosotros, pero que no son el centro de nuestro universo: solo Dios es el centro.

Algunos adolescentes parecen no ser conscientes de que sus padres pueden tener otras actividades en su vida aparte de ser sus padres. Está bien decir: "Puedo ayudarte con esa tarea en treinta minutos, pero ahora no es un buen momento". Nuestra disponibilidad no tiene por qué ser solo cuando le venga bien a nuestro adolescente. Es una conversación que tiene lugar en nuestro hogar todos los días. Les he dicho a mis hijos que necesito que me pidan ayuda antes de las nueve de la noche para cualquier tarea que implique "pensamiento profundo". Mi cerebro no es capaz de procesar ecuaciones matemáticas y otra información compleja más tarde en la noche. No es que no quiera ayudar, es que sé que no soy de ayuda a esas horas de la noche.

Poner límites crea expectativas que el adolescente asumirá en todas sus relaciones futuras. Todo el mundo tiene puntos fuertes y débiles. Algunas personas necesitan dormir más que otras. Otras personas tienen una energía que parece durar días. Hay quienes se organizan con rapidez y confianza. A otros les cuesta limpiar el cajón de los trastos viejos. Todo el mundo dispone de una cantidad limitada de tiempo, recursos y capacidades. Nuestros adolescentes necesitan la seguridad de saber que estamos disponibles, junto con la conciencia de que tenemos limitaciones.

Disponibilidad con independencia (tener vida propia)

También es importante que distingamos entre disponibilidad y participación excesiva. Tenemos que estar cerca, pero sin obsesionarnos con todo lo que hacen nuestros hijos. Debemos ser una presencia disponible, no controladora. Los adolescentes no quieren que los asfixiemos con nuestra presencia o participación.

Como padres, es importante cultivar intereses independientes de los de nuestros hijos. La participación excesiva no siempre conduce a la cercanía emocional. Levine señala:

Los padres pueden participar demasiado y los hijos seguir encerrados en sí mismos. Los padres controladores y excesivamente participativos suelen hacer que los hijos se enojen o se distancien, dos situaciones que no favorecen la cercanía emocional. Y es la cercanía emocional, el calor materno en particular, lo más parecido a una solución milagrosa contra el deterioro psicológico.[4]

Los adolescentes entienden la diferencia entre ser un miembro de la familia que es calurosamente recibido en casa y ser el centro del universo. (Y, sinceramente, es un poco abrumador ser el centro del universo de alguien). No son capaces de soportar la presión. Si tu adolescente piensa que tu felicidad depende de sus calificaciones escolares, su posición social, su aspecto o sus éxitos deportivos, evitará hablar contigo de esos temas.

Hay un dicho popular que señala algo así como: "Eres tan feliz como tu hijo menos feliz". A decir verdad, eso es mucha presión para tu adolescente. No seas ese tipo de padre o madre. Nuestra felicidad y nuestro gozo necesitan estar arraigados en el amor de Dios por nosotros, no en el desempeño o la felicidad de nuestro adolescente. Podemos hacer preguntas que lleven a la reflexión, pero debemos evitar ser una presencia ansiosa e inquieta (que probablemente esté arraigada en uno de nuestros propios ídolos).

A medida que desarrollamos intereses aparte de los de nuestros hijos, podemos obtener un resultado sorprendente: en realidad, nos volvemos más interesantes para ellos. Llevo años cultivando hortalizas. Es una actividad que me encanta (sobre todo porque me gusta comer tomates frescos y maduros). Hace unos años, mi adolescente empezó a ayudarme. Cavaba agujeros, sacaba tierra y arrancaba malezas. Luego decidió que quería plantar sus propias semillas. Ahora tenemos maíz, zanahorias y papas en la huerta que él ha cultivado. Es algo que hacemos juntos. Hablamos de qué sembrar, dónde sembrar y nos

---

4. Madeline Levine, *Ready or Not: Preparing Our Kids to Thrive in an Uncertain and Rapidly Changing World* (Nueva York: HarperCollins, 2020), 109.

emocionamos cuando vemos nuestras huertas crecer una al lado de la otra. Tener mi propia actividad terminó por brindarnos oportunidades para pasar tiempo juntos.

Como madre, te recomiendo que tengas tus propias actividades. Busca un *hobby*, vuelve a estudiar, haz tareas de voluntariado y forja amistades. Por supuesto, sé juicioso. No te ocupes tanto de otras cosas, que luego eches de menos estos años (pasarán muy deprisa). Sin embargo, al mismo tiempo, no te pases la vida preocupándote por cada detalle de la vida de tus adolescentes. Ocúpate de estar presente en tu propia vida mientras participas activamente en la de tus hijos. Será una bendición para ellos saber que estarás bien cuando se vayan de casa.

Disponibilidad con expectativas: No hagas por ellos lo que pueden hacer por sí mismos

Ten expectativas con respecto a tus hijos adolescentes. Es una regla de vida: *No hagas por tus hijos lo que ellos pueden hacer por sí mismos*. No los estás ayudando si les sigues haciendo la comida, la cama y las tareas escolares o les sigues lavando la ropa sucia cuando están en la escuela secundaria. Nuestros adolescentes quieren ser tratados como adultos y es importante permitir que asuman las responsabilidades de la edad adulta.

Empecé a trabajar a tiempo completo cuando mi hijo menor estaba en la escuela secundaria. A menudo me sentía desbordada porque no tenía tiempo suficiente para hacer todo lo que tenía que hacer. Lo que más me preocupaba de mi trabajo era que mi familia se sintiera desatendida. Con el tiempo, me di cuenta de que mi incapacidad para hacerlo todo yo sola en realidad era una bendición para mis hijos. Aprendieron a lavar la ropa y ayudar con la cena. Hacían sus propias tareas escolares y manejaban sus propios horarios. Sus habitaciones… bueno, sus habitaciones eran un completo desastre; las camas quedaban sin hacer la mayoría del tiempo, pero al menos todos sabían hacerlas. Mis limitaciones les permitieron estar a la altura de las circunstancias. Podían hacer muchas más cosas en casa de las que yo creía.

A medida que los hijos aprenden a hacer cosas por sí mismos, desarrollan más confianza: "Los hijos que aprenden a una edad temprana que son capaces de hacer actividades que, al principio, les resultan un poco estresantes desarrollan más capacidad de manejar todo tipo de estrés".[5] No es bueno que un niño de cuatro años se haga la cena solo: probablemente sea una negligencia. Sin embargo, es bueno que tu hijo de catorce años intente prepararse la cena. Sí, tendrá dudas. Al principio no sabrá cómo manejar todos los detalles. Probablemente, cocinará demasiado el pollo o quemará las galletas. Todos hemos quemado algo en nuestras vidas, y yo he comido mucho pollo duro. Está bien que tus adolescentes se sientan un poco abrumados cuando aprenden una nueva tarea. No es bueno que lleguen a la edad adulta sin estar preparados para cuidar de sí mismos.

Muéstrate disponible y ten expectativas razonables. No escribas sus redacciones, ni hagas sus tareas escolares, ni estés pendiente de sus calificaciones. Deja que se laven la ropa y se hagan la cama. Permíteles cocinar. No tengas miedo de dejarles usar un hacha o un martillo para clavar un clavo. Procura estar disponible para ayudarlos, pero no hagas el trabajo por ellos.

Me he dado cuenta de que, a medida que mis hijos se han ido haciendo más independientes, han agradecido más mi ayuda. Cuando sé que están muy ocupados con los exámenes o los deportes y me ofrezco a doblarles la ropa, me lo agradecen *más* que si siempre me ocupara de su ropa. Han aceptado, como es debido, que cuidar de sus pertenencias es tarea de ellos. De eso modo, ven mi ayuda como un regalo, no como un derecho.

Tener expectativas de nuestros adolescentes les comunica que sabemos que son competentes y capaces de hacer el trabajo. Tener disponibilidad para ellos les comunica que los valoramos y los amamos. Debemos combinar sabiamente ambas cosas para que nuestros adolescentes puedan ser bendecidos para ser de bendición a otros.

---

5. Levine, *Ready or Not*, 109

UNA NOTA DE ESPERANZA DEL EVANGELIO

Como madre de varios adolescentes y con un trabajo a tiempo completo, a veces deseaba poder estar en varios sitios a la vez. Quería ver el partido de fútbol de mi hija y llegar a tiempo para ver a mi hijo jugar al béisbol. Quería decir que sí a ese proyecto laboral y poder ayudar con las redacciones de mi hija para las solicitudes de la universidad. Quería ser voluntaria en la obra de teatro de mi hija y asistir al estudio bíblico con mis amigas. Es difícil, a diario, decidir entre varias buenas opciones.

Cualquiera que sea la decisión que tomes en esta etapa de tu vida tan ocupada, déjame animarte: no descuides tu tiempo en la Palabra y la oración. Como padres de adolescentes, necesitamos desesperadamente tiempo para "recargar nuestras baterías" y renovarnos con la verdad de la Palabra de Dios. La oración es nuestro salvavidas, y Dios promete darnos sabiduría cuando se lo pedimos. Él está disponible y tiene poder para guiarnos cuando no estamos seguros del camino a seguir. Pídele que te dé discernimiento para todas las decisiones que debes tomar hoy.

¡Que el Señor te renueve!

MK

PRINCIPIOS PARA REFLEXIONAR

- Como padres, no estamos solos. Dios es una fuerza siempre presente en cada batalla. Podemos ser padres con esperanza porque Dios está con nosotros.
- Ten expectativas para tus adolescentes. Esta es una regla de vida: *No hagas por tus hijos lo que ellos pueden hacer por sí mismos.*
- Nuestra disponibilidad refleja la de Dios, pero no es la de Dios. Mientras que su presencia no es limitada, la nuestra sí lo es.

GUÍA DE ESTUDIO

1. Lee Josué 1:6-9. ¿De qué manera la presencia de Dios prometida a Josué te anima hoy como padre o madre de un adolescente?

2. ¿Cuáles son tus temores en la crianza de tus hijos? ¿Cómo sería clamar a Dios en tus temores y ser consolado por su presencia?

3. Lee Romanos 8:26-39. ¿Qué verdades comunicadas en este pasaje te animan hoy en la crianza de tu adolescente?

4. Lee Proverbios 29:15. ¿Sobre qué advierte este proverbio? ¿Cómo crees que este principio se aplica a nuestros adolescentes?

5. ¿Por qué debes buscar el momento oportuno para dar consejos a tu adolescente? ¿De qué maneras puedes escucharlo mejor?

6. ¿Cuál es la diferencia entre estar disponible para tu adolescente y estar demasiado implicado en su vida? ¿Cómo te describirías a ti mismo? ¿Cómo puedes mejorar?

7. Piensa en tu horario actual. ¿De qué manera decir "no" a más actividades te ayudaría a decir "sí" a estar disponible? ¿Qué podrías eliminar de tu agenda? ¿Qué actividad te gustaría añadir? ¿Qué límites pondrás a tu tiempo?

8. ¿De qué manera compartes detalles de tu vida con tu adolescente? ¿Cómo puedes ayudar a tus hijos a conocerte mejor a medida que entran en la adolescencia?

9. ¿Qué haces actualmente por tu adolescente que él podría hacer por sí mismo? ¿Cómo podrías ayudarle a ser más independiente?

CAPÍTULO 9

Amor: Un hogar cálido

En el siglo XIII, el controvertido gobernante Federico II ascendió al poder en Sicilia como emperador del Sacro Imperio Romano Germánico. Fue excomulgado dos veces, se casó tres veces y a menudo entraba en conflicto armado con otros países. Federico II era un mecenas de las ciencias y las artes y recibía a eruditos en su corte pero su afán de conocimiento lo llevó a realizar múltiples experimentos poco éticos y truculentos.

Uno de estos experimentos fue registrado por un monje franciscano italiano, Salimbene di Adam, en su obra *Las doce calamidades del emperador Federico II*. Al emperador le fascinaban los idiomas y quería descubrir la lengua original de Adán y Eva. Para ello, llevó a cabo un experimento en el que entregó a un grupo de bebés al cuidado de enfermeras que tenían la orden de no interactuar ni hablar con los niños. Se les permitía alimentarlos y bañarlos, pero no hablarles ni ofrecerles consuelo de ningún tipo. Al eliminar la conversación, Federico pensó que descubriría la lengua original de los humanos.

Sin embargo, descubrió algo sorprendentemente distinto. Todos los niños del experimento murieron. Un historiador explicó: "Los niños, privados de cualquier forma de afecto, calidez e interacción básica, murieron, sencillamente, por falta de amor".[1]

Del mismo modo, en la década de 1940, el psicoanalista austriaco René Spitz propuso la teoría de que los bebés internados en instituciones enfermaban y morían con más frecuencia debido a la falta de

---

1. Willow Winsham, "Emperor Frankenstein: The Truth Behind Frederick II of Sicily's Sadistic Science Experiments", *History Answers*, 19 de agosto de 2017, https://www.historyanswers.co.uk/kings-queens/emperor-frankenstein-the-truth-behind-frederick-ii-of-sicilys-sadistic-science-experiments/

una amorosa atención. Puso a prueba su teoría al estudiar a un grupo de bebés criados en cunas de hospitales sin sus madres y otro grupo de bebés criados en la cárcel con sus madres encarceladas. De los dos grupos, las estadísticas eran espeluznantes. El 37% de los bebés de las salas de hospital murieron, mientras que todos los niños criados en prisión con sus madres vivieron.[2] Una vez más, el amor de los padres tuvo una enorme influencia en el bienestar físico y emocional del niño. Desde entonces, cada estudio ha llegado a la conclusión de que la comida, la ropa y los cuidados básicos no son suficientes. Los niños necesitan amor.

● ● ● ● ● ● ● ● ● ● ● ● ● ● ● ● ●

Nuestros adolescentes necesitan el amor de sus padres. **No hay fundamento más fuerte; no hay bendición más grande.**

● ● ● ● ● ● ● ● ● ● ● ● ● ● ● ● ●

De forma inesperada, quizás Federico II descubrió la lengua de todas las lenguas. Dios es amor (1 Juan 4:16), y el amor de Dios creó el mundo. Sea cual sea la lengua verbal que hablemos, todos comprendemos el amor de un abrazo, de una mano tierna o de unas lágrimas de compasión. Sabemos que, aunque permanecen la fe, la esperanza y el amor, el mayor de ellos es el amor (1 Corintios 13:13). El amor es el lenguaje que permite sobrevivir a los bebés, y es el fundamento que ayuda a nuestros adolescentes a desarrollarse.

He dejado esto para el último capítulo, aunque no hay nada más importante que decir en este libro que esto: *Nuestros adolescentes necesitan el amor de sus padres.* No hay fundamento más fuerte; no hay bendición más grande. El amor es como un escudo magnético de pro-

---

2. Maia Szalavitz, "It's the Orphanages, Stupid!", *Forbes*, 20 de abril de 2010, https://www.forbes.com/2010/04/20/russia-orphanage-adopt-children-opinions-columnists-medialand.html?sh=5d06915621e6.

tección alrededor de nuestros adolescentes. No dejamos atrás nuestra necesidad de amor. De hecho, las investigaciones han demostrado que cuanto más vinculados socialmente estemos con los demás, menor es el riesgo de morir a cualquier edad.[3]

No existe tal cosa como demasiado amor, solo ideas equivocadas de lo que significa ser amoroso. Por eso necesitamos que la Palabra de Dios nos instruya. Dedicaremos este capítulo a profundizar en la forma en que Dios expresó su amor por nosotros, y cómo eso puede guiarnos como padres. Veremos las formas en que podemos relacionarnos amorosamente con nuestros adolescentes, así como reflexionar sobre lo que significa ser un padre amoroso. Para terminar, veremos algunas formas prácticas en las que podemos cultivar hogares llenos de calidez y risas, que podamos disfrutar con esperanza durante estos años especiales con nuestros adolescentes.

● ● ● ● ● ● ● ● ● ● ● ● ● ● ● ● ●

No existe tal cosa como demasiado amor, solo ideas equivocadas de lo que significa ser amoroso.

● ● ● ● ● ● ● ● ● ● ● ● ● ● ● ● ●

Principios bíblicos

Cuando le preguntaron a Jesús: "¿Cuál es el primer mandamiento de todos?", respondió: "amarás al Señor tu Dios con todo tu corazón, y con toda tu alma, y con toda tu mente y con todas tus fuerzas. Este es el principal mandamiento. Y el segundo es semejante: Amarás a

---

3. Robert Waldinger y March Schulz, *The Good Life: Lessons from the World's Longest Scientific Study of Happiness* (Nueva York: Simon and Schuster, 2023), 47. Edición en español: *Una buena vida: El mayor estudio mundial para responder a la pregunta más importante de todas: ¿Qué nos hace felices?* por Editorial Planeta (22 de marzo de 2023).

tu prójimo como a ti mismo. No hay otro mandamiento mayor que estos" (Marcos 12:30-31).

Es interesante que ambos mandamientos comiencen con "Amarás". Primero, debemos amar a Dios, y luego a los demás. Nuestros afectos importan. Y Dios define lo que significa ser amoroso. Una y otra vez, las Escrituras aclaran: *Esto es lo que significa ser amoroso.* Comencemos por lo que significa para nosotros amar a Dios.

Amar a Dios

¿Cómo sabemos si amamos a Dios? Afortunadamente, no se mide por nuestros sentimientos cotidianos ni por la euforia emocional que experimentamos en un campamento de verano. Jesús dijo a sus discípulos: "Si me amáis, guardad mis mandamientos" (Juan 14:15). En una de sus cartas a los cristianos, el apóstol Juan ahondó un poco más: "En esto conocemos que amamos a los hijos de Dios, cuando amamos a Dios, y guardamos sus mandamientos. Pues este es el amor a Dios, que guardemos sus mandamientos; y sus mandamientos no son gravosos" (1 Juan 5:2-3).

Este pasaje señala: *Nuestro amor a Dios se manifiesta en la obediencia a sus mandamientos.* Del mismo modo, nuestro amor por los demás se manifiesta en nuestro amor a Dios y nuestra obediencia a sus mandamientos. Si no estoy caminando en obediencia a Dios, entonces no estoy amando a Dios ni a mi prójimo.

A veces pasamos mucho tiempo tratando de pensar en maneras asombrosas o imaginativas de mostrar amor a las personas que nos rodean. Consideramos regalos especiales, viajes, palabras de afirmación, grandes actos de servicio o experiencias especiales. ¿Has pensado alguna vez que la mejor manera de mostrar amor a tus hijos, tu cónyuge, tus compañeros de trabajo, tu vecino, tu ciudad y al mundo es amar a Dios y obedecerlo? Es así de sencillo y así de difícil al mismo tiempo. Sin embargo, es para lo que fuimos hechos: vivir como Jesús vivió. Así es como amamos a los demás. Y tenemos la promesa de que sus mandamientos no son gravosos. Con la ayuda del Espíritu, podemos vivir alegremente en la libertad de la obediencia.

Cuando pensamos en nuestra relación con Dios, es importante recordar que nuestra obediencia *muestra* nuestro amor a Dios, pero no nos hace *merecedores* de su amor. Como escribió el apóstol Pablo, "Mas Dios muestra su amor para con nosotros, en que siendo aún pecadores, Cristo murió por nosotros" (Romanos 5:8). El amor de Dios por nosotros es independiente de nuestro desempeño, y se basa en la obra de Cristo realizada en nuestro favor. Por eso podemos reclamar la promesa: "Por la misericordia de Jehová no hemos sido consumidos, porque nunca decayeron sus misericordias" (Lamentaciones 3:22). Cristo nos ha limpiado por completo, por eso no tenemos miedo de perder el favor de Dios.

Amar a nuestros adolescentes comienza por amar a Dios con todo nuestro corazón, con toda nuestra alma, con toda nuestra mente y con todas nuestras fuerzas. Si nuestros afectos están fuera de lugar o fuera de orden, estaremos sumidos en el temor, la ansiedad y la idolatría en nuestra labor de padres. En cambio, queremos ser padres con la esperanza que brota del amor. Nuestro ejemplo fiel es importante para nuestros adolescentes. En *Handing Down the Faith* se explica:

A algunos lectores les sorprenderá saber que la influencia causal más poderosa en la vida religiosa de los adolescentes y jóvenes estadounidenses es la vida religiosa de sus padres. Ni sus compañeros, ni los medios de comunicación, ni los líderes de sus grupos juveniles, ni el clero, ni sus profesores de religión. Numerosos estudios demuestran que, sin lugar a dudas, los padres de los jóvenes estadounidenses desempeñan el papel principal en la formación del carácter de sus vidas religiosas y espirituales, incluso mucho después que se vayan del hogar.[4]

Es sorprendente, ¿verdad? Y quizá algo aleccionador: los padres desempeñan el papel principal en la formación de la vida espiritual de

4. Christian Smith y Amy Adamczyk, *Handing Down the Faith: How Parents Pass Their Religion on to the Next Generation* (Nueva York: Oxford University Press, 2021), 2.

sus hijos. En lugar de temer a la cultura o preocuparnos por la última aplicación de las redes sociales, estamos llamados a ser padres que ponen todo su empeño en amar a Dios y caminar por fe. Por ahí debemos empezar. Nuestra esperanza en Dios, nuestro amor por Dios y nuestra obediencia a Dios tienen una profunda influencia en nuestros adolescentes. Con demasiada frecuencia, dejamos de lado nuestra relación con Dios y pensamos que estamos amando a nuestros hijos al ponerlos en primer lugar. Sin embargo, cuando priorizamos a nuestros adolescentes por encima de Dios, en realidad no los estamos amando como deberíamos.

● ● ● ● ● ● ● ● ● ● ● ● ● ● ● ● ● ●

Nuestra esperanza en Dios, nuestro amor a Dios y nuestra obediencia a Dios tienen una profunda influencia en nuestros adolescentes.

● ● ● ● ● ● ● ● ● ● ● ● ● ● ● ● ● ●

Un ejemplo aleccionador de prioridades equivocadas se encuentra en el libro de 1 Samuel, donde encontramos las historias de dos padres, con dos resultados muy diferentes. En los dos primeros capítulos, leemos la historia de Ana, una mujer triste y desanimada. Año tras año oraba desesperada por poder tener un hijo, pero, año tras año seguía siendo estéril. Angustiada, Ana oró: "Jehová de los ejércitos, si te dignares mirar a la aflicción de tu sierva, y te acordares de mí, y no te olvidares de tu sierva, sino que dieres a tu sierva un hijo varón, yo lo dedicaré a Jehová todos los días de su vida" (1 Samuel 1:11).

Al ver su profunda angustia (y confundirla con embriaguez), el sacerdote Elí se acercó a ella. Al oír su historia, Elí le prometió: "Ve en paz, y el Dios de Israel te otorgue la petición que le has hecho" (1 Samuel 1:17). Ana secó sus lágrimas y regresó a casa. Pronto descubrió que estaba embarazada, y cuando dio a luz a un hijo, lo llamó Samuel. Después de destetarlo, llevó a Samuel a Elí y lo ofreció al Señor en cumplimiento de su voto. Sus lágrimas dieron paso a la alabanza mientras dedicaba su hijo a Dios. El amor de Ana por el Señor se desbordó en un acto de obediencia sacrificial. Le devolvió a su hijo y así cumplió el voto que había hecho.

En contraste con la obediencia incondicional de Ana, leemos la historia de Elí y sus hijos: "Los hijos de Elí eran hombres impíos, y no tenían conocimiento de Jehová" (1 Samuel 2:12). Los hijos de Elí desobedecían las ordenanzas de Dios cuando ofrecían los sacrificios y cometían inmoralidad sexual con las mujeres que asistían al templo. Aunque Elí les advirtió, no le hicieron caso, sino que siguieron pecando ante el Señor. Finalmente, un hombre de Dios se acercó a Elí y lo confrontó con su mal proceder: "¿Por qué habéis hollado mis sacrificios y mis ofrendas, que yo mandé ofrecer en el tabernáculo; y *has honrado a tus hijos más que a mí*, engordándoos de lo principal de todas las ofrendas de mi pueblo Israel?" (1 Samuel 2:29).

Observa que Dios no confrontó a Elí por su amor hacia sus hijos. Elí honraba erróneamente a sus hijos más que a Dios. Sus prioridades equivocadas condujeron a todo tipo de pecado e inmoralidad. Finalmente, cayó el juicio de Dios sobre Elí y sus hijos, y murieron. ¿Quién, entonces, quedó como sacerdote de Israel?

Samuel. El niño cuya madre lo dedicó a Dios.

Samuel crecería para ser el sacerdote que fielmente guiaría a Israel y transmitiría la Palabra de Dios al pueblo. Ana entregó a su hijo en obediencia a Dios, y él fue una bendición para Israel. Elí honró a sus hijos por encima de Dios, y ellos hicieron lo malo a los ojos de Dios y daño a su prójimo. Aunque pueda parecer bueno amar a nuestros hijos más que a cualquier otra cosa, debemos asegurarnos de honrar a Dios por encima de todo. Amamos mejor al prójimo cuando amamos primero a Dios. Todos nuestros otros amores fluirán de afectos que estén en su debido orden.

● ● ● ● ● ● ● ● ● ● ● ● ● ● ● ● ● ●

Amamos mejor al prójimo cuando amamos primero a Dios.

● ● ● ● ● ● ● ● ● ● ● ● ● ● ● ● ● ●

Amar al prójimo

Puede parecer lo más natural del mundo amar a nuestros hijos. ¡Claro que los amamos! Sin embargo, como los más cercanos, a veces nos olvidamos de mostrar nuestro amor con nuestra forma de vivir, especialmente con nuestros hijos adolescentes. Cuando vivimos juntos en familia, existe la realidad de la cercanía. Estamos expuestos los unos a los otros. Mi pecado afecta la vida de los que me rodean, y sus pecados me afectan a mí.

En la prisa diaria por ir de una actividad a otra, es fácil no darse cuenta de lo que sucede con los demás. A menudo, somos más impertinentes con las personas que tenemos más cerca. Nuestros hijos adolescentes pueden ser educados y amables con sus profesores, pero enojarse y estar malhumorados cuando llegan a casa porque nos olvidamos de algo tan insignificante como comprarles su bocadillo favorito en el supermercado.

Parte de nuestra labor como padres de adolescentes es mostrarles de cerca cómo es el amor. Debemos crear un ambiente hogareño que proclame: "Te veo. Te veo todo: lo bueno, lo malo y lo feo. Incluso te huelo. ¿Y sabes qué? Te amo. Me da gusto estar contigo. Te quiero a mi lado". Todos necesitamos este tipo de amor y apoyo incondicionales. Tenemos la oportunidad de prodigarlo a nuestros adolescentes (que lo necesitan desesperadamente) de la misma manera que Cristo nos lo ha prodigado a nosotros. En lugar de dejar que la cercanía sea motivo de mal genio y enojo, debemos transmitirles un profundo amor y aceptación. Queremos que el amor sea el aire que respiramos en nuestro hogar. Por lo tanto, consideremos cómo es ese amor en nuestra relación diaria con nuestros adolescentes.

Crianza con propósito y gracia

A veces es difícil amar a los adolescentes. Pueden ser gruñones y malhumorados y sus inseguridades pueden desbordarse en arrebatos de ira, que la mayoría de las veces se dirigen hacia nosotros. Ahora más que nunca necesitan nuestro amor y apoyo incondicionales. Podemos (y debemos) tener expectativas sobre su comportamiento e imponer consecuencias en caso de mala conducta, pero no permitas que las palabras pronunciadas precipitadamente en un arrebato adolescente socaven tu cariño. Que tu amor no se enfríe cuando se enojen. Ten cuidado con negarles tu amor.

Cuando tus hijos obtengan calificaciones sobresalientes y obedezcan la hora de regreso a casa, dales amor. Cuando se escapen y tomen malas decisiones, dales amor. Cuando se muestren inseguros y ansiosos, dales amor. Hagan lo que hagan, muéstrales que los amas. No condiciones tu amor a su comportamiento. La consecuencia para una mala conducta nunca debería ser no darles amor. Corrígelos con firmeza y repréndelos con amabilidad, pero hazlo siempre con amor. Derrama amor sobre tu adolescente como se cubre de protector solar a un niño pequeño. Tu amor es la mejor barrera contra los rayos dañinos del mundo.

Sacrificios de amor

La Biblia cuenta la mayor historia de amor de todos los tiempos. Jesús vino a rescatar a su novia (la Iglesia) del poder del enemigo (el diablo). ¿Cómo conquistó a su novia? Aunque fue rechazado, dio su vida para pagar su deuda. Sacrificó todo para que ella pudiera ser libre. Su amor sacrificial es nuestro ejemplo.

Puede que queramos elogios y palabras de agradecimiento de nuestros adolescentes. Puede que queramos habitaciones limpias y ropa bien doblada y guardada en los cajones. Puede que queramos hijos que se esfuercen en la escuela. Puede que queramos hijos que amen ir a la iglesia, lean la Biblia diariamente y nos digan la verdad. Puede que queramos hijos a los que les guste comer verduras. Todas estas son cosas buenas.

CRIANZA con ESPERANZA

Sin embargo, lo más probable es que nuestros adolescentes no cumplan nuestras expectativas. Como padres, es vital entender la diferencia entre nuestras preferencias personales y los mandamientos de Dios. No fuerces ni exijas a tus hijos adolescentes que hagan todo a tu manera. Espera con paciencia. Prioriza tu relación con ellos por encima de tus preferencias personales. Refrena tu lengua y recibe las críticas con humildad. No esperes que satisfagan tus necesidades, antes bien, debes estar dispuesto a dar tu vida en sacrificio: "En esto hemos conocido el amor, en que él puso su vida por nosotros; también nosotros debemos poner nuestras vidas por los hermanos... Hijitos míos, no amemos de palabra ni de lengua, sino de hecho y en verdad" (1 Juan 3:16-18).

Al mirar atrás, veo de cuántas maneras mi padre sacrificó sus comodidades personales por nuestra familia. En la escuela secundaria, yo conducía un auto mejor que el suyo porque él quería que yo estuviera segura (era un Honda Accord usado, así que no era un vehículo de lujo, ¡pero era seguro!). Siempre pagaba todo lo que podía para que no me faltara nada, y nunca se quejaba. Nunca sentí que fuera una carga. Me hizo sentir amada y protegida. Se sacrificaba para cuidarnos. Lo escuchaba siempre decirme "te amo" y fui testigo de cómo vivía esas palabras con humildad y sacrificio.

● ● ● ● ● ● ● ● ● ● ● ● ● ● ● ●

Sigue sirviendo, sigue sacrificándote, sigue amando. Como un escultor que va tallando lentamente para crear una obra maestra, el amor lleva tiempo para descubrir la belleza de su lenta obra en un alma.

● ● ● ● ● ● ● ● ● ● ● ● ● ● ● ●

¿Sienten tus adolescentes que te sacrificas profundamente por ellos o sienten un peso enorme por tus expectativas? No digo que les *menciones* todos los sacrificios que haces por ellos. No es bueno ser padre egocéntrico que diga: "¿No sabes todo lo que he hecho por ti?". En lugar de eso, muéstrales un amor sacrificial todos los días. Permite que lo experimenten, sin fanfarrias ni llamar la atención. El Señor lo ve y sabe todo. Con el tiempo, tus hijos se darán cuenta y te lo agradecerán, pero no tengas grandes expectativas en esta etapa de la vida. Más bien, sigue sirviendo, sigue sacrificándote, sigue amando. Como un escultor que va tallando lentamente para crear una obra maestra, el amor lleva tiempo para descubrir la belleza de su lenta obra en un alma. Adopta una visión a largo plazo de tu labor de padre o madre. Esta etapa es solo una parte del viaje.

El amor actúa

A menudo oímos en las bodas las palabras de 1 Corintios 13, que describen el máximo ejemplo de amor romántico. El pasaje describe cómo deben amarse unas a otras las personas en la iglesia, y esas demostraciones de afecto comienzan en el hogar. Sé que las palabras de este pasaje son muy conocidas, pero tómate un momento para volver a leerlas detenidamente conmigo:

> El amor es sufrido, es benigno; el amor no tiene envidia, el amor no es jactancioso, no se envanece; no hace nada indebido, no busca lo suyo, no se irrita, no guarda rencor; no se goza de la injusticia, mas se goza de la verdad. Todo lo sufre, todo lo cree, todo lo espera, todo lo soporta (1 Corintios 13:4-7).

El amor es un sentimiento, pero no es solo un sentimiento. El amor implica actos de amor hacia los demás. Dar amor es una decisión deliberada que tomamos a pesar de cómo nos sintamos cada día. Puedes sentirte cansado e irritable, pero el amor decide ser paciente y amable. Puede que te sientas frustrado y abrumado por las malas decisiones de tu adolescente, pero el amor decide tolerarlo sin resentimiento ni prepotencia. Puede que prefieras cierto orden en tu casa o corte de cabello o cierta elección de comida, pero el amor no insiste en salirse con la suya. El amor actúa pensando en lo mejor para la otra persona.

El amor corrige

Como padres, nuestro amor por nuestros adolescentes implica creer que la Palabra de Dios es lo mejor para ellos. En parte, gozarse de la verdad significa corregir las malas acciones. El amor incondicional no se opone a la disciplina. De hecho, se nos dice lo contrario. Jesús escribió (a través del apóstol Juan) a la iglesia de Laodicea: "Yo reprendo y castigo a todos los que amo; sé, pues, celoso, y arrepiéntete" (Apocalipsis 3:19). Pablo confrontó a los corintios porque los amaba: "Porque por la mucha tribulación y angustia del corazón os escribí con muchas lágrimas, no para que fueseis contristados, sino para que supieseis cuán grande es el amor que os tengo" (2 Corintios 2:4).

Cuando nuestros adolescentes desobedecen la Palabra de Dios (que es diferente a que no les gusten nuestras preferencias), necesitan nuestra amorosa corrección. También necesitan que los escuchemos. Algunos de nuestros adolescentes pueden estar luchando con el pecado y se sienten atrapados. Tal vez no puedan dejar la pornografía o el chisme o la mentira o la bebida y se sientan profundamente avergonzados. La disciplina durante la adolescencia no es una herramienta uniforme para todos. Ayudar a los adolescentes a tomar decisiones correctas requiere sabiduría, oración y conversaciones con ellos. Un adolescente puede necesitar tu ayuda para encontrar un *software* que lo aleje del pecado, otro puede necesitar tu consejo sobre cómo disculparse con un amigo por una palabra o una acción poco amable.

Otros adolescentes pueden no estar luchando con el pecado en absoluto. Tal vez la incredulidad está debajo del pecado que está saliendo a la superficie. Si tu hijo no es cristiano o dice no creer, eso no significa que tú no puedas tener expectativas de una buena conducta en tu hogar, sino que tus conversaciones deben tener un énfasis diferente. Queremos que nuestros adolescentes obedezcan desde la fe interior. Si no creen, sigue hablándole sobre las buenas nuevas. Hazle preguntas, escucha sus dudas, ayúdalo a encontrar respuestas y ora para que el Espíritu despierte la fe en él. Preocúpate por cómo refleja su pecado la condición de su alma, no por cómo afecta su pecado la opinión de los demás sobre tu labor como padre o madre.

Al corregirlo, evita hacerlo con un espíritu crítico. Una palabra de corrección está arraigada en la sabiduría de Dios, pero un espíritu crítico está arraigado en el orgullo que quiere que nuestro adolescente haga las cosas a nuestra manera. Eso puede funcionar cuando nuestros hijos son más pequeños, pero criticar cada cosa los exaspera cuando son adolescentes. Ninguno de nosotros quiere que estén todo el día diciéndole todo lo que no hace muy bien: *Métete la camisa adentro. ¿De verdad vas a salir con eso puesto? ¿Por qué no has estudiado más para ese examen? Péinate. No comas eso, ¡es basura!* Imagínate tener un jefe demasiado crítico que nunca está contento: sería agotador. Roma no se construyó en un solo día, y las personas tampoco. Sé paciente y comprende que no se puede corregir todo en esta etapa de sus vidas.

Evitar un espíritu crítico requiere discernimiento. Elige las batallas que realmente importan. No es tan importante si tu hijo saca una mala nota en un examen o si su ropa no combina o si no se ha duchado en una semana. No dejes que las pequeñas batallas te distraigan de tu objetivo principal. Con el tiempo madurarán en esas áreas, así como superaron las rabietas de los dos años. Corrige las actitudes y comportamientos pecaminosos, pero no seas un padre con un espíritu crítico.

El amor se alegra

En lugar de criticar, alégrate con tu hijo. Nuestros adolescentes viven en un mundo donde se los juzga a diario por su aspecto, inteligencia, simpatía y conocimientos de las redes sociales. Es agotador para ellos. Regala a tu adolescente el cálido gesto de alegrarte con él. Sofonías habla del amor del Señor por nosotros: "Jehová está en medio de ti, poderoso, él salvará; se gozará sobre ti con alegría, callará de amor, se regocijará sobre ti con cánticos" (Sofonías 3:17). Me encanta esta imagen paternal de Dios que se alegra por sus hijos. Sé ese tipo de padre o madre.

Nunca olvidaré uno de los mejores consejos que he recibido como madre, del programa de Oprah Winfrey. (Oprah estaba entrevistando a Toni Morrison, y nunca olvidaré lo que Toni dijo sobre la crianza de los hijos). Con la sabiduría que caracteriza a los sabios, miró a la cámara como si estuviera hablando a mi alma:

> Cuando un niño, tu hijo o el de cualquier otra persona, entra en una habitación, ¿se te ilumina la cara? Eso es lo que ellos buscan. Cuando mis hijos eran pequeños y entraban a la habitación donde yo estaba, los miraba para ver si se habían abrochado los pantalones o si estaban peinados o si llevaban bien puestos los calcetines. Tú crees que tu afecto y tu profundo amor están a la vista porque te preocupas por ellos, pero no es así. Cuando te ven, ven tu cara crítica: "¿Qué pasa ahora?"… Que tu cara diga lo que hay en tu corazón.[5]

¿Se te ilumina la cara cuando tu adolescente entra en la habitación donde tú estás?

Es un simple acto de amor, pero a menudo perdemos la oportunidad de alegrarnos con nuestros hijos. Las palabras de Morrison me recordaron la revelación de Sofonías sobre el amor paternal de Dios y la importancia de las pequeñas acciones que bendicen enormemente a nuestros hijos. No queremos que nuestros adolescentes sientan que los observamos constantemente con ojo crítico; queremos que sepan que los vemos con un corazón amoroso.

Cuando tu hijo entre en la habitación donde tú estás, míralo, obsérvalo y agradece a Dios porque está en tu vida y en tu hogar. Salúdalo con una sonrisa, no con un suspiro. Dile que es más importante que tu trabajo, tu teléfono o la preparación de la cena. La afectuosidad de tu saludo importa: ilumínalo con amor.

---

5. "Does Your Face Light Up?", *Oprah's Lifeclass*, filmado el 26 de mayo de 2000, https://www.youtube.com/watch?v=9Jw0Fu8nhOc (énfasis añadido).

Consejos prácticos

En la práctica, ¿cómo pueden marcar la diferencia estas verdades? Cuando centramos nuestras vidas en el amor de Dios, cambiamos como padres. Cultivamos hogares afectuosos con herramientas diferentes. Necesitamos calidez, consideración y esperanza.

Un hogar cálido

La vida es dura, el mundo es frío, pero tenemos la oportunidad de que la luz del evangelio arda con fuerza en nuestro hogar. Un hogar cálido es un ambiente que todos necesitamos crear. Ser capaces de reírnos de nosotros mismos, y no tomarnos demasiado en serio las cosas, es un buen punto de partida. Los hogares cálidos permiten el desacuerdo y la discusión, y se escuchan unos a otros con paciencia y respeto. Los hogares cálidos invitan al elogio y el aliento mutuo en los logros, así como a la compasión en la tristeza. Ambas cosas son importantes.

Los hogares acogedores no solo celebran las victorias. Ofrecen la calidez del consuelo cuando los hijos no entran al equipo, no aprueban un examen o tienen un leve accidente yendo a la escuela. El amor cubre la falta (Proverbios 17:9) y no guarda rencor (1 Corintios 13:5). En los hogares cálidos, cada persona acepta a todos y cada uno de los demás por el simple hecho de que son parte de la familia, no porque sean perfectos.

Debemos hacer todo lo posible para ser agradables y sabios, compasivos y amables. El ambiente de nuestro hogar es importante. Los hogares demasiado rígidos pueden resultar sofocantes en lugar de acogedores. Si a tu adolescente no le gusta estar en tu casa, es bueno preguntarle por qué. Escúchalo atentamente y trata de estar abierto a su punto de vista. Quizás puedas hacer pequeños cambios que tengan un gran efecto en ellos.

En los hogares cálidos, los miembros de la familia se divierten juntos. Y eso es diferente en cada familia. Algunas familias se ríen con juegos de mesa o payasadas. Otras disfrutan al aire libre. A otras les encanta viajar juntos o bailar toda la noche. Una tarde de Navidad entré en nuestro cuarto de estar y me hizo gracia ver a todos juntos leyendo un libro nuevo junto al fuego. Puede que esa no sea la idea de diversión de tu familia, pero es la nuestra (admitimos que somos bastante aburridos). No tienes por qué hacer lo que hacen otras familias. De hecho, puede que te haga sentir infeliz seguir la versión de algún *influencer* de Instagram de una salida perfecta con tu familia. Sean únicos, estén juntos y cultiven un hogar lleno de calidez y amor mutuo.

Además, tómense tiempo para reír juntos. Que el humor forme parte habitual de la interacción entre ustedes. Ríete de ti mismo y haz el payaso. Durante años, mis hijos han escrito un cuaderno con frases divertidas de la familia. Las leemos con regularidad y nos reímos a carcajadas de las cosas que se han dicho. La risa une a la familia de un modo especial.

Un hogar de consideración

Un libro que tuvo un gran efecto en mi comprensión del amor fue *Los cinco lenguajes del amor* de Gary Chapman. Si no lo has leído, te lo recomiendo encarecidamente. En el libro se explican cinco maneras diferentes de dar y recibir amor según cada persona: tiempo de calidad, palabras de afecto, actos de servicio, contacto físico y regalos. Su premisa básica es que las personas son diferentes en la forma en que muestran y experimentan el amor.

La mayoría de nosotros tenemos algunas formas principales de recibir amor. Nuestros adolescentes también. A algunos les gustan las palabras de afirmación. A otros les encanta recibir regalos. Algunos prefieren el tiempo de calidad o el contacto físico, mientras que otros reciben tu amor porque les has limpiado la habitación. Cada adolescente es distinto y experimenta el amor de forma distinta.

Cuando pienses en tu hijo, considera lo que lo hace sentirse amado. No menosprecies su forma de recibir amor si es distinta de la tuya. Puede que a ti no te guste abrazar, pero puede que tu hijo necesite un abrazo. Puede que a ti no te importen los regalos, pero eso puede ser lo que haga que tu adolescente se sienta amado. Puede que quieras enseñar responsabilidad, pero también puedes hacer actos de servicio. Si amo a otras personas basándome únicamente en cómo quiero que me amen, estoy mostrando un amor centrado en mí. El amor desinteresado considera lo que hace que otra persona se sienta amada.

Si tu adolescente está pasando por una temporada difícil, es particularmente útil saber cuál es la mejor manera de expresarle tu amor. Algunos adolescentes se sienten poco amados o indignos de recibir amor debido a sus decisiones pasadas. O puede que sientan que todos los critican día tras día. O tal vez la escuela sea difícil, y luchan a diario para estar al día con el resto. En esos momentos, nuestros adolescentes necesitan desesperadamente que nos acerquemos a ellos con todas las herramientas que tengamos para demostrarles lo mucho que nos importan.

Los adolescentes perciben si te resultan molestos, difíciles o exasperantes. Aunque sientas todas esas cosas, no tienes por qué expresar esas emociones a tu hijo (en lugar de eso, habla con un amigo, un consejero o un grupo de oración). Como padres, elegimos *ser* amorosos, incluso cuando queramos tirarnos de los pelos por la frustración. Honrar a nuestros hijos adolescentes por encima de nosotros mismos es una muestra de amor, como explica Pablo: "El amor sea sin fingimiento. Aborreced lo malo, seguid lo bueno. Amaos los unos a los otros con amor fraternal; en cuanto a honra, prefiriéndoos los unos a los otros" (Romanos 12:9-10).

Un hogar de esperanza

A veces veo las noticias y me preocupo profundamente por el estado del mundo. Hay guerras y rumores de guerras. Hay violencia, cinismo, desunión, impiedad y maldad disfrazada de bien. Pablo advirtió a Timoteo: "También debes saber esto: que en los postreros días vendrán tiempos peligrosos. Porque habrá hombres amadores de sí mismos, avaros, vanagloriosos, soberbios, blasfemos, desobedientes a los padres, ingratos, impíos, sin afecto natural, implacables, calumniadores, intemperantes, crueles, aborrecedores de lo bueno, traidores, impetuosos, infatuados, amadores de los deleites más que de Dios, que tendrán apariencia de piedad, pero negarán la eficacia de ella" (2 Timoteo 3:1-5). Lo escribió hace casi dos mil años, pero suena como si estuviera describiendo mis noticias.

¿Cómo podemos criar a nuestros hijos en un mundo sin afecto natural, implacable e intemperante? ¿Qué esperanza podemos ofrecer a nuestros hijos adolescentes? ¿Cómo podemos evitar estar siempre ansiosos y preocupados?

Pablo continúa:

> Pero persiste tú en lo que has aprendido y te persuadiste, sabiendo de quién has aprendido; y que desde la niñez has sabido las Sagradas Escrituras, las cuales te pueden hacer sabio para la salvación por la fe que es en Cristo Jesús. Toda la Escritura es inspirada por Dios, y útil para enseñar, para redargüir, para corregir, para instruir en justicia, a fin de que el hombre de Dios sea perfecto, enteramente preparado para toda buena obra (2 Timoteo 3:14-17).

Pablo no se inquietó por lo que estaba sucediendo. Se mantenía firme e inamovible haciendo la obra del Señor. Nos dice que cuando parece que reina el caos, sabemos cómo acaba la historia. Con calma y determinación, nos remite a la Palabra, que es el ancla que necesitamos para mantenernos firmes en medio de las tormentas de la vida.

Como Pablo, empezamos con la Palabra y terminamos con la Palabra. Jesús es la Palabra hecha carne, y sus palabras dan vida y esperanza. ¿Adónde debemos dirigirnos como padres para transformar nuestro miedo en fe y nuestra aprensión en esperanza? ¿Cuál es la mejor manera de amar a nuestros hijos adolescentes? Seguir con firmeza lo que hemos aprendido. Transmitir fielmente a nuestros adolescentes lo que los hará sabios para la salvación. Dejar que la Palabra haga la obra. La Palabra puede preparar a nuestros hijos con la verdad eterna para contrarrestar cualquier nueva filosofía o motivaciones secretas que estén a la vuelta de la esquina. Tenemos esperanza porque la verdad no cambia, aunque la cultura cambie.

Aunque seamos impotentes para despertar el corazón de nuestros adolescentes, tenemos esperanza porque el Espíritu puede hacerlo.

Cuando vivimos a la luz de lo que creemos, criamos a nuestros hijos de manera diferente al mundo que nos rodea. No sentimos que tenemos que tomar el control porque sabemos que Dios tiene el control. No nos centramos en los logros terrenales porque sabemos que nos esperan bendiciones eternas. No nos desesperamos en un mundo lleno de problemas porque sabemos que Jesús ha vencido al mundo (Juan 16:33). Escuchamos a Jesús y vivimos para Él. Amamos a nuestros adolescentes y les hablamos de Jesús. Una y otra vez, de mil maneras diferentes, les predicamos el evangelio.

La palabra *evangelio* significa literalmente "buenas noticias". En el mundo antiguo, se enviaba a un heraldo delante de un ejército victorioso para proclamar el "evangelio": que habían ganado la guerra y se había establecido la paz. Aunque las personas no experimentaran aún el fruto de la victoria, se regocijaban al saber que estaba por llegar. Del mismo modo, nosotros criamos a nuestros hijos con esperanza porque sabemos que la victoria ya ha sido ganada. Vivimos a la sombra de la muerte, pero el enemigo de los enemigos (la muerte) ha sido derrotado. Un día, toda lágrima se secará y huirán el dolor y el gemido (Isaías 51:11). Hoy caminamos con tranquilidad y confianza porque nuestro futuro está asegurado.

Esta buena noticia nos capacita para ser padres amorosos. El evangelio perdona nuestros pecados pasados y nos capacita para la santidad presente. Nos libera de la preocupación, la ansiedad y el miedo. Tranquilos, confiados y con valor caminamos por *fe* en Cristo. Vivimos con *esperanza* en la obra del Espíritu. Criamos con *amor* a nuestros hijos según el ejemplo del Padre.

> Y ahora permanecen la fe, la esperanza y el amor,
> estos tres; pero el mayor de ellos es el amor
> (1 Corintios 13:13).

Una nota de esperanza del evangelio

Cuesta creer que hemos llegado al final de este libro. Me gustaría que pudiéramos sentarnos a comer o a tomar un café y que me hablaras de tus hijos adolescentes. Me encantaría escuchar acerca de las alegrías que estás experimentando, así como conversar sobre las luchas que estás enfrentando. Sea lo que sea que estés atravesando hoy, oro conforme a 2 Crónicas 20. Allí leemos la historia del rey Josafat, que recibió la advertencia de una gran multitud que venía contra Israel, lista para la batalla. Josafat tuvo miedo y buscó al Señor. Reconociendo su impotencia, oró: "¡Oh Dios nuestro!… en nosotros no hay fuerza contra tan grande multitud que viene contra nosotros; no sabemos qué hacer, y a ti volvemos nuestros ojos" (2 Crónicas 20:12). Sea lo que sea que enfrentemos como padres, esta puede ser nuestra oración: *No sabemos qué hacer, pero a ti volvemos nuestros ojos.*

Dios respondió la oración de Josafat con estas palabras de aliento: "No habrá para qué peleéis vosotros en este caso; paraos, estad quietos, y ved la salvación de Jehová con vosotros. Oh Judá y Jerusalén, no temáis ni desmayéis… Jehová estará con vosotros" (2 Crónicas 20:17). Sin Dios, tenemos motivos de sobra para tener miedo y preocuparnos. Con Dios, podemos ser padres con esperanza en nuestra labor de criar hijos adolescentes para Cristo en una cultura secular. Tenemos sus promesas, su poder y su presencia. Párate, quédate quieto y verás la salvación del Señor.

Oro con esperanza.

MK

Principios para reflexionar

- Amar a nuestros adolescentes comienza por amar a Dios con todo nuestro corazón, con toda nuestra alma, con toda nuestra mente y con todas nuestras fuerzas. Si nuestros afectos están fuera de lugar o fuera de orden, estaremos sumidos en el temor, la ansiedad y la idolatría en nuestra labor de padres.

- Hagan lo que hagan tus adolescentes, muéstrales que los amas. No condiciones tu amor a su comportamiento. La consecuencia para una mala conducta nunca debería ser no darles amor. Corrígelos con firmeza y repréndelos con amabilidad, pero hazlo siempre con amor.
- Los hogares cálidos permiten el desacuerdo y la discusión, y se escuchan unos a otros con paciencia y respeto.

GUÍA DE ESTUDIO

1. Lee Marcos 12:30-31. ¿Por qué es significativo que los dos mandamientos más importantes se refieran al amor? ¿Cómo afecta lo que amamos a nuestra forma de vivir?

2. Lee 1 Juan 5:2-3. ¿Cómo sabemos si amamos a Dios? ¿Cómo sabemos si amamos a los demás?

3. ¿Cómo muestra la desobediencia una falta de amor a Dios? ¿De qué manera nuestra desobediencia perjudica a los demás, especialmente a los que están más cerca de nosotros?

4. ¿De qué maneras has observado que los padres aman a sus hijos más que a Dios? ¿Qué puedes aprender de los ejemplos de Ana y Elí? (ver 1 Samuel 1–2). ¿Por qué importa el orden de nuestros afectos?

5. Lee 1 Corintios 13:4-7. ¿Cómo te animan estos versículos a amar a tu hijo de nuevas maneras? ¿Qué frases de este pasaje te parecen convincentes?

6. Lee 2 Timoteo 3:1-17. ¿Qué hay de esperanzador en estas palabras en medio de una cultura secular?

7. ¿De qué maneras has visto que tu amor por Dios ha impactado a tu adolescente? Si le preguntaras a tu adolescente sobre tu fe en Dios, ¿qué importancia te diría que tiene para ti?

8. Amar a nuestros adolescentes no se opone a corregirlos. ¿Cómo podemos corregirlos amorosamente en lugar de criticarlos cruelmente? ¿Cuál es la diferencia?

9. ¿Qué te impide sentir alegría cuando tu adolescente entra en la habitación? ¿Cómo crees que se siente tu hijo en tu presencia?

10. ¿Qué hace que una casa sea divertida, cálida y acogedora? ¿Qué actividades hace tu familia para divertirse? ¿Cómo has intentado crear un ambiente cálido en tu casa? ¿Cómo puedes crear una sensación de bienvenida para tu familia?

11. ¿Cómo reciben amor tus adolescentes (palabras de afirmación, actos de servicio, contacto físico, regalos, tiempo de calidad)? ¿Cuál de estos te resulta más difícil ofrecer? ¿Por qué?

Un lugar seguro para la esperanza

Este libro ha sido el más difícil que he escrito. He trabajado mucho para escribir estas palabras, con la esperanza de que sean útiles. He leído numerosos libros para documentarme. He hablado con padres mayores y con personas que están criando a adolescentes. He orado para pedir sabiduría y entendimiento.

Sin embargo, no escribo desde el pedestal de una madre perfecta. He cometido muchos errores, me he dado golpes y me han quedado moretones a lo largo del camino. Sé que hay muchas cosas que no sé. Cada situación en la crianza de los hijos es muy compleja, y cada adolescente es único en su manera de responder. He intentado ofrecer principios generales junto con aplicaciones prácticas.

Escribo mientras camino con amigas, que se levantan cada mañana con una pesada carga por la crianza de sus hijos. Ayer una amiga me envió un mensaje de texto, angustiada porque su hijo tuvo un arrebato de ira con violencia física. Otra amiga está lidiando con el cuidado de una adolescente que se está autolesionando y lucha con ideas suicidas. El hijo de otra amiga sufre depresión. La adolescente de otra amiga está lidiando con un trastorno alimentario. El adolescente de otra amiga sufre ansiedad. Otra amiga me habló recientemente de la adicción de su hijo a la pornografía. Otro adolescente es adicto a los videojuegos y otro a las drogas. El hijo de otra amiga cuestiona la fe y no sabe si vale la pena seguir a Jesús. Todas estas son personas que conozco. Son padres maravillosos y amorosos. Estamos viviendo juntos la realidad de la adicción, la inmoralidad sexual, la depresión, la incredulidad y el miedo al futuro. No hay respuestas fáciles.

No obstante, en medio de realidades que nos preocupan, aún hay esperanza. Puede que algunos días sea apenas un rayo de luz, pero está allí porque Dios está allí. Él es el ancla en la tormenta. Es el maná en el desierto. Es la luz que guía en la oscuridad. Puede que no entendamos, puede que no recibamos las respuestas que anhelamos, pero podemos confiar en Dios porque ha demostrado ser digno de nuestra fe. El peor de los males (la cruz) compró nuestro mayor bien (nuestra salvación). Dios puede utilizar los caminos escabrosos de estos años de adolescencia. Los que caminan con Dios a menudo experimentan viajes de fe tortuosos, desconcertantes e inesperados (basta pensar en Abraham, Jacob, Moisés, Ana, Rut y David). Hoy solo vemos una parte de la historia.

Somos padres con esperanza, no porque todo sea fácil o comprensible, sino porque Dios está obrando en todo lo que sucede. Nuestros adolescentes están al principio de su camino de fe. Estos años son solo una parte de su historia. No sabemos cómo se enderezará este camino lleno de giros y vueltas, pero nos sentimos inmensamente bendecidos de acompañarlos en este viaje.

⊛ ⊛ ⊛ ⊛ ⊛ ⊛ ⊛ ⊛ ⊛ ⊛ ⊛ ⊛ ⊛ ⊛ ⊛ ⊛ ⊛

Somos padres con esperanza, no porque todo sea fácil o comprensible, sino porque Dios está obrando en todo lo que sucede.

⊛ ⊛ ⊛ ⊛ ⊛ ⊛ ⊛ ⊛ ⊛ ⊛ ⊛ ⊛ ⊛ ⊛ ⊛ ⊛ ⊛

Te animo a dar gracias por estos años. Hay muchos buenos momentos para disfrutar. Tus adolescentes están creciendo espiritual, emocional y mentalmente. Puedes tener conversaciones interesantes sobre libros, películas, poesía, deportes y fe. Todavía puedes irte de vacaciones con todos (y cada uno puede hacer la maleta por su cuenta). Pueden jugar a juegos de mesa, hacer excursiones y comer juntos. He visto a muchos adolescentes crecer en su fe, disfrutar del tiempo en familia, colaborar en el hogar y convertirse en jóvenes adultos fascinantes. La adolescencia es un momento único para sentarse a observar lo que Dios está haciendo en la vida de tu hijo.

Disfruta estos años, los buenos y los duros. Pasan muy rápido. Pronto, tus hijos se irán y marcarán el rumbo de sus propias vidas. Estos años son una oportunidad para caminar con ellos en sus altibajos y comunicarles: "Pase lo que pase, estoy aquí para ti". Enfócate en tu relación con tus adolescentes. Diles cada día cuánto los amas.

Así como les dices a tus hijos que no naden solos, te recomiendo que no te quedes solo en tu labor de padre o madre. Nos necesitamos unos a otros. Es útil leer libros sobre la crianza de los hijos (¡gracias por leer este!), pero todos necesitamos personas que nos observen como padres y nos ayuden a comprender nuestros puntos ciegos. Todos los tenemos. Algunos padres necesitan aflojar y otros apretar las riendas. Este libro puede ofrecer principios generales, pero los miembros de tu congregación pueden ofrecerte comentarios específicos. Te animo a buscar a padres mayores a los que puedas pedir consejo, orientación, sabiduría y oración.

Si me permites hacerte estas recomendaciones por última vez (porque sé que he dicho esto varias veces): *Conversa con tus hijos adolescentes.* Escucha sus opiniones. Aprende de sus puntos de vista. Hazles preguntas que los lleven a la reflexión. Hagas lo que hagas durante estos años, *recuerda la relación.* No te focalices en asuntos menores. Mantén una perspectiva sana y pregúntate: *¿importará este asunto dentro de cinco años?* Hagas lo que hagas, ponte de rodillas y ora. "Señor, ayúdame" es siempre un buen punto de partida.

Ser padres con esperanza no es ningún tipo de positividad incierta o de "pensamientos positivos". El objeto de nuestra esperanza importa. Criamos a nuestros hijos a la luz de la exhortación de Pedro: "Por tanto, ceñid los lomos de vuestro entendimiento, sed sobrios, y esperad por completo en la gracia que se os traerá cuando Jesucristo sea manifestado" (1 Pedro 1:13).

La esperanza es como un jarrón de valor incalculable. No se pone en cualquier sitio. Se pone en un lugar seguro. Y solo hay un lugar lo suficientemente seguro para criar a nuestros hijos adolescentes: Pon tu esperanza en Jesús. Su gracia. Su bondad. Su soberanía. Su poder. Su amor. Él puede hacer mucho más abundantemente de lo que pides o imaginas. Descansa en Él y confía en Él.

Jesús es la razón por la que podemos criar a nuestros hijos con esperanza.

Reconocimientos

Al terminar este libro, me siento agradecida. El Señor ha venido tiernamente a mi encuentro a lo largo de este viaje para sostenerme y animarme justo cuando más lo necesitaba. Estoy muy agradecida por su bondad, misericordia y amor. Él es la razón por la que tengo esperanza.

Estoy agradecida por los amigos que me animaron y me acompañaron mientras escribía. Han sido muchos los amigos y familiares que oraron fielmente por este proyecto; gracias especialmente a mi grupo de correo electrónico de "amigos que oran". Estoy agradecida por sus mensajes de aliento. Valoro la amistad de ustedes y cada una de sus oraciones que tanto he necesitado.

También estoy agradecida por la sabiduría y el conocimiento de Sandi Taylor, Mary Kulp y Winfree Brisley. Gracias por tomarse el tiempo de leer mi manuscrito y hacerme útiles comentarios. Estoy muy agradecida por cada una de ustedes y por la perspectiva que me han dado. También estoy agradecida por el apoyo y el aliento de Laura Wifler y Emily Jensen, y de todo el equipo de Risen Motherhood. Su entusiasmo por este proyecto durante el tiempo que pasamos en Florida me ha animado a seguir escribiendo.

Estoy especialmente agradecida a Webb y Dowd Simpson por permitirme ir a un lugar tranquilo para escribir. Pude empezar este proyecto en un viaje y terminar el capítulo final en otro en la encantadora casa que tienen junto al lago, con una mesa enorme para poder desparramar todas mis páginas y libros. Y Dowd, gracias por nuestros paseos y por estar dispuesta a hablar conmigo de todo lo relacionado con la crianza de los hijos.

Estoy agradecida a los amigos que me han dado palabras de aliento y consejos tan necesarios durante esta etapa de escritura. Ann Tarwater, gracias a ti y a Michael por su cariñoso apoyo a lo largo de los años, y especialmente por la sabiduría para comenzar este libro. He dicho en oración "¡Señor, ayúdame!" muchas veces mientras escribía. Graham y Lisa Cosper, gracias por su fiel amistad. Nuestras escapadas a las montañas han renovado mi alma y me han dado la energía y el ánimo necesarios para escribir este libro. Amigos de Green House (Scott y Karen Friesen, Farr y Kimberly Curlin, Rob y Dottie Bryan), gracias por regalarme sus oraciones, amabilidad, aliento y amistad durante más de treinta años. Gracias por su entusiasmo, apoyo y oraciones por este proyecto desde el principio.

Tengo el privilegio de trabajar junto a excelentes editores, escritores talentosos y amigos en The Gospel Coalition (Coalición por el Evangelio). Estos colegas me animan como escritora al leer sus palabras y aprender de su sabiduría. Debo un agradecimiento especial a Courtney Doctor y Ann Westrate (así como a sus equipos) por sus fieles oraciones por este proyecto. Estoy muy agradecida por su amistad, apoyo y colaboración en el ministerio.

Estoy en deuda tanto con Robert Wolgemuth como con Austin Wilson por su útil ayuda y consejo. Ellos manejan tan bien todos los detalles del proceso de publicación que me dan la libertad de concentrarme en escribir. Gracias por todo lo que hacen.

He disfrutado mucho trabajando con todo el equipo de Harvest House en este proyecto. Estoy agradecida a Bob Hawkins, Sherrie Slopianka, Audrey Greeson y Lindsay Lewis por su apoyo, entusiasmo y estímulo para este libro. Estoy especialmente agradecida a Steve Miller y a las muchas horas que ha dedicado a la edición de este manuscrito, así como a sus útiles comentarios y consejos. Sus ideas y su perspectiva han sido una bendición. Gracias a todo el equipo por sus esfuerzos para que este libro llegue a manos de los lectores.

El apoyo de mi familia fue increíble mientras trabajaba en este proyecto. Mis padres, Bob y Anita Bryan, me animan en todo lo que hago. Estoy muy agradecida por la fidelidad y el amor con los que me criaron. Gracias por hacer del hogar un lugar maravilloso en el que quería estar, incluso cuando choqué el auto contra la puerta del garaje.

Mis hijos (Emma, John y Kate) tenían 22, 19 y 16 años cuando escribí este libro. Prometí no escribir demasiado sobre ellos en estas páginas, pero podría escribir un libro entero sobre lo mucho que admiro a cada uno de ellos. Me encanta ser testigo presencial de la obra que Dios está haciendo en y a través de ellos. Han orado por mí, me han escrito notas cariñosas y alegremente me han permitido escabullirme y pasar horas en la oficina escribiendo. Gracias por darme el tiempo y el ánimo que necesitaba para escribir este libro.

No podría escribir nada de lo que escribo sin el apoyo de mi marido, Mike, que ora por mí, me ayuda a encontrar tiempo para escribir y responde pacientemente todas las preguntas teológicas y bíblicas que le formulo con regularidad. Es mi mejor amigo, mi fiel animador y mi amable editor: perfecciona mis escritos en todos los sentidos. También ha sido mi compañero en la crianza de nuestros hijos durante los últimos veintitrés años, y estoy muy agradecida de estar en este viaje con él. No podría pedir un mejor padre, y él me hace mejor madre. El hogar es cuando sea y donde sea que estemos todos juntos.

Y a mis lectores: gracias. Muchos de ustedes me han escrito cartas de aliento después de leer mis otros libros. A menudo las notas llegaban a mi correo electrónico justo cuando me sentía desanimada o no tenía muchas ganas de escribir. Gracias por recordarme por qué escribo. Esta es mi oración para ustedes para que puedan ser padres con esperanza:

Esto recapacitaré en mi corazón, por lo tanto esperaré. Por la misericordia de Jehová no hemos sido consumidos, porque nunca decayeron sus misericordias. Nuevas son cada mañana; grande es tu fidelidad. Mi porción es Jehová, dijo mi alma; por tanto, en él esperaré (Lamentaciones 3:21-24).

Aferrada a la esperanza,
Melissa Kruger

E D I T O R I A L
PORTAVOZ

NUESTRA VISIÓN

Maximizar el efecto de recursos cristianos de calidad que transforman vidas.

NUESTRA MISIÓN

Desarrollar y distribuir productos de calidad —con integridad y excelencia—, desde una perspectiva bíblica y confiable, que animen a las personas a conocer y servir a Jesucristo.

NUESTROS VALORES

Nuestros valores se encuentran fundamentados en la Biblia, fuente de toda verdad para hoy y para siempre. Nosotros ponemos en práctica estas verdades bíblicas como fundamento para las decisiones, normas y productos de nuestra compañía.

Valoramos la excelencia y la calidad
Valoramos la integridad y la confianza
Valoramos el mérito y la dignidad de los individuos
y las relaciones
Valoramos el servicio
Valoramos la administración de los recursos

Para más información acerca de nuestra editorial y los productos que publicamos visite nuestra página en la red: www.portavoz.com